이론의 집

프랑크푸르트 사회연구소 100년의 역사

베스텐트 한국판 12호

WestEnd
Neue Zeitschrift für Sozialforschung
20. Jg., Heft 2, 2023

Herausgegeben im Auftrag des Instituts für
Sozialforschung an der Johann Wolfgang
Goethe-Universität, Frankfurt am Main, und
der Gesellschaft für Sozialforschung,
Frankfurt am Main, von:

Sidonia Blättler	Axel Honneth
Stephan Lessenich	Johannes Völz
Greta Wagner	

In Verbindung mit:

Sonja Buckel	Klaus Günther
Kai-Olaf Maiwald	Sarah Nies
Juliane Rebentisch	Martin Saar
Sarah Speck	

Wissenschaftlicher Beirat:

José Brunner, Tel Aviv	Kenichi Mishima, Tokio
Beate Rössler, Amsterdam	Yves Sintomer, Paris
Peter Wagner, Barcelona	

———

베스텐트 한국판

베스텐트 한국판은 '연구모임 사회 비판과 대안' 구성원들이 편집합니다:
고지현 김광식 김원식 김주호 문성훈(책임편집자)
오근창 이유선 정대성 정대훈 홍찬숙

———

WESTEND

Copyright © 2023 Institut für Sozialforschung and Campus Verlag GmbH, Frankfurt am Main
Korean Translation Copyright © 2025 April Books Publishing Co., Seoul

This Korean edition is published by arrangement with
Institut für Sozialforschung, Frankfurt am Main. All rights reserved.

이 책의 한국판 저작권은 저작권자와 독점 계약한 사월의책에 있습니다.
저작권법에 의해 한국 내에서 보호를 받는 저작물이므로 무단 전재 및 복제를 금합니다.

이론의 집

프랑크푸르트 사회연구소 100년의 역사

Institut für Sozialforschung

WestEnd
베스텐트 한국판 12호

연구모임 사회비판과대안 엮음

차례

7　문성훈　　　　　　서문

1부 쟁점 / 사회연구소 100년

13　지도니아 블레틀러 외　사회연구소 100년
19　볼프강 포이그트　　큐빅과 요새 같은: 사회연구소의 첫 번째 건물
47　슈테판 포스빙켈　　사회연구소에서의 사회이론과 경험적 연구의 관계
69　자라 슈페크 외　　 이 또한 사회연구소의 역사다
95　귄터 프랑켄베르크　『민주주의 문제』: 다시 되돌아보기
119　프리더 포겔만　　 상황의존적 비판이론, 그 불가능한 장소로서 사회연구소

2부 한국판 특집 / 비판이론의 미학

141　곽영윤　　　　　　벤야민, 아도르노, 크라카우어의 미학
147　고지현　　　　　　발터 벤야민의 매체미학: 아이스테시스와 정치적인 것
183　장제형　　　　　　발터 벤야민에게서 폭력 '비판'과 예술 '비평'
213　곽영윤　　　　　　아도르노 미학에서 미적 진리의 문제
237　하선규　　　　　　크라카우어의 실존적 미학과 대중문화 이론에 관한 고찰
275　이창남　　　　　　베를린 직장인의 문화적 유목

309　베스텐트 독일판 차례
310　저·역자 소개

서문

프랑크푸르트학파! 호르크하이머, 아도르노, 벤야민, 크라카우어, 프롬, 마르쿠제, 하버마스, 호네트, 멘케 등 철학은 물론 인문사회과학, 문화예술 분야에까지 막강한 영향을 끼친 이런 기라성 같은 학자들을 하나로 묶는 단어가 있다면 그것이 프랑크푸르트학파다.

이 프랑크푸르트학파가 1923년 독일 프랑크푸르트 시에 설립된 '사회연구소'에서 태동했으니, 프랑크푸르트학파는 지난 2023년에 꼭 100주년을 맞았다. 하지만 이 연구소가 오늘날 프랑크푸르트학파로 알려진 본격적 연구를 시작한 것은 1931년 이후의 일이다. 초대 소장이었던 카를 그륀베르크가 1929년 뇌졸중으로 소장직에서 물러나고, 1931년 두 번째 소장으로 취임한 호르크하이머가 현존 사회를 비판하고 대안 사회를 모색한다는 '인식 주도적 관심' 하에 철학, 사회심리학, 사회과학, 문화예술 이론이 망라된 학제적 연구 프로그램을 제시했기 때문이다. 이런 사회연구소에서 활동했던 학자들을 사회연구소가 위치한 도시 이름을 따서 프랑크푸르트학파라 부르지만, 이들이 형성한 이론적 전통은 '비판 이론'으로 지칭된다. 이들은 비록 이론적 관심과 경향이 다를지라도 사회 비판과 대안 모색이라는 인식 주도적 관심에서는 일치했기 때문이다.

프랑크푸르트학파의 운명은 순탄치 않았다. 사회연구소는 1933년 나치 정권에 의해 폐쇄되면서 첫 번째 시련을 겪는다. 하지만 사회연구소는 제네바와 파리를 거쳐 미국으로 망명했고, 천신만고 끝에 콜롬비아 대학의 지원으로 연구소 활동을 지속할 수 있었다. 그리고 2차 대전이 끝난 후 1950년에는 독일로 귀환하여 연구소 활동을 재개할 수 있었다. 그러나 곧 두 번째 시련이 시작되었다. 프랑크푸르트학파는 이른바 '68혁명' 세력으로 일컬어진 학생운동권의 표적이 되었기 때문이다. 당시 프랑크푸르트학파 학자들은 선진 자본주의 국가만이 아니라, 권위주의적 대학 구조도 비판했고, 교육개혁 문제까지 다룸으로써 68 학생 운동 세력의 이론적 지주 역할을 했지만, 아이러니하게도 이들의 표적이 된 것이다.

학생운동권은 프랑크푸르트학파가 자신들과 함께할 것을 요구했지만, 프랑크푸르트학파는 이를 받아들이지 않았다. 오히려 하버마스는 학생운동권의 비민주적 조직과 폭력적 시위를 빗대어 이들을 '좌파 파시즘'이라고 비난했다. 호르크하이머에 이어 당시 사회연구소 소장이었던 아도르노는 지금은 '실천'할 때가 아니라 '사유'할 때라고 선언했고, 사유가 '진정한 실천'이라고 말했다. 그에게 학생운동권의 폭력적 행동은 폭탄을 설치하는 세력들에게 기껏해야 바리케이트로 맞서는 가소로운 행동처럼 보였다. 학생들은 사회연구소 건물을 점거하기도 했고, 아도르노에게 많은 비난을 가하기도 했다. "실천하지 않고 이론만 하는 사람은 사회주의의 배신자다!", "아도르노가 평화롭게 지낸다면 자본주의는 결코 멈추지 않을 것이다!" 이들에게 아도르노는 제도 속에 안주한 일개 대학교수로 비추어졌고, 그의 강의실에 난입한 몇몇 여성 시위자들은 아도르노를 에워싼 채 가슴을 보이며 모욕하기도 했다. 이후 아도르노는 협심증으로 사망했고, 하버마스는 프랑크푸르트를 떠났다.

이 때문일까? 68혁명을 거치면서 프랑크푸르트학파가 종말을 고했다는 평가도 있다. 하지만 1983년 하버마스가 프랑크푸르트로 돌아왔고, 지속적으로 후속 세대가 등장하면서 사회연구소의 활동 역시 오늘날까지 지속되고 있다. 특히 호르크하이머, 하버마스로 이어진 프랑크푸르트 대학 철학과 사회철학 담당 교수직을 물려받은 악셀 호네트가 사회연구소 소장에 취임하면서 학제적 연구 전통을 새로운 사회적 조건 아래 부활시키기도 했으며, 2021년부터는 호네트 후임으로 슈테판 레세니히가 사회연구소를 이끌면서 새로운 국면을 맞고 있다.

프랑크푸르트학파의 전 세계적 영향력에 비추어볼 때, 프랑크푸르트학파가 우리에게도 낯선 것은 아니다. 프랑크푸르트학파와 그 사상가들은 이미 1970년대에 군부독재에 맞서 민주화를 염원하던 진보적 학자들에 의해 소개되었으며, 1990년대 포스트모더니즘 논쟁에서는 모더니즘의 옹호자로 자리매김되기도 했다. 최근에는 프랑크푸르트학파 1세대에 속하는 아도르노나 벤야민에 대한 관심이 점증하고 있으며 2세대 하버마스를 이어 3세대 대표자로 알려진 호네트의 인정 이론 역시 꾸준한 관심의 대상이 되고 있다. 그리고 2023년에는 프랑크푸르트학파 100주년을 기념한 학제적 연합학술대회가 개최되기도 했다. 이 학술대회는 철학, 사회학, 정신분석학, 교육학, 독문학, 문예비평 분야의 연구자들이 참여한 대규모 행사로서 프랑크푸르트학파 관련 국내 연구자들이 총 망라되었다고 할 수 있다.

이번 호 베스텐트 한국판에는 프랑크푸르트학파의 산실이자, 독일판 베스텐트를 출간하는 사회연구소 관련 학자들이 '프랑크푸르트학파 100주년'을 맞이하여 사회연구소를 되돌아보는 글들이 실려 있다.

문성훈
베스텐트 한국판 책임편집자

1부

1부 쟁점 / 사회연구소 100년

13   **지도니아 블레틀러 외**   사회연구소 100년
19   **볼프강 포이그트**   큐빅과 요새 같은: 사회연구소의 첫 번째 건물
47   **슈테판 포스빙켈**   사회연구소에서의 사회이론과 경험적 연구의 관계
69   **자라 슈페크 외**   이 또한 사회연구소의 역사다
95   **귄터 프랑켄베르크**   『민주주의 문제』: 다시 되돌아보기
119   **프리더 포겔만**   상황의존적 비판이론, 그 불가능한 장소로서 사회연구소

사회연구소 100년

지도니아 블레틀러, 슈테판 레세니히, 그레타 바그너

"체펠린-알레 77번지에 사는 헤르만 바일(Hermann Weil) 씨가 경제 및 사회과학 분야에서 학문 활동을 하려는 그의 아들 펠릭스 바일(Felix Weil)을 위해 연구소 설립을 원합니다." 이토록 무미건조하고 간결한 문장 하나로 프랑크푸르트 사회연구소 100년 역사를 알리는 서막이 올랐다. 이 문장은 프랑크푸르트 대학 젠켄베르크 자연과학협회 책임자 아르투어 바인베르크(Arthur Weinberg)가 1922년 8월 22일 해당 감독위원회에 보낸 편지에 나온다. 이 편지에 첨부된 불과 네 쪽 남짓한 분량의 **사회연구소**(INSTITUT FÜR SOZIALFORSCHUNG) **설립 제안서**는 "사회생활 전반에 걸친 지식과 인식"의 학문적, 실천적 중요성을 강조하며 연구소 설립을 공표하고 있다.[1]

이 제안서를 작성한 사람은 펠릭스 바일과 쿠르트 알베르트 게를라흐(Kurt Albert Gerlach)였다. 바일은 박사학위를 취득한 당시 24세의 마

---

1 *WestEnd. Neue Zeitschrift für Sozialforschung*, 20. Jg., Heft 2, 2023: 65-68, DOI 10.5771/1860-2177-2023-2-65.

르크스주의 지식인으로서 세계 최대 곡물상의 아들이었으며, 일찍 세상을 떠난 어머니로부터 이미 막대한 재산을 물려받은 상속자였다. 게를라흐는 이제 막 프랑크푸르트 대학에 임용된 국민경제학 교수로서 확고한 무정부주의적 조합주의자였다. 이 두 사람이 제안서에서 연구소의 우선 과제로 지적한 것은 "사회문제 관련 문헌, 사회생활 기초 자료, 사회단체 간행물을 수집하는 도서관 설립"과 "국제 학술지와 신문 수집"이었다. 응당 이런 자료들이 잘 마련되고 정리되면 "정당정치에 대한 고려와 무관하게", "철저한 사회 연구를 위해" 사용될 것이며, "일반적으로 불만족스럽다고 평가되던 당시 학문적 연구 수준 향상에 기여"할 것이었다.

누가 상상이나 했을까? 사회연구소는 처음에는 사회과학 문헌의 중앙 수집소, 어떤 의미에서는 오늘날 독일연구재단(DFG)이 지원하는 "학문 전문 정보 서비스"의 초기 형태로 구상된 것이었다. 물론 좀 더 자세히 고찰해 본다면 이는 반쪽짜리 진실일 뿐이다. 사회연구소의 원래 목적은 독일의 학문적 토대 위에 마르크스주의 연구소를 설립하는 것이었기 때문이다. 하지만 바일과 게를라흐는 가능한 이 목적을 공공연하게 드러나지 않게 했다. 당시 재단법인 대학이었던 프랑크푸르트 대학이 적지 않은 정치적 반발을 뚫고 성공적으로 설립된 것이 1914년으로, 당시까지는 최근의 일이었기 때문이다. 1923년 1월 23일 프로이센 교육부는 공식적으로 "프랑크푸르트 대학에 학술 기관이면서 대학 교육 목적에 이바지할 사회연구소 설립"을 승인했다. 그리고 1923년 3월에는 대학 본부와 젠켄베르크 자연과학협회 바로 옆자리인 빅토리아알레 17번지 부지에 연구소 건물 건축이 시작되었다.

그러나 쿠르트 알베르트 게를라흐는 이 모든 것을 지켜보지 못했다.

그는 1922년 10월 36세의 나이로 갑작스럽게 세상을 떠났기 때문이다. 이에 펠릭스 바일은 설립 중에 있던 사회연구소의 새로운 소장을 찾았고 빈 대학 국민경제학 교수이자 오스트리아 마르크스주의자 카를 그륀베르크(Carl Grünberg)를 발견했다. 그리고 그는 바일 재단의 지원으로 프랑크푸르트 대학 국가 경제학 교수직에 취임했다. 그륀베르크는 1911년 그가 창간하고 편찬했던 『사회주의와 노동자 운동의 역사를 위한 아카이브』를 이 새 연구소로 가져와 사회연구소 기관지로 삼았다. 그리고 그륀베르크는 1924년 6월 22일 사회연구소 건물 낙성식에서 공개적으로 과학적 마르크스주의를 천명했다. 이는 독일 학계에서 전례 없는 일이었다. 그러나 그의 임기는 정말 길지 않았다. 그는 1928년 연초에 심각한 뇌졸중으로 업무를 수행할 수 없게 되었고, 1929년에는 사회연구소 소장직에서 물러났다. '문헌 수집소'로 출발했던 사회연구소는 이미 주로 공산주의 성향의 학자들이 모인 지적 정착지로 변모해 있었으며, 모스크바에서 진행 중이던 마르크스-엥겔스 전집 편찬 사업에 참여하기도 했다. 이제 사회연구소는 다시 새로운 소장을 찾아야 했다. 1930년 10월, 프랑크푸르트 대학 사회철학 교수로 임용된 지 두 달밖에 되지 않았던 막스 호르크하이머가 선택됐다. 그는 1931년 1월 24일 「사회철학의 현 상황과 사회연구소의 과제」라는 취임 강연과 함께 공식적으로 소장직을 맡았다.

따라서 사회연구소가 설립된 후 8년이 지난 1931년에 이르러 비로소 이 연구소를 세계적으로 유명하게 만든 그 역사가 시작된 셈이었다. 그리고 그 이후 6년이 지난 미국 망명 시기였던 1937년에 호르크하이머의 「전통이론과 비판이론」이 출간되면서 사회연구소는 마침내 고유 명사처럼 사용되는 '비판이론' 전통의 본거지가 되었다. 이 역사는 이미 여러 차례 포괄적으로 망명과 귀환, 이론 작업과 대중적 영향력의 역사, 특히 위대한 (남성) 지식인들의 역사로 서술되었다. 이러한 지식인들로는 호르크하이머와 함께 테오도어 W. 아도르노, 그리고 이른바 '프랑크푸르트학파'에 역사학적 관심이 집중된 후에는 프리드리히 폴록(Friedrich Pollock), 레오 뢰벤탈(Leo Löwenthal), 발터 벤야민(Walter Benjamin), 에리히 프롬(Erich Fromm), 헤르베르트 마르쿠제(Herbert Marcuse), 카를 아우구스트 비트포겔(Karl August Wittfogel), 프란츠 노이만(Franz Neumann), 오토 키르히하이머(Otto Kirchheimer), 위르겐 하버마스(Jürgen Habermas), 악셀 호네트(Axel Honneth)가 있다.

이번 베스텐트 '사회연구소 100년' 특집에 실린 글들은 이런 역사 서술과는 대조적이다. 이 글들은 비판이론의 역사에 대한 공헌이라기보다는 말 그대로 '집(Haus)' 그 자체의 역사를 복원하려는 시도로 이해되어야 한다. 이 점은 특히 볼프강 포이크트(Wolfgang Voigt)의 건축사적 논문에서 문자 그대로 드러난다. 그는 프란츠 뢰클레(Franz Roeckle)가 건축했고 2차 대전 당시 파괴되었던 사회연구소의 첫 번째 건물을 다루며, 그것을 1920년대 초 정치적 시대사의 고도로 양가적인 텍스트로 읽어낸다. 이어지는 세 편의 글은 이와는 다른 방식이지만 역시나 기존의 역사 서술과 대조적이다. 이 글들은 사회연구소에서 수행된 학문적 작업과 관련하여 충분히 드러나지 않은, 혹은 완전히 사라진 차원을 조명하고 있다. 슈테판 포스빙켈(Stephan Voswinkel)이 상기시키고 있는 것은 사회연구소가 엄청나게 광범위하게 펼쳐진 주제 목록을 갖고 있었고, 연구소에서 산출된 사회 이론에 직접적으로 접근하거나 아니면 더 강력하게 거리를 두는 변동성을 보였던 경험적 사회 연구의 장이었다는 점이다. 마누엘라 보야트치예프(Manuela Bojadžijev), 크리스텔 에카르트(Christel Eckart)와 나눈 자라 슈페크(Sarah Speck)의 대담은 사회연구소의 역사가 한편으로 지금까지 서술되지 않은 여성들의 역사였으며, 다른 한편으로 여성 및 젠더 연구와 시간차를 두고 발전한 비판적 인종주의 연구의 역사였음을 보여준다. 귄터 프랑켄베르크(Günter Frankenberg)는 헬무트 두비엘(Helmut Dubiel), 울리히 뢰델(Umrich Rödel)과 공동으로 저술한 『민주주의 문제』의 등장 및 수용의 역사를 근거로, 소련의 지배 영역과 서방의 학문 문화에서 일어난 혁명적 변화가 일으킨 정치적-지적 갈등 상황이 사회연구소 내부의 사회적 공간으로 미세하게 전이되었던 역사적 순간을 재구성했다. 마지막으로 프리더 포겔만(Frieder Vogelmann)의 글은 사회연구소가 수십 년 간의 명예로운 연구에도 불구하고 비판적 이론 형성을 "불가능하도록" 만든 장소가 되게 했던 이념적 투사물을 지적한다.

하지만 이런 지적에도 불구하고 사회연구소는 2023년 도무지 불가능해 보이는 일에 도전했다. 그것은 사회연구소의 전통을 염두에 두면서도 이에 대해 무비판적이지 않고, 사회연구소의 전통을 오늘날의 사회적 상황에 맞게 발전시키면서도 이를 알아볼 수 없을 정도로 왜곡하지 않는 것이었다. 바로 이런 관심에 따라 '제2차 마르크스주의 워크숍'이 "용납할 수 없는 상황"이란 제목으로 엄청난 청중의 호응 하에 2023년 성령강림절 기간에 프랑크푸르트 대학 보켄하임 캠퍼스에서 개최되었다. 그리고 이와 아울러 "비판이론의 미래 구상(Futuring Critical Theory)"이란 제목으로 대규모 국제 학술대회가 2023년 9월 중순에 프랑크푸르트 대학 베스텐트 캠퍼스 내 일명 카지노 건물에서 개최되었다. 그리고 이와 같은 작업은 2024년에도 계속되었다. 『베스텐트』 2024년 1호에서는 볼프강 포이크트가 사회연구소 건물에 관한 건축사적 고찰을 제텐

베르크안라게 26번지에 있는 두 번째 건물, 즉 옛 건물 맞은편 위치에 있는 현재 연구소 건물로 연장했다. 그리고 **사회연구소 저작 시리즈**의 일환으로 『민주주의 문제』가 귄터 프랑켄베르크의 작업을 통해 역사적-비판적 개정판으로 출간되었다. 사회연구소의 새로운 저작 시리즈인 **사회연구소 총서**에서는 베아 리케(Bea Ricke)와 자라 슈페크의 저작을 통해 사회연구소 역사가 페미니즘 관점에서 재검토되었다. 그리고 앞서 거론된 저자들이나 사회연구소 연구원들과 직접 대화를 나누고 싶은 사람들은 누구나 2024년 6월 프랑크푸르트 대학 보켄하임 캠퍼스에서 열린 컬처 캠퍼스 오픈 에어 행사에 초대되었고, 여기서는 사회연구소 100주년 기념제 폐막 행사도 함께 진행되었다.

번역_문성훈

큐빅과 요새 같은
사회연구소의 첫 번째 건물

볼프강 포이그트

1924년에 완공된 사회연구소 건물은 프랑크푸르트 베스텐트 지구에서 눈에 띄는 건물이었다. 1920년대 초 『프랑크푸르터 차이퉁』의 편집자이자 칼럼 작가로 건축 비평을 쓰던 지그프리트 크라카우어(Siegfried Kracauer, 1889-1966)에 따르면, 프란츠 뢰클레(Franz Roeckle)가 설계한 이 신축 건물은 "진지하고 거의 요새 같은 모습을 띠며, 평평한 지붕으로 만들어진 수평 상단이 그러한 성격을 더 강화한다"(Kracauer 1997: 186). 입방체 볼륨, 평평한 지붕, 자연석으로 덮인 벽은 그 건물에 견고하고 금욕적인 인상을 주며, 이러한 모습은 빌헬름 제국 시대에 주변에 지어진, 망사르 지붕, 작은 굴뚝, 돌출된 창을 가지고 있는 주택들과 매우 달랐다.

오늘날에는 젠켄베르크안라게로 거리 이름이 바뀐 빅토리아알레 17번지에 세워진 사회연구소는 독일 대학 최초의 과학적 마르크스주의 연구소이자 1922년에 수립된 소비에트연방 밖에서는 최초이자 유일한 과학적 마르크스주의 연구소였다. 아르헨티나에서 백만장자가 된

유대인 곡물 상인의 아들인 펠릭스 바일(Felix Weil, 1898-1975)이 배후에서 설립을 추진했다.[1] 좌파의 혁명 이론들이 성공하지 못했다는 생각이 그것을 추진하는 데 큰 역할을 했다. 군주제 대신 공화국이 들어섰지만, 초기에 널리 논의되었던, 개인이 소유한 산업을 전반적으로 사회의 것으로 바꾸는 일은 실현되지 못했다. 학문적 노력이 과거의 실수로부터 배우고 새로운 이론을 발전시키는 데 도움이 될 것이라고 그는 생각했다(Wiggershaus 1986).

펠릭스 바일은 개인 돈으로 건축 비용을 떠맡았고, 그의 아버지는 연구소 운영비를 기부했다. 연구소의 위치로는 자유주의적 분위기로 유명한 프랑크푸르트가 선택되었다. 그곳은 독일 제국에서 마르크스주의를 연구하는 연구소가 학술적인 대학에 들어올 수 있는 유일한 장소였다. 1933년 강제 해산될 때까지 이 연구소는 나중에 막스 호르크하이머와 테오도어 아도르노가 창시한 프랑크푸르트학파와 '비판이론'의 핵심 장소였다.

리히텐슈타인 출신의 건축가 프란츠 뢰클레(1879-1953)가 이 연구소 건축을 의뢰받았을 때, 그는 이미 프랑크푸르트에서 15년 동안 일하고 있었다. 그는 베스텐트 유대교회당을 짓고 나서 프랑크푸르트의 대표적인 건축가 가운데 한 명으로 인정받고 있었다. 1914년 이전에 지은 유대교회당과 이스라엘 병원으로 그는 무엇보다 당시 프랑크푸르트에서 영향력이 있었던 자유주의적 유대 공동체에서 이름이 널리 알려진 건축가였다(Hilti-Roeckle, Roeckle, Zimmermann 2016). 이것은 펠릭스 바일이 그에게 건축을 맡길 만하다고 믿은 충분한 이유였던 것 같다.

---

[1] 바일에 관해서는 Klötzer (1996: 541 이하)를 참조. Erazo Heufelder (2017), Gruber (2022)와 Boris (2022)도 참조.

외관: 차분한 기념비적 분위기의 큐비즘

건물의 정치적 목적뿐 아니라 건축 양식도 새로운 것이었다. 연구소의 평평한 지붕과 네모 상자 같은 모습은 초기 모던에 전형적인 큐비즘의 영향을 받았다. 아돌프 루스(Adolf Loos)는 1912/13년에 지은 빈의 하우스 쇼이(Haus Scheu)를 통해, 아직 데사우의 바우하우스나 르 코르뷔지에의 건물들처럼 시각적으로 땅에서 들어 올려진 것처럼 보이는 가벼움은 없었지만, 어떻게 순수한 기하학적 입체들로 혁신적인 새로운 형태를 만들 수 있는지를 선보였다.

1925년에 나온 연구소 회고록의 다음과 같은 구절을 보면, 펠릭스 바일과 건축가 뢰클레가 의도한 것이 무엇인지를 엿볼 수 있다. "장식적인 건축 양식이 전혀 없이"(Gesellschaft für Sozialforschung 1925: 25) "의도적으로 객관성을 추구하여"(같은 책: 23) 균일한 육면체 건물을 세웠다. 이때 "장식적인 건축 양식"이라는 표현은 역사주의 건축 양식을 뜻한다. 19세기에 널리 퍼져 있던 역사주의 건축 양식은 옛날 배경 장식으로 건물을 감싸는 건축 양식으로 1900년 이후에도 여전히 살아 있었다.

'객관성(Sachlichkeit)'에 대한 강조는 1976년에 연구소 건물을 '새로운 객관성[신즉물주의]'이라는 이름의 신사실주의파의 작품으로 여겨 1920년대 아방가르드의 작품으로 분류하는 오해를 불러일으켰다(Jay 1976: 28). 건물에 기념비적인 느낌을 주는 울퉁불퉁한 자연석 벽과 거리 쪽 정면의 중앙에 있는 현관의 모습은 그러한 해석이 오해임을 보여준다. 1923년 봄에 설계를 할 때 '신즉물주의'는 아직 모더니즘의 주된 미학적 모티프로 확립되지 않았다. 그것은 1925년 쿤스트할레 만하임에서 이 제목으로 후기 표현주의 미술 전시회를 개최한 후에야 비로소 등장했다. 이 신즉물주의에 대한 평가는 연구소에서 그다지 긍정적이지 않았다. 마틴 제이(Martin Jay)에 따르면, 비판이론은 그 정신을 자주 조롱했다(같은 책). 알려진 바로는 1931년 소장으로 선출된 막스 호르크하이머가 이 새로운 양식을 적극적으로 지지하지는 않은 것 같다. 그는 1934년에 출판한 책 『여명: 독일에서의 단상들』에서 '신즉물주의'의 "추상성"에 대해 비판적인 논평을 남겼다. 그는 그것이 오만하고 부르주아적이라고 비판했다.[2]

철근 콘크리트 구조로 지어진 연구소 건물은 중앙에 움푹 들어간 현관이 있는 벽을 대칭적으로 만들어 차분한 기념비적인 느낌을 주었다. 우뚝 솟아오른 이 석조 건물은 현무암으로 된 주춧돌 위에 조개 석회로 겉을 입혔다. 원래는 자연석 대신 네덜란드산 클링커 벽돌을 사용할 계획이었다. 그랬다면 부조나 색상에서 벽에 다른 효과를 줄 수 있었을 것이다. 그러나 1923년 연합군이 라인란트를 점령하면서 벽돌을 프랑크푸르트까지 운반할 수 없게 되었다.

벽 중앙에 돌벽 속으로 들어가 세워진 벽기둥들은 양쪽을 수직으로 나누는 효과를 주었다. 돌벽 양쪽에 창문들이 위로 이어져 있는 벽은 돌 하나만큼 깊이로 들어가 있게 만들었다. 하늘을 향한 날카로운 모서리 끝은 주사위 같은 작은 돌들로 이어진 띠로 된, 수평이지만 거의 튀어나오지 않은 돌림띠로 처리하였다. 건물의 측면들의 맨 위층 가운데 창문들은 열람실에 측면 빛을 제공하기 위해 몇 미터 들어가도록 만들었다.

---

[2] "객관성으로 포장된, 과학의 새로운 추상성은 낡은 형식주의에 맞서 '구체성'을 내세우며 오만하게 거드름을 피운다. 그것은 이른바 '좋은' 사회가 이른바 '품위 있는' 사람에게 요구하는 오만한 행동과 매우 비슷하다"(Horkheimer 1972: 72).

이 건물은 대칭적으로 만든 건물 정면이 거리 쪽으로 나 있어 찾아오는 이들을 맞는다. 건물 정면 가운데는 2층 높이로 움푹 들어간 현관이 있다. 정사각형으로 올라가다 꽃문양으로 꾸민 사다리꼴 장식으로 마무리된 두 개의 긴 기둥은 단순한 현관에 엄숙함을 더한다. 이 기둥들이 현관을 지키고 있으며, 그 양옆으로 창문 없는 벽이 이어져 건물 정면의 네모 상자 같은 느낌을 돕고 있다.

원래의 벽돌 벽 대신 만들어진 자연석 벽은 다양한 높이의 층으로 쌓아 올린 벽으로 되어 있다. 돌 하나하나는 울퉁불퉁 튀어나온 네모 돌로 되어 있다. 지그프리트 크라카우어는 이 벽면을 "거의"라는 말을 덧붙여 부드럽게 했지만 "요새 같은" 것으로 묘사했다(Kracauer 1997: 86). 그 시대의 사람들은 이러한 석조 건물의 모습은 중세 성곽이나 19세기 요새에서 볼 수 있었다. 그러나 시카고의 백화점과 같은 초기 모던의 선구적 건물들도 벽면을 그런 모습으로 만들었다(무엇보다도 1885년 헨리 홉슨 리처드슨의 마샬 필드 & Co). 독일에서도 헨리 반 데 벨데(Henry van de Velde)가 하겐에 지은 빌라 호헨호프(1906-1908)와 페터 베렌스(Peter Behrens)가 짓고 발터 그로피우스(Walter Gropius)가 감독한, 그 주변 현대식 주택들(쿠노와 슈뢰더 주택, 1909-1910), 그리고 마지막으로 에센의 유대교회당(건축가 에드문트 쾨르너, 1913)에서 그러한 석조 건물을 볼 수 있었다.

1924년에 완공된 사회연구소의 첫 번째 건물로, 빅토리아알레 17번지 (현재 젠켄베르크안라게로 거리 이름이 바뀜) 정면 모습. 건축가 프란츠 뢰클레가 설계했다. 이 건물이 공중폭격으로 파괴된 지 20년이 지난 1960년대에 같은 자리에 '유리디쿰(Juridicum)'이라는 법학부 고층 건물이 세워졌다. 이 건물은 보켄하임 문화 캠퍼스를 위해 철거될 예정이다. 현재 그 건너편 젠켄베르크안라게 26번지에 있는 연구소 건물은 1951년 프랑크푸르트로 돌아온 연구소를 위해 마련한 건물이다. 사진작가 미상
ⓒ 프랑크푸르트 독일건축박물관, 아카이브

사회연구소의 측면 모습. 1925년 연구소 개관을 위해 발간된 책자에서는 벽에 드러난 상징적인 투명성을 다음과 같이 강조했다. "외부의 창문들은 내부의 공간 배치를 잘 알 수 있도록 투명하게 반영하고 있다." 연습실, 열람실, 도서관, 계단의 위치를 벽에서 쉽게 알아볼 수 있도록 각 방의 용도에 따라 각 창문을 특정한 형태로 만들었다. 말 그대로 숨길 것이 하나도 없기를 원했다. 사진작가 미상 ⓒ 프랑크푸르트 독일건축박물관, 아카이브

슈투트가르트 중앙역 신관 모습. 1922년과 1927년 두 부분으로 나누어 개관했다. 건축가 파울 보나츠(Paul Bonatz)가 설계했다. 사진작가 미상
ⓒ 프랑크푸르트 독일건축박물관, 아카이브

슈투트가르트 중앙역의 남쪽 날개 건물 모습. '슈투트가르트 21'이라는 철도 프로젝트를 위해 2011년에 철거되었다. 프란츠 뢰클레는 이 건물에서 전면에서 튀어나온 돌출장식을 분리하는 방식을 연구소 정면을 위한 본보기로 삼았다. 입방체 모양, 상단을 최대한 줄인 처마 장식, 높이가 다른 층의 돌들로 이루어진 자연석벽의 울퉁불퉁 튀어나온 모양도 중앙역에서 가져왔다. ⓒ 볼프강 포이그트의 사진, 2010

슈투트가르트 중앙역의 남쪽 날개 건물의 일부 모습. 창문들이 있는 움푹 파인 긴 수직 벽들을 만드는 이 건축 방식을 뢰클레가 연구소 건물을 위해 빌려왔다. ⓒ 볼프강 포이그트의 사진, 2010

학문의 요새

뢰클레의 연구소 건물을 이해하고 설명하기 위해서는 역사적, 건축사적 맥락을 살펴보아야 한다. '요새 같은' 연구소가 왜 적절하다고 여겨졌는지 이해하는 데 많은 상상력이 필요하지 않다. 물론 독일 제국의 역사주의, 부르주아 학문 문화, 부르주아적이고 보수적인 이들에 맞서 그들과 구별을 지으려 했던 미학적 동기도 가정할 수 있지만, 인플레이션과 내전의 해였던 1923년에는 훨씬 더 확실한 선택의 이유가 있었다. 1919/20년 자유 군단의 광란과 1922년 무솔리니의 권력 장악 과정에서 이탈리아에서 일어난 파시스트 테러를 기억할 수 있다. 1923년 11월 9일 뮌헨에서 히틀러의 국가사회주의 쿠데타가 실패했을 때 이미 연구소의 건축이 시작되었다. 따라서 정치적 스펙트럼의 위태로운 가장자리에서 잠재적으로 위협을 받을 가능성이 있는 이 연구소 건물의 설계로 투명하고 부서지기 쉬운 파빌리온이 아니라 튼튼한 건물을 구상한 것은 우연이 아니었다. 그 건물의 돌벽은 정중한 인상을 줄 뿐만 아니라 확실한 물리적 보호 기능을 제공하는 것처럼 보인다.

연구소 건물의 건축 양식을 이해하기 위해서는 펠릭스 바일과 그의 건축가 뢰클레가 직면하고 있던 건축사적 환경에 주목하는 것도 중요하다. 11월 혁명 이후 1923년 봄 이전까지 바이마르 공화국 초기에 대중의 관심을 끌고 인기를 끌었던 멋진 건물은 무엇이었을까? 당시 뒤셀도르프, 쾰른, 함부르크에서 건설 중이었지만 아직 완공되지 않은 독일 최초의 11층 이상 고층 건물 시리즈가 주목을 끌었다. 그보다 1년 앞서 서로 매우 다른 두 건물이 그 혁신적인 건축 양식으로 화제를 불러일으켰다. 다름 아니라 에리히 멘델존(Erich Mendelsohn, 1887-1953)이 포츠담에 지은, '아인슈타인 타워'로 불린 천문대와 파울 보나츠(Paul Bonatz, 1877-1956)가 슈투트가르트에 지은 중앙역이 그 화제의 건물이다. 중앙역의 첫 번째 건설 단계는 연구소 건축을 시작하기 6개월 전인 1922년 10월에 시작되었다.

건축적 본보기: 파울 보나츠의 슈투트가르트 중앙역

보나츠의 중앙역은 연구소 건물을 이해하는 데 중요한 열쇠를 제공한다(Voigt & May 2010; Voigt 2010). 두 건물 사이의 관계는 손에 잡힐 정도로 분명히 알 수 있다. 현관 건물의 입방체 모양, 최대한 줄인 처마 장식, 높이가 다른 층의 돌들로 이루어진 자연석벽의 울퉁불퉁 튀어나온 모양, 움푹 파인 긴 수직 벽 모양을 중앙역 건물에서 뢰클레가 직접 가져왔다. 2011년 '슈투트가르트 21'이라는 이름의 철도 프로젝트를 위해 철거된 중앙역 남쪽 날개 건물의 돌출장식들을 보면 그 두 건물 사이의 유사점을 더욱 분명하게 알 수 있다. 연구소 건물의 정면 모양은 그 돌출장식들로부터 가져온 듯하다. 보나츠가 암시만 했던 현관 모양과 그 현관을 둘러싼 창문들 모양을 보아도 그 유사점을 더욱 분명하게 알 수 있다. 구스타프 아돌프 플라츠(Gustav Adolf Platz)는 그 두 건물들 사이의 매우 눈에 띄는 유사점을 이미 알아차린 듯하다. 그는 1927년 자신의 책『최신 건축예술』(Baukunst der neuesten Zeit)에 이 두 건물을 포함시키고 두 건물 사진을 양쪽에 나란히 넣었다(Platz 1927: 280-281).

다름이 아니라 슈투트가르트의 중앙역 건물이 왜 정치적으로 논란이 되는 연구소를 위한 매력적인 본보기가 되었을지, 왜 프란츠 뢰클레를 연구소 건축가로 선택했을지에 관한 의문이 남는다. 보나츠는 매표소, 대형 횡단 홀, 날개 건물과 타워로 이루어진 명확한 모서리가 있는 입방체 모양으로, 절제된 신고전주의 요소들로, 새로운 기념비적인 대형 건축을 탄생시켰다. 이러한 건축 양식은 1920년대 초 건축 평론가들이 긍정적으로 받아들였다(Voigt & May 2010: 14, 59 이하). 볼프강 펜트(Wolfgang Pehnt)는 이 중앙역이 "공간-시간-건축"의 신호이며, 나중에 국제 모더니즘 양식의 표준이 될 것이라고 말했다(Pehnt 1973: 64-65). 1928년 『프랑크푸르터 차이퉁』은 이 중앙역을 "현대 건축의 가장 강력한 계시 중 하나"라고 매우 칭찬했다(Pfleiderer 1928: 111). 현대성에 의문을 제기하는 목소리들은 훨씬 뒤에 나왔다. 그러한 목소리들은 1927년 슈투트가르트의 전위적인 건축인 바이센호프지들룽(Weißenhofsiedlung)이 '새로운 건축(Neues Bauen)'의 돌파구를 마련하고 패러다임의 전환을 가져온 뒤에야 나왔다.

위기로 몸살을 겪던 공화국 초기에 보나츠의 중앙역은 강력한 본보기를 제공했다. 이러한 종류의 설계는 1914년으로 거슬러 올라간다. 기념비성을 포기하지 않고 빌헬름 건축의 화려함을 의도적으로 남겨둔 벽면의 엄격한 단순성은 독일 11월 혁명[3] 이후 다양한 해석을 가능하게 했다. 세계적으로 널리 서로 겨루던 건축 대가들이 각자 자신들의 프로젝트를 위해 그 건축 양식을 모방했다. 불과 1년 뒤에 이 중앙역 건물의 동생처럼 보이는 건물을 설계하도록 한 이들은 혁명적인 프랑크푸르트 사회연구소뿐만이 아니었다. 가톨릭교회 중에서 개혁을 선호하는 이들도 보나츠의 건축 양식을 본 따려 했다. 그들은 도미니쿠스 뵘(Dominikus Böhm)과 한스 헤어코머(Hans Herkommer) 같은 건축가에게

---

3 [옮긴이 주] 1918년 11월 독일 제국을 무너뜨리고 공화국을 선포한 혁명이며, 1919년 바이마르 공화국을 탄생시켰다.

슈투트가르트의 입방체 모양 매표소 건물을 본 뜬 입방체 모양의 현관이 있는 교회를 설계하도록 의뢰했다.[4] 그 엄숙함 때문에 소련의 작가 일리아 에렌부르크(Ilja Ehrenburg)는 슈투트가르트 중앙역을 세계의 교통, 시간표 및 군중 이동에 전념할 미래의 "알려지지 않은 숭배의 사원"으로 묘사했다(Ehrenburg 1929; Voigt 2010: 13에서 재인용).

1919/20년에 슈투트가르트에서 가까운 튀빙겐에 머물고 있던[5] 펠릭스 바일은 의심할 여지 없이 새 중앙역 건물에 대해 잘 알고 있었으며, 아마도 그는 그 건축가가 슈투트가르트에서 11월 혁명 동안 적극적인 역할을 했다는 소식을 들었을 것이다. 1918년 11월 9일 공화국 선포 후 이틀 뒤 파울 보나츠는 "정신 노동자"로 선거에 나섰고(Bonatz 1950: 89), 그 조금 뒤에 뷔템베르크 노동자평의회 중앙 집행위원회의 위원 15명 중 한 명이 되었다(Vigt & May 2010: 12-13).

프란츠 뢰클레와 두 살이 많은 보나츠는 공통된 출신 배경을 공유했다. 둘은 테오도어 피셔(Theodor Fischer, 1862-1938; Nerdinger 1988)의 제자이자 그가 슈투트가르트 공과대학에서 만든 건축 학파인 '슈투트가르트 학파'에 소속되어 있었다(Voigt 2003: 27 이하; May 2010: 69 이하). 피셔는 독일 공예가 연맹의 선구자 중 한 명일 뿐만 아니라 1914년 이전에 역사주의에서 초기 모더니즘으로의 전환을 이끈 중요한 혁신가 중 한 명이기도 했다. 그의 제자 중에는 유명한 이들이 많다. 에리히 멘델

---

4   도미니쿠스 뵘이 이러한 건축 양식으로 설계한 것으로는 루멘 크리스티(1922), 오펜바흐의 성 페트루스 카니시우스(1925/26), 레버쿠젠-쿼퍼스테그의 크리스투스 쾨니히(1928), 뮌헨글라트바흐의 성 카밀루스(1931)와 같은 교회 건물이 있다. 한스 헤어코머가 이러한 건축 양식으로 설계한 것으로는 무엇보다 브루흐살의 파울루스하임 교회(1922), 프랑크푸르트의 프라우엔프리덴스키르헤(1927-1929)와 같은 교회 건물이 있다. Voigt (2010: 16)와 Voigt & Flagge (2005) 참조.
5   펠릭스 바일은 튀빙겐에서 경제학을 전공하고 박사논문을 시작했다(Klötzer 1996: 542).

존(Erich Mendelsohn), 브루노 타우트(Bruno Taut), 르 코르뷔지에와 같은 후기 아방가르드의 대표주자들과 뢰클레 자신과 마찬가지로 평생 동안 모더니즘과 보수주의 입장을 번갈아 취했던 파울 보나츠가 대표적이다. 1908년 피셔가 뮌헨으로 옮긴 뒤 보나츠가 그의 교수 자리를 이어받아 나중에 임명된 파울 슈미테너(Paul Schmitthenner)와 함께 슈투트가르트 학파를 이끈 핵심 인물 중 한 명이 되었다. 슈투트가르트 학파는 1920년대 말에 연대와 수공업을 중시하는 보수적인 건축 교육으로 아방가르드에 맞섰다(Voigt & Frank 2003).

수도원 뜰을 둘러싼 수도사 방들과 같은 연구실들

프란츠 뢰클레의 설계에 따라 연구소의 방들은 건물 가운데 있는 두 개의 위아래로 놓인 홀들을 중심으로 대칭을 이루며 4개 층에 배치되었다.[6] "마룻바닥 모양의 메인 홀"은 사방에 있는 교수 연구실들을 연결하는 역할을 했다. 이것은 경제-사회과학 학부가 대학에 양보한 것이었다. 독일 사회학의 선구자이자 1919년 해당 분야 최초로 교수에 임명된 프란츠 오펜하이머(Franz Oppenheimer)는 동료들과 함께 이곳의 방을 사용했다. 계단을 통해 측면 갤러리로 연결되며 연습실로 이어졌다.

이 준-공적인 공간 위에는 실제 연구 공간이 있었다. 지그프리트 크라카우어는 그 공간을 다음과 같이 묘사했다. "이 공간의 핵심은 두 층을 채우고 있는 열람실이다. 이곳은 중앙 홀 위에 있으며, 측면의 높은 창문을 통해 빛이 들어온다. 그 열람실을 둘러싸고 보통 높이의 좁은

---

6 1925년 회고록의 도면 참조(Gesellschaft fur Sozialforschung 1925).

방들이 있다. 이 방들은 연구소 이용자들이 연구실로 사용했는데, 마치 수도원 뜰을 수도사 방들이 둘러싸고 있는 듯했다"(Kracauer 1997: 185). 열람실과 직접 연결된 건물 뒤편에는 도서관이 있었다. 이 둘도 없던 도서관에 있던 보물들은 1933년 이후 여러 곳으로 흩어졌다.

볼프강 쉬벨부쉬(Schivelbusch 1985: 10-11)는 그의 『지성의 여명』에서 뢰클레가 설계한 연구소 건물을 그 시대의 한 다른 건물과 대조했다. 몇 년 뒤 프랑크푸르트의 다른 곳에 한스 푈치히(Hans Poelzig)가 설계한 I. G. 파르벤 그룹의 행정 건물(1928-1930)과 대조했다. 쉬벨부쉬에 따르면, 두 건물은 미학적으로 주변과 대조를 이루었을 뿐만 아니라, 각 건물에 들어온 기관들을 통해서도 19세기 안락한 부르주아 세계에서 벗어나는 것을 상징적으로 보여주었다(같은 책). 사회연구소가 20세기 독점 자본주의를 이론적으로 탐구하고 분석했다면, I. G. 파르벤 그룹은 가능한 최대 규모의 '신뢰'를 바탕으로 이 새로운 경제를 실질적으로 운영하고 만드는 일을 했다(같은 책).

프랑크푸르트의 특징이자 1945년 이후 프랑크푸르트학파의 특징이기도 했던, 비판이론과 자본주의의 공존과 맞섬은 연구소 초기에 이미 서쪽으로 몇 킬로미터 떨어진 곳에 세워진 한 건물에서도 나타났다. 얼마 후 프랑크푸르트에 편입된 이웃 도시 회흐스트(Höchst)에는 1920년부터 1924년 사이에 페터 베렌스가 설계한 회흐스트 AG 본사가 세워졌다. 이 건물은 화학 대기업의 힘을 기념하기 위해 화려한 행정 건물로 지어졌다. 그 회사는 훗날 I. G. 파르벤으로 합병되었다. 그 회사는 그 시대 다른 대기업들처럼 사회의 소유로 되는 사회화에서 막 벗어나서, 그것을 스스로 축하하고자 했다. 그러한 축하 분위기는 대성당 같은 분위기를 풍기는 4층 스카이라운지에서 절정을 이루었다. 그 스카이라운지는 건축 역사에서 표현주의의 주요 작품이 되었다(Pehnt 1973: 93 이하).

객관성, 상징적 투명성: 건물이 보여지길 원했던 방식

펠릭스 바일처럼 세계관이 뚜렷이 드러난 이가 왜 정치적으로 더 가까운 건축가들 가운데 한 명을 선택하지 않았는지 궁금하다. 그는 1918년 베를린에서 만든 '11월 그룹'의 예술가 및 건축가 집단이나 바이마르의 바우하우스에서 그러한 건축가를 찾을 수 있었을 것이다. 바일이 이러한 방향으로 연락을 했는지 또는 연락하려고 했는지는 알려지지 않았다. 아마도 그는 실용적으로 판단하여 프랑크푸르트에서 존경받고 관련 경험이 있는 건축가를 선택하기로 결정한듯하다. 이러한 선택은 아마도 프랑크푸르트 사회가 그 특이한 연구소를 받아들이는 데 한 역할을 했을 것이다. 건축가도 좌파적 신념을 공유해야 한다는 전제 조건은 없었으며, 그 사이에 알려진 모든 사실로 미루어 보면 그러한 전제 조건은 없었다.

1925년 연구소 개관을 기념하기 위해 나온 책자에는 이 건물의 진보적 특성을 강조하는 다음과 같은 몇 가지 표현이 들어 있다(Gesellschaft für Sozialforschung 1925). 무엇보다 "의도적 객관성"이라는 표현이 대표적이며, "균일한 입방체 구조", (돌 장식을, 독일 제국에서 널리 받아들여졌고 여전히 받아들여지고 있었던, 내부와 관련 없는 절충주의 스타일 장식이 아니라 건축기술로 볼 때 올바른 재료 장식이라고 이해하는) "모든 장식적 건축 양식"의 포기와 같은 표현들도 그러한 표현에 속한다.

기관의 정신을 표현하는 특별한 건축으로 눈에 띄도록 그 건물을 설계했을 것이라 누가 말한다면, 아마도 그것은 상징적인 '객관성'이라는 표현으로 수사적으로 말한 것에 근거를 두고 있을 것이다. 이미 앞에서 인용한, 연구소 구성원이 자기 건물에 대해 말한 것들 속에서 디자인의 '의도적 객관성'이라는 표현은 어떤 종류의 "정당 정치나 선동"과도 전혀 관계하지 않고 멀리 거리를 두어야 하는 연구소 학술 활동의 절대적 객관성에 대한 요구와 맥을 같이한다. "연구소는 오직 진실에만 봉사하며, 필요하다면 연구소가 자신의 이론들을 비판하고 변화시키고 발전시키는 데 봉사해야 한다"(같은 책: 18).

이러한 태도는 상징적인 투명성에서도 찾아볼 수 있다. 측면 벽들의 경우 내부 구조가 바깥에서도 알 수 있도록 설계되어 있다. "외부 창문들은 내부 방들의 구조를 명확하게 반영하고 있다"(같은 책: 23). 각 방의 용도에 맞게 창문들을 각각 특정한 형태로 만들었다. 그래서 연습실, 연구실, 도서관, 계단의 위치를 벽에서 쉽게 알아볼 수 있도록 했다. 말 그대로 아무것도 숨기려 하지 않았다. "객관적인 합목적성, 정직한 신랄함"을 모토로 삼았다(같은 책: 26).

지그프리트 크라카우어는 연구소가 아직 완성되기도 전에 연구소 건물에 대한 비평을 『프랑크푸르터 차이퉁』에 실었다. 그는 벽들이 논리정연하게 "도면으로부터 논리적으로 따라 나오는" 점을 강조했다. 그는 "어디에서도 인위적으로 겉멋을 부렸다는 느낌을 받을 수 없다."라고 말했다(Kracauer 1997: 186). 그의 비평은 뢰클레의 건물이 받아들여질 것이라는 자신감으로 이어졌다.

전통적인 장식 요소를 의도적으로 포기한 이 꾸밈없는 건물은 처음 보면 낯설다. (…) 그러나 눈이 제대로 적응되면 겉모습이 점점 더 설득력 있게 되고, 간결하고 압축된 내부를 예술적으로 공평하게 표현하

고 있다는 것을 느끼게 된다.(Kracauer 1997: 186)

프란츠 뢰클레: 어스름 속에 있는 연구소 건축가

이 연구소의 건축은 밀레니엄이 시작되기 직전에 페터 가이거(Peter Geiger)가 그의 책 『위기의 시대. 1930년대 리히텐슈타인. 1928-1939년』(1997)에서 1933년에 있었던 프란츠 뢰클레가 가담한 범죄적 폭력 행위의 상세한 내용을 밝혀냄으로써 불신을 받게 되었다(Geiger 1997: 344).

뢰클레는 독일군 장교로 제1차 세계대전에 참전했다. 하지만 그는 리히텐슈타인과 관계를 결코 끊지 않았다. 1920년 봄에 한 신문 칼럼에서 그는 이 작은 나라의 보수적인 가톨릭 상류층을 지지한다고 선언하고, 리히텐슈타인에서 좌파 노동 운동을 하는 것에 대해 경고했다. 그는 그러한 노동 운동을 하면 계급투쟁이 벌어질 수 있으며, 그러면 이 취약한 작은 나라의 질서가 불안정하게 될 것이라고 주장했다(Roeckle 1920 참조).[7] 그는 1914년 프랑크푸르트에서 프리메이슨 연맹에 가입했다 (Kolb-Wieczorek 2016: 171 이하). 그가 얼마나 오래 회원으로 활동했는지는 알려지지 않았다.

1924년 사회연구소가 문을 열었을 때 루트비히 란트만(Ludwig Landmann)이 시장으로 선출되면서 프랑크푸르트는 8년에 걸친 '새로운 프

---

[7] 그 칼럼에서 뢰클레는 리히텐슈타인 사람의 "인종적 특성"에 대해서도 다음과 같이 말한다. "그 조직은 붉은 깃발 아래서 투쟁하는 조직으로 발전할 것이다 (…) 이념으로만 살 수 있는 이 잘못된 사상은 살아 있는 사람의 인종적 특성 때문에 틀림없이 산산이 부서질 것이다." 논쟁의 맥락에서 보면 여기서 '인종'이라는 말은 고국 또는 위협받는 '민족'으로 이해할 수 있다. 1920년 리히텐슈타인에는 아직, 뢰클레가 개인적으로 반유대주의적 의도로 '인종'이라는 말로 적대시하였을 만한, 유대인 거주자가 없었다.

랑크푸르트' 시대를 예고했다. 이 시기에 프랑크푸르트는 무엇보다 건축과 도시 계획에서 20세기 모더니즘으로 나아갈 강력한 힘을 얻었다. 뢰클레는 '새로운 건축'에 참여했다. 에른스트 마이가 이끈 건축 활동이 프랑크푸르트에서 '새로운 건축'을 주도하였으며, 이 '새로운 건축'은 잠시 이 도시를 아방가르드의 중심지로 만들었다(Adam 2016: 67 이하). 뢰클레는 1928년 독일 건축가 협회의 지역 조직에서, 다른 개인 건축가들과 달리 그 도시의 종합 주택 건설 프로그램을 지속적으로 지지한 '디 그루페(Die Gruppe)'에 참여했다(Brockhoff et. al. 2016: 166). 뢰클레가 1927년부터 지은, 프랑크푸르트 니더라트 지구의 하이마트지들룽(Heimatsiedlung)은 지능적인 도시 계획과 친밀한 녹지 공간이 특징인, '새로운 프랑크푸르트'의 뛰어난 성과 가운데 하나다. 뢰클레는 1929년에 프랑크푸르트에서 열린 제2회 국제 건축 모더니즘 대회(CIAM)에 참가하였다.

얼마 지나지 않아 세계 경제 위기로 바이마르 공화국의 국가 주도 주택 건설이 거의 중단되자, 새로운 프랑크푸르트의 건축 프로그램도 거의 중단될 위험에 처했다. 다른 많은 건축가들과 마찬가지로 뢰클레도 새로운 의뢰가 없어 문을 닫아야 할 위기에 처했다. 25년 동안 그를 지탱해 주었던 것이, 다시 말해 자유주의적 유대인 부르주아지와 관계를 맺었던 것이나 좌파로 간주되는 새로운 프랑크푸르트에 적극적으로 참여했던 것이 곧이어 들어선 국가 사회주의 정권에서 그의 명성을 훼손하는 요인이 되었다.

뢰클레는 고국 리히텐슈타인으로 피신하여 수도 파두츠(Vaduz)의 새로운 시청을 건설하는 일을 맡을 수 있었다(Frick 2016: 111 이하). 동시에 그는 프랑크푸르트도 눈여겨보고 프랑크푸르트에서 1932년에 국가 사회주의 독일 노동당(나치당, NSDAP) 지역 조직의 회원이 되었다(Kolb-Wieczorek 2016: 172).

그는 리히텐슈타인을 위한 '국민운동'을 만들 계획을 세웠고, 1933년 4월에 두 명의 이민자를 납치하려다 실패하여 숨지게 한 반유대주의 폭력 행위에 가담했다.[8] 뢰클레는 재판을 받고 짧은 금고형을 선고받았다.

뢰클레는 판사 앞에서 리히텐슈타인을 위한 애국적인 동기로 한 행위라며 그 행위를 정당화했다. 동시에 그는 이미 1923년에 프랑크푸르트에서 국가 사회주의 독일 노동당(NSDAP)을 재정적으로 후원했다고 진술했다(Geiger 1997: 344). 같은 해에 그는 사회연구소 건물을 설계했다. 몇몇 저자들은 페터 가이거가 보고한 상세한 이야기를 가져와, 뢰클레는 원래 국가 사회주의자인데 교묘하게 위장하여 10년 동안 처음에는 유대인 건축의뢰인들을 속였고, 그 뒤에는 새로운 프랑크푸르트의 동료들을 수년 동안 성공적으로 속였다는 가설에 대한 증거로 삼았다 (Riebsamen 2009; Roesler 2012; Röger 2022).[9]

나치와 연구소 양쪽에 대해 모두 심각하게 신뢰를 깨어 버린 일이 실제로 있었는지는 전적으로 출처를 믿을 만하다고 평가할 수 있는지에 달려 있다. 그 출처가 뢰클레 자신이었기 때문에 그의 나치 '후원'에 대해 의심할 수 있다. 뢰클레가 유일한 증인이었기에 바뀐 정치적 상황에

8 베를린에서 로터라는 예명을 사용하며 연극 사업가로 활동하다 파산한 유대인 집안의 두 형제, 알프레드와 프리츠 샤이에는 파두츠로 도망을 갔다. 독일의 국가 사회주의 언론은 로터 형제의 사기 파산 의혹을 제기하며 리히텐슈타인을 '범죄자 망명지'라고 공격했다. 뢰클레와 공모자 세 명은 이들을 납치해 국경을 넘어 독일로 데려가 베를린 경찰에 넘겨줄 계획을 세웠다. 1933년 4월 5일 알프스 고산 지형에서 습격했지만, 이 형제 가운데 한 명이 아내와 도망가서 실패했다. 두 사람은 가파른 경사면에서 추락하여 사망했다(Geiger 1997: 343 이하).
9 그 보고서의 저자인 가이거도 그 사건에 대해 증언한 유일한 증인이 뢰클레 자신이었다는 사실을 그때는 아직 몰랐다(Voigt 2016: 49-66).

서 자신에게 유리한 대로 판사에게 거짓으로 말했을 수도 있었다. 그가 진실을 말했는지는 검증되지 않았다. 왜냐하면 그 범죄사건 이전에 뢰클레가 프랑크푸르트에서 어떻게 살았는지는 법원의 판결에 아무런 영향을 미치지 않았기 때문이다. 무엇보다도 나치당 신문인『푈키셔 베오바흐터(*Völkischer Beobachter*)』의 대표가 국가 사회주의 관점에서 모범적인 이 행위에 대해 보도하기 위해 뮌헨에 와서 공청회에 출석했다(Geiger 1997: 349).

건축가 뢰클레에게는 1900년부터 주로 거주하고 일했던 성공의 터전에서 직업적 인간관계를 맺을 수 있는 기회가 무엇보다도 중요했다. 작은 리히텐슈타인은 그에게 프랑크푸르트나 나치 독일과 같은 수준으로 도움을 줄 수 없었을 것이다. 독일에서는 아돌프 히틀러가 대규모 건축 프로젝트 계획의 가능성을 내보였다. 가능하면 이민을 떠났던 유대인 건축가 동료들과 달리 뢰클레는 원칙적으로 자유롭게 돌아올 수 있었다. 그러나 국가 사회주의 프랑크푸르트에서 인정받기 위해서는 프랑크푸르트 유대인과의 관계를 최소화해야 했다.

그가 리히텐슈타인에 대해 강한 개인적 유대감을 가지고 있다는 점이나 파두츠에 있는 뢰클레 가문의 제재소를 그가 공동 소유하고 있다는 점은 그가 1933년 8월 성공적으로 출소한 직후 프랑크푸르트로 돌아가는 데 아무런 걸림돌이 되지 않았다. 1944년 국가 사회주의에 대한 연합군의 군사적 승리가 시간문제였을 때 비로소, 그는 마침내 그에게 안전한 리히텐슈타인에 정착하여 1953년 사망할 때까지 살았다(Kolb-Wieczorek 2016: 172).

건축의 다의성

건축가의 정치적, 도덕적 신념과 그것을 건축 설계에 반영한 것 사이의 연관성에 관하여 이상적인 것은 출판된 건축사에서 세계적으로 널리 퍼져 있다. 출처들을 바탕으로 상응하는 연결을 만들어 해석학적 노력이 성공하는 경우는 드물지 않다. 마찬가지로 출처들이 없어 그 연결을 찾지 못해 추측만 할 수 있는 경우도 드물지 않다. 연구소 건물의 경우 건축가가 직접 설명하지 않았기 때문에, 건물에 대한 분석과 건축 의뢰인 바일과 그 시대 비평가인 크라카우어의 말에 의존해야 한다. 그것들로부터 뢰클레가 연구소를 만드는 이들이 연구소에 대해 스스로 가지고 있는 생각에 상응하고 무조건적인 객관성에 대한 강조를 신뢰할 만하게 보이도록 하는 설계를 제공했다고 결론지을 수 있다. 연구소를 설계하면서 동시에 국가 사회주의자들을 후원했다고 설계 후 수년이 지난 뒤에 털어놓은 뢰클레의 주장도 이러한 사실을 바꾸지 못한다. 베스텐트 유대교회당, 사회연구소, '새로운 프랑크푸르트'의 모던한 건물들, 알프스 산간 건물 양식으로 지은 리히텐슈타인의 건물들 등 그가 지은 건물들은 프란츠 뢰클레가 상황에 따라 기꺼이 변화하며 늘 적응하는 건축가였음을 보여준다.

오늘날의 시선으로 보면 형태의 모호함이 눈에 띈다. 형태의 모호함은 연구소 건물의 경우 대립하는 이데올로기들의 서로 양립할 수 없음을 보여주는 징표로 보는 데 익숙한 건축학적 특징들이 나란히 있는 것에서 나타난다. 그것은 1945년 이후 시작된, "현대 건축 양식들을 민주주의 신념을 보여주는 징표로 신화화하는 것"과 관계가 있다(Nerdinger 2009: 384-385). 예를 들면, 큐비즘, 평평한 지붕, 장식의 포기, 객관성과 같은 건축학적 특징들이 한편에 있었고, 그에 맞서 '요새 같은 느낌', 대칭적 배치, 자연석 벽면, 기념비성과 같은 건축학적 특징들이 다른 한편에 있었다. 연구소를 설계할 때는, 1927년 모더니즘 건축인 슈투트가르트의 바이센호프지들룽으로 시작하여 건축 노선들이 첨예하게 대립하는 일이나 파울 슐체-나움부르크(Paul Schultze-Naumburg)의 『예술과 인종』(1928)이 건축 담론을 독살하는 일이 아직 일어나지 않았다. 그 몇 년 전에 설계된 이 연구소는 모든 것을 하나의 건물에 통합하여 보여줄 수 있었고, 따라서 스스로 진보를 주장할 수 있었다.

1933년 뢰클레가 프랑크푸르트로 돌아왔을 때는 이미 '반국가 활동' 혐의로 게슈타포에 의해 연구소가 폐쇄된 뒤였다. 연구소는 제네바로 잠시 옮겼다가 구성원들과 함께 뉴욕으로 이주했고, 이후 컬럼비아 대학교의 부속 학술 기관으로 있었다. 나치 학생회 사무실로 사용되던 이 건물은 공중 폭격으로 파괴되었다. 폐허의 자리에 1960년대에 프랑크푸르트 대학교 법학과 건물로 '유리디쿰'이라는 이름의 고층 건물이 세워졌다. 사회연구소는 1950년 망명에서 프랑크푸르트로 돌아와서, 길 건너편에 새 건물을 지었다.[10] 연구소의 현재 건물인 이 두 번째 건물에 대해서는 다음 호에서 다룰 예정이다.

번역_김광식

---

10 알로이스 기퍼(Alois Giefer)와 헤르만 마클러(Hermann Mackler)가 이 새 건물을 지었다(Gehebe-Gernhardt 2011: 254 이하).

참고문헌

Adam, Hubertus 2016: Franz Roeckle als Protagonist des Neuen Bauens in Frankfurt am Main und Karlsruhe, in: Marianne Hilti-Roeckle, Hanna Roeckle und Peter Zimmermann (Hg.): Franz Roeckle. Bauten 1902-1933. Ostfildern: Hatje-Cantz-Verlag, 67-109.

Bonatz, Paul 1950: Leben und Bauen. Stuttgart: Engelhornverlag Adolf Spemann.

Boris, Dieter 2022: Felix Weil und das Institut für Sozialforschung, in: WestEnd. Neue Zeitschrift für Sozialforschung 19(1), 167-182.

Brockhoff, Evelyn, Christina Gräwe, Ulrike May, Claudia Quiring, Jörg Schilling und Wolfgang Voigt (Hg.) 2016: Akteure des Neuen Frankfurt. Biografien aus Architektur, Politik und Kultur. Frankfurt a. M.: Societäts Verlag.

Erazo Heufelder, Jeanette 2017: Der argentinische Krösus. Kleine Wirtschaftsgeschichte der Frankfurter Schule. Berlin: Berenberg.

Frick, Florin 2016: Roeckle-Bauten in Liechtenstein, in: Marianne Hilti-Roeckle, Hanna Roeckle und Peter Zimmermann (Hg.): Franz Roeckle. Bauten 1902-1933. Ostfildern: Hatje-Cantz-Verlag, 111-129.

Gehebe-Gernhardt, Almut 2011: Architektur der 50er Jahre in Frankfurt am Main – am Beispiel der Architektengemeinschaft Alois Giefer und Hermann Mäckler. Frankfurt a. M. und Wiesbaden: Kramer.

Geiger, Peter 1997: Krisenzeit. Liechtenstein in den Dreissigerjahren 1928-1939. Band 1. Zürich: Chronos.

Gesellschaft für Sozialforschung e. V. 1925: Institut für Sozialforschung an der Universität Frankfurt am Main. Frankfurt a. M.: Gesellschaft für Sozialforschung e. V.

Gruber, Hans-Peter 2022: »Aus der Art geschlagen«. Eine politische Biografie von Felix Weil (1898-1975). Frankfurt a. M. und New York: Campus.

Hilti-Roeckle, Marianne, Hanna Roeckle und Peter Zimmermann (Hg.) 2016: Franz Roeckle. Bauten 1902-1933. Ostfildern: Hatje-Cantz-Verlag.

Horkheimer, Max 1972 [1934]: Dämmerung. Notizen in Deutschland. Frankfurt a. M.: Edition Max.

Jay, Martin 1976 [1973]: Dialektische Phantasie. Die Geschichte der Frankfurter Schule und des Instituts für Sozialforschung 1923-1950. Übers. von Bodo Greiff und Hanne Herkommer. Frankfurt a. M.: Fischer.

Klötzer, Wolfgang 1996: Frankfurter Biographie. Personengeschichtliches Lexikon. Band 2: M-Z. Frankfurt a. M.: Kramer.

Kolb-Wieczorek, Cornelia 2016: Franz Roeckle (1879-1953), in: Marianne Hilti-

Roeckle, Hanna Roeckle und Peter Zimmermann (Hg.): Franz Roeckle. Bauten 1902–1933. Ostfildern: Hatje-Cantz-Verlag, 171–173.

Kracauer, Siegfried 1997 [1923]: Vom Institut für Sozialforschung, in: Andreas Volk (Hg.): Frankfurter Turmhäuser. Ausgewählte Feuilletons 1906–1930. Zürich: Edition Epoca, 184–186.

May, Roland 2010: Lehren und Bauen. Bonatz und die Stuttgarter Schule, in: Wolfgang Voigt und Roland May (Hg.): Paul Bonatz 1877–1956. Tübingen: Wasmuth, 69–78.

Nerdinger, Winfried 1988: Theodor Fischer. Architekt und Städtebauer 1962–1938. Berlin: Ernst.

Nerdinger, Winfried 2009: Die Dauer der Steine und das Gedächtnis der Architekten, in: Peter Reichel, Harald Schmid und Peter Steinbach (Hg.): Der Nationalsozialismus – die zweite Geschichte. Überwindung, Deutung Erinnerung. München: C.H.Beck, 378–397.

Pehnt, Wolfgang 1973: Die Architektur des Expressionismus. Stuttgart: Hatje.

Pfleiderer, Wolfgang 1928: Paul Bonatz, in: Baukunst 4, 111–112.

Platz, Gustav Adolf 1927: Die Baukunst der Neuesten Zeit. Berlin: Propyläen-Verlag.

Riebsamen, Hans 2009: Lehrbeispiel für menschliche Gemeinheit, in: Frankfurter Allgemeine Zeitung, 29. Dezember. ‹www.faz.net/aktuell/rhein-ma in/frankfurt/franz-roeckle-lehrbeispiel-fuer-menschlich e-gemeinheit-1894651.html›.

Roeckle, Franz 1920: Arbeiterbewegung in Liechtenstein, in: Oberrheinische Nachrichten, 7. Februar.

Roesler, Sascha 2012: Festung der Wissenschaft, in: Neue Züricher Zeitung, 3. November. ‹www.nzz.ch/festung-der-wissenschaft-ld.833 000›.

Röger, Moritz 2022: Ein Nationalsozialist baut ein Institut zur Erforschung der Arbeiter:innenbewegung, in: maybrief 57(7), 10–12.

Schivelbusch, Wolfgang 1985: Intellektuellendämmerung. Zur Lage der Frankfurter Intelligenz in den zwanziger Jahren. Frankfurt a. M.: Suhrkamp.

Voigt, Wolfgang 2003: Schmittheners Werklehre und die Stuttgarter Schule, in: Wolfgang Voigt und Hartmut Frank (Hg.): Paul Schmitthenner 1884–1972. Tübingen: Wasmuth, 27–45.

Voigt, Wolfgang 2010: Paul Bonatz. Kosmopolit in den Unwettern der Zeit, in: Wolfgang Voigt und Roland May (Hg.): Paul Bonatz 1877–1956. Tübingen: Wasmuth, 11–38.

Voigt, Wolfgang 2016: Franz Roeckles Institut für Sozialforschung in Frankfurt. Politische Architektur in »sachlicher Zweckmäßigkeit, ehrlicher Herbheit«, in: Marianne Hilti-Roeckle, Hanna Roeckle und Peter Zimmermann (Hg.): Franz Roeckle. Bauten 1902-1933. Ostfildern: Hatje-Cantz-Verlag, 49-66.

Voigt, Wolfgang und Ingeborg Flagge 2005: Dominikus Böhm 1880-1955. Tübingen: Wasmuth.

Voigt, Wolfgang und Hartmut Frank 2003: Paul Schmitthenner 1884-1972. Tübingen: Wasmuth.

Voigt, Wolfgang und Roland May (Hg.) 2010: Paul Bonatz 1877-1956. Tübingen: Wasmuth.

Wiggershaus, Rolf 1986: Die Frankfurter Schule. Geschichte, Theoretische Entwicklung, Politische Bedeutung. München und Wien: Hanser.

'변증법적 상호침투'?
사회연구소에서의 사회이론과 경험적 연구의 관계

슈테판 포스빙켈

서론

우리가 창립 100주년을 기념하는 사회연구소(IfS)는 프랑크푸르트학파의 비판이론의 중심지이자 '전설적인' 연구소로 알려져 있다. 이에 대한 역사적 서술들이 있는데, 그중 일부는 찬사를 바치는 것이고, 다른 일부는 비판적인 것이다.[1] 이러한 서술들이 프랑크푸르트학파의 역사에 대해 자주 이야기해 주는 것은 다음과 같다. 즉, 이 역사는 테오도어 W. 아도르노가 사망한 후 사회연구소에서 분기되어 '2세대'의 수장인 위르겐 하버마스와 함께 계속되었다. 그 후로 그는 [슈타른베르크의 막스플랑크 연구소로 옮겼다가] 다시 사회연구소로 되돌아왔다. 이 역사는 악셀 호네트가 '3세대'의 수장으로서 사회연구소의 책임자가 될 때까지 계속된다. 이 이론의 역사는 대체로 위인들의 역사다.

---

[1] 많은 서술들은 아도르노의 죽음과 함께 끝나는데, 비거스하우스의 주요 연구(Wiggershaus 1988)가 대표적이다.

그러나 사회연구소는 항상 경험적 연구, 주로 비판적 경험 연구를 수행하는 곳이기도 하다. 따라서 많은 연구자가 함께 일하는 조직이었고 현재도 그러하며, 여느 조직과 마찬가지로 경영진과 직원들 사이에는 물론이고 직원들 간에도 이해관계와 관점의 차이가 있는 곳이기도 하다. 역사를 통틀어 사회연구소는 종종—다소간 명시적이고 정교하게—이론적 단초들, 패러다임들 또는 연구 프로그램들을 뒤따르기도 했고, 재정 지원이 필요한 개별 경험적 질문들에 답하려고 하기도 했다. 이럴 땐 자체적인 제약 조건과 논리를 따라야 했다. 사회연구소의 이러한 경험적 측면은 이론적-프로그램적 측면에 비해 외부에서 훨씬 덜 인식되고 있다. 그러나 경험적 측면은 연구소의 '물질적' 존재를 위해 의존하는 자원만은 아니다. 오히려 경험적 지식은 이론 또는 패러다임과 사회적 '경험 세계' 사이의 연결고리를 만들어내기도 한다.

아래의 숙고는 한편으로는 사회이론 및 연구 프로그램과 다른 한편으로는 경험적 연구 간의 관계에 관한 것이다. 이 글은 그 자체의 완결성을 주장하는 사회연구소의 경험적 연구 역사를 제시하려 하지 않는다. 경험적 연구 초점과 각 이론 프로그램과의 관계에 대한 간략한 역사적 개요를 살펴본 후, 이론/프로그램과 경험적 연구 사이의 두 가지 긴장, 즉 내용적 긴장과 조직과 관련한 긴장을 다룬다. 마지막으로, 이 긴장 관계에서 몇 가지 결론을 도출한다.

연속성과 파편화 사이: 경험적 연구의 중점사항들

필연적으로 선택적일 수밖에 없기는 하지만,[2] 2차 대전 이후 연구소의 경험적 연구 내용을 간략히 살펴보면, 주제의 변화에도 불구하고 몇 가지 주제 영역이 어떻게 반복해서 조사되어 왔는지 명확하게 알 수 있다―물론 매우 다른 이론적, 인식론적 접근법을 통해서 말이다.

우선, 주제적으로 프랑크푸르트학파가 제2차 세계대전 전후에 집중했던 권위주의 연구와 연결되는 연구 흐름이 눈에 뜨인다. 1950년대에는 권위주의적 및 국가사회주의적 사고방식의 지속성과 민주적 문화의 발전에 대한 일련의 연구들이 있었다. 정치적 의식이라는 주제는 계속해서 다루어졌으며, 1990년대에는 외국인 혐오와 극우주의에 대한 연구가 이루어졌고, 최근에는 새로운 권위주의와 디지털 미디어에서 나타나는 권위주의적 증후군들에 대한 연구가 진행되고 있다.

그 외의 상이한 여러 주제가 지속적으로 다루어졌다. 예를 들어, 가족, 교육, 그리고 도야와 같은 주제들이 반복적으로 연구 대상이 되었다. 1960년대와 1970년대에는 학교 및 유아 교육에 대한 연구가 이루

---

[2] 이 글에서 자신의 주제가 충분히 고려되지 않았다고 느끼는 분들에게는, 지면상의 제한으로 인해 선택적으로 몇 가지 연구 흐름만 개괄적으로 다룰 수밖에 없음을 양해해 주기를 부탁드린다. 이 글에서의 선택적 접근은 개별적인 경험적 연구의 중요도와는 무관함을 밝혀둔다. 또한 문헌의 인용과 연구자들의 이름에 대한 언급을 생략한다. 이는 한편으로 선택의 문제를 더욱 심화시키기 때문이며, 또 다른 한편으로 논문의 분량을 지나치게 늘어나게 하는 것을 막기 위해서이다. 더 자세한 내용은 알렉스 데미로비치(Alex Demirović)가 작성한 1950년부터 1990년까지의 연구 개관(프랑크푸르트 괴테 대학교 사회연구소, 1990년, 개정·확장판 1999년), IfS Working Paper No. 21에 수록된 연구 프로젝트 목록, 그리고 최근 연구에 대한 정보는 사회연구소 홈페이지(www.ifs.uni-frankfurt.de)를 참고하기 바란다. 수십 년 동안 사회연구소의 실증 연구에서 중심적인 역할을 했던 산업사회학적 연구에 대해서는, 사례 연구 방법론과 관련하여 아이힐러 등이 2010년에 정리한 2005년까지의 연구 개관을 참고할 것(Eichler et al. 2010).

어졌으며, 이후에는 '학교 교육이 불가능한' 청소년에 대한 연구가 진행되었다. 최근 20년 동안은 부모-아이의 관계, 이른바 '새로운 아버지' 현상, 그리고 아동의 복지가 주요 연구 주제로 다뤄졌다. 문화산업의 현상도 여러 프로젝트의 연구 주제가 되었다. 예를 들어, 독일 연방공화국 초창기에는 라디오가, 21세기에는 오디션 프로그램과 데이팅 앱 같은 현상이 분석되었다. 도시사회학적인 주제들도 반복적으로 다루어졌다. 1990년대에는 서비스 산업 도시에서의 도시 현대화라는 문제가 새로운 삶의 양태 및 사회적 불평등 형식들에 관한 연구와 함께 다루어졌으며, 약 20년 후에는 시민들의 참여에 의해 정식화된 민주주의적 문화의 물음들에 대한 비판적 고찰이 새롭게 이루어졌다. 사회연구소는 매우 일찍부터 여성 및 젠더 연구에도 관심을 기울였다. 1970년대 이래로 여성 노동, 시간제 노동과 가사 노동, 직장 여성과 보육 시설에 대한 선구적인 연구가 이루어져 왔으며, 이를 통해 사회연구소는 여성 및 젠더 연구의 초기 중심지 중 하나가 되었다. 최근 30년 동안에는 특히 이주 문제에 관한 연구가 연구소의 주요 작업의 핵심을 이룬다. 1990년대의 외국인 혐오 연구를 시작으로, '통합' 문제와 유럽의 이주 정책("국가프로젝트 유럽[Staatsprojekt Europa]")이 지속적으로 논의되었고, 최근에는 이주민의 교육개선과 루마니아 이주 노동자의 고용 조건이 연구되고 있다.

   사회연구소의 경험적 연구의 가장 크고 지속적인 연구 분야 중 하나는 노동사회학과 산업사회학이며 이는 이주 연구 및 젠더 연구와도 접점을 이루는 분야이다. 1950년대 이후 이 분야에서는 여러 주제적인 흐름들이 형성되어왔다. 첫째, 합리화 및 관리 방식의 발전에 관한 논의들이 있다―여기에는 1950년대부터 진행된 성과급 제도 연구, 1970년대와 1980년대의 '컴퓨터 연구', 그리고 2000년대의 인적 자원 관리(Human Resource Management) 연구가 포함된다. 둘째, 산업 관계들에 대한 연구가 있다―1950년대에는 작업장 분위기와 공동 결정(Betriebsmitbestimmung)에 대한 연구가, 1970년대와 1980년대에는 노동조합에 대한 연구가 이루어졌다. 셋째, 특히 1990년대 말부터는 노동에서의 규범적 요구, 인정과 무시, 그리고 (심리적) 부담에 관한 연구―쓰레기 수거 노동자, 단순 서비스직 종사자, 일반 노동자, 금융 서비스 부문 종사자, 병원 간호사 등 다양한 직군들의 심리적 부담에 관한 연구―가 수행되었다. 특히 '성과(Leistung)'라는 주제는 관리의 수단, 요구 기준, 그리고 이데올로기로서 지속적으로 연구되었다―1960년대와 1970년대의 성과급 연구부터, 2000년대 초반 시장사회에서의 해석의 틀로서의 성과에 대한 연구를 거쳐, 요구원칙과 부담 요소로서의 성과의 양면성에 대한 연구에 이르기까지의 작업들이 여기에 해당한다. 또한 직업적 정체성과 관련된 문제들도 다루어졌다. 1960년대와 1970년대에는 교사의 직업적 정체성에 대한 연구가 이루어졌으며, 최근에는 엔지니어, 연구 분야의 의료인, 금융 서비스 종사자, 그리고 심리치료사의 전문적인 자기 이해에 관한 연구가 진행되었다. 또한 1970년대 말 노동 과정에서의 컴퓨터 도입에 관한 연구부터, 21세기 초반 이후에는 실리콘밸리, 중국, 동유럽을 잇는 전자 산업의 가치사슬(Value Chain) 발전을 분석하는 연구로까지 이어지는 하나의 연구 흐름을 확인할 수 있다.

　이상과 같이 역사적으로 조망해보면 연구 주제상의 인상적인 다양성뿐 아니라 연구 초점의 지속성 또한 확인되지만, 이를 전문성이 지속적으로 축적된 과정으로 해석할 수는 없다. 지난 70년 동안 진행된 연구 프로젝트들은, 주제적으로 비슷한 문제를 다루는 경우에도, 체계적으로 상호 연계되지 않은 경우가 많았다. 이는 시대적 맥락들의 상이성, 그리고 그에 상응하는 인식적 관심들의 상이성, 그리고 연구 지원 정책의 변화와 관련이 있다. 또한, 연구자들이 학문적 경력을 쌓는 과정에서 연구소를 떠나게 되면서, 개별 연구자에게 귀속되었던 지식이 손실되었기 때문이기도 하다. 더 나아가, 수십 년 동안 사회연구소에서의 연구 패러다임과 프로그램의 변화 또한 여기에 큰 영향을 미쳤다. 다음 절에서는 이 변화를 간략하게 다루고자 한다.

연구 프로그램과 경험적 연구의 관계

막스 호르크하이머는 1931년 1월 24일 프랑크푸르트 대학교 사회철학 교수직과 사회연구소 소장직을 맡으면서 행한 취임 연설에서 학제적 연구의 필요성을 강조했다. 특히 사회철학은 개별 학문적인 인식들의 융합을 필요로 하며, 여기에서는 "사회의 경제적 삶, 개인의 심리적 발달, 그리고 문화 영역에서의 변화 사이의 연관성"(Horkheimer 1981: 43)이 핵심적이라는 것이다. 또한, 의미 있는 인식을 획득하기 위해서는, 특정한 사회 집단과 특정한 시간적 범위에 연구가 집중되어야 하리라는 것이 그의 생각이었다. 사회철학의 역할은 개별 학문적 관점을 통합하는 데 있다는 것이다. 그러나 이는 물론 다음과 같은 방식으로 이루어져서는 안 된다.

철학이 결정적인 문제들을 다루면서 경험과학으로는 반박할 수 없는 이론을 세우고 자기만의 현실성 개념과 총체성을 포괄하는 체계를 구축하는 데 반해, 사실적 연구는 자신의 수많은 세부 질문들, 지루한 개별 조사들, 수천 개의 하부 질문들로 쪼개질 수 있는 지루한 개별 조사를 수행하다가 결국 전문화의 혼란 속에서 끝을 맺는 방식, 그런 방식으로 이루어져서는 안 된다.(같은 책: 40)

호르크하이머는 이러한 관점에 "철학적 이론과 개별 학문적 실천의 지속적인 변증법적 상호 침투 및 발전"이라는 [자신의] 생각과 대조시켰다(같은 곳).

이 프로그램은 비교적 광범위했지만 철학적 사회이론의 중심적 의의를 부각시켰고, 카를 그륀베르크가 이끌던 이전 단계와 달리, 정치적 맥락과 관계로부터 보다 독립적인 연구소의 작업을 강조했다. 사회와 노동 운동의 해방적 발전에 대한 희망에 대한 좌절이 여기에 표현된 것이다. 그러나 동시에 호르크하이머는 비판이론이 당시의 사회적 전개에 개입해야 한다고 주장했다.

따라서 당시의 경험적 연구는 처음에는 독일에서, 나중에는 미국으로 망명하여 권위주의의 전개와, 국가 사회주의 및 반유대주의의 전개에 전념했다. 이러한 연구 외에도 아도르노와 호르크하이머는, 예를 들어 『계몽의 변증법』(Horkheimer und Adorno 1969)에서처럼, 특히 비판이론의 철학적 토대를 마련하기 위해 노력했다. 이 책은 계몽과 근대가 억압과 신화로 퇴행하는 것을 반성하면서 당대의 체념적 경험을 해명하고자 했지만, 경험적 연구를 안내하는 데 직접적인 지향점을 두지 않았다.

망명에서 프랑크푸르트에 돌아온 후, 다소 개혁적이고 낙관적인 경험적 연구와 아도르노와 호르크하이머의 역사적 비관주의 이론이 서로 간에 매개되지 않은 채로 병행하여 발전했다. 1960년대 말부터 호르크하이머의 은퇴, 아도르노의 죽음, 그리고 학생 운동으로 특징지어지는 연구자 세대의 출현 이후에, 고전적 마르크스주의 이론에 대한 지향이 다시 전면에 등장했다. 특히 정치경제학과 산업사회학 연구에서 자본과 노동의 대립이 더욱 중요해졌다. 당시 (공동)소장 게르하르트 브란트는 이를 프로그램의 언어로 공식화했다.

연구소에서 수행되는 연구는 경험적 연구로 전환되었습니다. 그리고 호르크하이머가 취임하기 전 연구소 역사의 초기 단계와 마찬가지로 생산의 영역에 대한 현대 자본주의의 재생산 과정에 집중하게 됩니다. 동시에 다음과 같은 시도가 이루어집니다. 즉, 유물론적 자본주의 이론의 관점에서, 다시 말해 정치경제학 비판의 패러다임의 관점에서 노동을 새로이 정초하고자 하는 시도 말이죠.(Brandt 1981: 47)[3]

이는 실증적 연구와 프로그램의 병행적인 발전의 그림을 그려준다. 사실, 살아 있는 노동이 자본주의의 발전 과정에서 더 이상 노동력의 판매 속에서 작동하는 시장의 강압을 통해 자본에 종속되는 것이 아니라 분업, 육체노동과 정신노동의 분리, 자동화 및 정보화 과정을 통해 자본주의 노동 과정에서 아주 '실질적'으로 포섭된다는 '실질적 포섭(reellen Subsumtion)'의 공리는 연구소 외부에서 인식되는 것처럼 명확하게 정교한 이론이라기보다는 분석적 개념에 가까웠다고 할 수 있다. 한

---

[3] 그러나 주목할 만하고 시사하는 바가 큰 점은, 이 시기에 사회연구소에서 수행된 경험적 연구의 또 다른 중요한 축이었던 여성 노동과 성별 관계에 관한 연구가 산업사회학적 연구와 개념적으로 연결되지 않은 채 유지되었다는 것이다. 특히, '실질적 포섭'에 대한 논의 및 그에 대한 비판과 관련하여 이러한 단절이 두드러진다.

편으로 이 공리는 수년에 걸쳐 "몇 가지 심각한 수정"을 거쳤고 "그러면서 어떤 면에선 매우 유연하고 일반적으로 받아들여지는 것보단 경험적 지식을 덜 포섭하는 것으로서 입증"되었다(Eichler et al. 2010: 171). 다른 한편으로 이 공리는 경험적 분석에서 그 중요성을 잃었다. 아이힐러 등은 "[경험적] 연구를 통해 산출될 것들은 명백한 경험적인 초과분, 즉 이론적 범주들 안에 완전히 포섭되지는 않았지만—경험적 기술(Beschreibung)로서—상당한 인지적 가치를 지닌 경험적 초과분이었다"고 요약한다(같은 책: 180).

다른 한편으로, '실질적 포섭'이라는 패러다임 속에서 주체성과 '의식'의 문제를 소홀히 한 것은 1980년대 말 연구소의 연구가 패러다임적 위기에 처하는 데 기여했다. 이 시기는 산업사회학적 논의가 '새로운 생산 개념'과 주관화된 노동의 형태들에 집중되고, 산업적 생산이 '노동 사회의 종말'에 대한 논의와 함께 사회학 및 시대정신에서 중심 위치를 잃던 때였다. 그 후 연구소는 1990년대에 '민주주의 문화'라는 주제로 초점을 전환하면서 이전의 방향에서 벗어났다. 하지만, 이 주제는 노동사회학 연구와는 별개로 (그리고 차라리 노동사회학 연구와 경쟁적으로) 전개되었고 패러다임적 기반을 구축하는 데는 성공하지 못했다. 사회연구소의 연구는 이제 '포스트 패러다임'이라고 할 수 있는 단계에 접어들었다(Eichler et al. 2010: 165). 그 후 다양한 주제에 대한 사례 연구(위 참조)가 이어졌지만 이론적 틀이나 패러다임에 의해 연결되거나 안내되지 않았다.

2001년에 사회연구소의 새로운 소장이 된 악셀 호네트는 이러한 전개를 다음과 같이 평가했다. 2001년에 "사회연구소는 그 당시[1980-90년대에] [독일] 연방 공화국에 확립된 사회 연구의 학문적 지부가 되기 위한 최선의 길을 가고 있었다"(Honneth 2022: 8). 2000년대 초반에 "자본주의적 근대화의 역설들"이라는 제목의 연구 프로그램을 시작한 것은 이러한 전개에 대응하기 위한 것이었다. 이 주제와 관련하여 두 권의 편집된 논문집이 출판되었다. 첫 번째는 해당 패러다임 내에서 연구가 시작될 무렵 출판된 호네트(Honneth 2002)의 저작이며, 두 번째는 폭스바겐재단(VolkswagenStiftung)의 지원을 받은 연구 프로젝트—"규범적 역설들의 협상 형식들(Verhandlungsformen normativer Paradoxien)"—의 종료와 함께 출판되었다(Honneth et al. 2022b). 후자는 연구 관점이 다소 변화하고 그 이론적 야망이 축소된 형태로, "정치적 운동을 통해 쟁취된 해방적 요구가 그 실현 및 제도화 과정에서 어떻게 왜곡되는가"라는 문제를 다루고 있다(Honneth et al. 2022a: 11; Honneth & Sutterlüty 2022). 실제로 "연구소의 모든 연구 프로젝트가 하나의 철학적 영감을 받은 핵심 주제를 중심으로 진행되도록 하려는" 의도는 실현되지 못했고, 악셀 호네트의 다소 체념적인 회고적 평가에 따르면 "연구소의 전반적인 학술 연구 활동은 다시 학자들의 개별 이니셔티브의 통제되지 않은 성장에 더 강하게 맡겨져야 했다"(Honneth 2022: 18). 돌이켜보면 '역설' 프로그램은 모든 연구 활동을 포괄하는 '주제'를 바탕으로 한 최초의 시도였다는 점이 가장 먼저 눈에 띈다. 아도르노와 호르크하이머의 비판이론이나 '실질적 포섭'의 공리는 그러한—[연구소의] 경험적 연구 전체와 관련을 맺는다는—의도를 가지고 있지 않았다. 이런 점에서 '통제되지 않은 성장'의 복귀는 탈패러다임의 국면으로 돌아간 것이라기보다는 1950년대부터 1980년대까지 이론/공리와 경험적 연구가 공존하던 단계로 돌아간 것임을 뜻한다. 둘째, 패러다임들의 역사는 어떤 점에서는 진자 운동으로 나타난다. 이데올로기, 문화산업, 의식형태들이 고전적 비판이론에서 중심적인 역할을 하는 반면, '실질적 포섭'이라는 정리는 이전 단계에서 의도적으로 벗어나 정치경제학의 구조적 차원으로 되돌아갔다. 반면 '역설' 패러다임은 사회의 규범성과 함께 사회와 의식의 규범적, 문화적 구조로 향했다.

호네트가 말한 '통제되지 않은 성장'은 정교한 연구 패러다임의 실현으로 이해되지는 않더라도, 연구소에서 많은 실증적 연구 결과를 산출하고 사회이론과 확실히 양립할 수 있는 다양한 연구 주제를 확립했다. 실제로 '역설' 프로그램에 속한 20년간의 경험연구 프로젝트들은 매우 다양한 정도와 방식으로 이 프로그램과 연관을 맺었다. 그 프로젝트들이 프로그램의 [직접적인] '운영' 또는 구현으로 생각되는 것은 드문 경우라 할 수 있다. 많은 경우엔 패러다임이 시야를 열어줌으로써 경험연구에서 영감을 주는 효과를 가져왔지만, 또 다른 많은 경우에는 연구자들에게 영감을 주는 효과를 거두지 못하여 연구자들이 단지 수사적으로만 이 패러다임에 자신의 연구가 포섭되는 것을 피하려 했기 때문에 연구에서 패러다임이 무시되기도 했다. 그러나 패러다임은 경험적 연구에서 사회이론적, 사회 비판적 연관을 유지하거나 (재)획득해야 한다는 요구주장을 항상 정초해 왔다. 사회연구소는 현재 향후 연구를 위한 새 조망팸플릿(Perspektivenpapier)을 작성하고 있다. 이를 통해 연구소는 호르크하이머의 취임 연설부터 이어져 온 주장, 즉 비판적 사회이론과 경험적 연구를 결합해야 한다는 주장을 지속하고 업데이트할 계획이다.

하지만 연구 프로그램/이론과 경험 연구가 (항상) 수렴하지는 않는다는 결함이 중요한 문제일까? 아니면 잠재적인 긴장으로 보아야 하는 시스템상의 차이가 있을까? 그리고 어떻게 하면 이러한 차이를 결실을 맺을 수 있는 것으로 만들 수 있을까?

나는 체계적인 차이를 두 단계로 나누어 살펴보려 한다. 내용적인 측면에서 [프로그램과 경험 연구 간의] 이 관계를 어떻게 이해할 수 있는가?(1) 그리고, 조직사회학 측면에서 이 관계를 어떻게 이해할 수 있을까?(2) 두 가지 측면에서 이 관계는 긴장이 특징이며, 두 가지 측면에서 양측은 서로 연관되어 있고, 서로 긴장 관계에 있다는 바로 그 이유 때문에 서로를 필요로 한다. 한쪽이 다른 쪽과 분리되고 긴장 대신 무시가 들어설 때 문제가 된다.

내용적 긴장 – 문화산업 일반적인 것과 특수한 것 사이에서

첫 번째 차이점은 일반적인 것과 특수한 것의 차이로 요약할 수 있다. 연구소의 역사에서 일반적인 것은 이론, 패러다임 또는 연구 프로그램으로 등장했다.[4] 이러한 일반적인 것에 특수한 것으로서의 경험적 사례가 대조된다. 개별 사례, 특정 연구 분야(예: 노동, 가족, 정치), 해당 시간 또는 특정 질문 등이 여기에 해당된다. 이러한 배치에서 '일반'은 추상화, 어떤 것을 도외시함, 이를 통한 일반화, 그러니까 (사실적, 사회적, 공간적 또는 시간적 측면에서) 경험적 사례들을 넘어 타당성을 갖는 연관, 범주, 구조에 대한 진술을 포함한다. 이 일반화가 의미하는 것은 시간이 지나도 변함없이 남아 있는 인간관계와 사회적 행동 일반, 자본주의, 후기 자본주의, 근대성, 복지 국가, 가부장제, 개인화 또는 규범적 역설 등

---

[4] 막스 호르크하이머는 사회철학(비판이론)에 대해 말하며, 게르하르트 브란트의 '실질적 포섭'은 공리에 가깝고, "역설"은 때로는 "포괄적 주제" 또는 "달성목표로서의 이론"(Honneth et al. 2022a: 8), 때로는 "연구 관점"(Honneth and Sutterlüty)이기도 하다.

다양할 수 있다. 어느 정도, 어떤 유형의 일반화가 의미가 있는지, 즉 어떤 세부 사항을 제외해야 하는지는 그 자체로 이론적 논쟁의 문제이며 인식의 맥락에 따라 달라진다.

또 다른 차이는 상이한 유형의 복잡성 사이에 존재한다. 한편으로 이론은 사례들, 사회 영역들, 개인과 사회, 일국적 맥락 및 국제적 맥락 사이의 연관을 산출하기 때문에 복잡성을 구축한다. 반면에 경험적 사례는 추상화하는 이론보다 더 복잡하다. 예를 들어, 인간은 생물학적-신체적 존재이자 여러 욕구와 충동의 심리적 연관이며 이드, 자아, 초자아 사이의 갈등적 역학 관계에서 형성되고 실패와 고통에 노출되며 상호작용 맥락의 요소, 사회화 과정의 산물, 주체화 과정의 종속물, 사회적으로 계급 관계에 위치해 있는 존재이며 여기에 나열되지 않은 다른 차원으로 특징 지워지는 존재이다. 결국, 사례는 그에 대한 경험적 지식보다, 나아가 그 사례를 분석하는 관점보다 더 복잡하다. 따라서 각각의 경험적 지식은 그 복잡성 속에서 선택을 수행하게 되며, 이러한 선택은 그 자체로 (다소간 이론적으로, 학문분과적으로 또는 패러다임적으로 결정된) 전제와 인식론적 관심사에 의해 규정된다. 즉, 이론과 경험적 지식의 관계는 그 복잡성의 정도가 다양한 그런 관계는 아니다. 경험적 인식관심에 의해 인도되는 사람들 [역시] 이론에 결속되어 있다. 그런 한에서 이론 혹은 프로그램은 사례 및 사례연구의 경험적 선별을 함께 규정한다.

경험적 지식의 선택성이 피할 수 없는 것이라 할지라도, 좋은 경험적 지식은 다음과 같아야 한다. 즉, 사례의 복잡성과 그에 따른 예측불능의 놀라움들에 근본적으로 열려 있어야 하며, 그래서 경험적 지식은 "수수께끼 풀기"(Bonß 2011: 235)로 이해되어야 한다. 바로 여기에 이러한 (질적) 방법의 목적이 존립한다. 질적 방법은 단순히 미리 세공된, 가설에 의해 인도된 범주들을 사례에 적용하는 것이 아니다. 소위 '정량적' 방법에 대한 비판에 따르면, 정량적 방법은 표준화된 방법적 레퍼토리가 상이한 사례들에 적용된다는 것이다. 반대로, 방법은 사례에 적합해야 하며 사례로부터 도출되어야 한다.[5] 이는 연구자가 현장에 몰입하여 (현장 행위자의 관점을 자기 것으로 채택하지 않고) 현장을 이해하고 그 모순을 있는 그대로 따름수행해야 한다는 생각에 기반한다. 일반적으로 사례는 학문적 논리 또는 이론적-철학적 범주에 순응하지 않는다. 사례는 종종 모순되고 양가적이며 그리고 맥락지향적이다. 실천적 감각은 학문적 논리와 구별된다(Bourdieu 1993: 5장). 그러나 비판적 사회연구는 현장에서 작용하는 해석틀을 포착하는 데 그쳐서는 안 되며, 이를 비판적으로 깨뜨려야 한다. 바로 여기에 권력 관계가 자리 잡고 있기 때문이다.

좋은 경험적 지식의 정신에 따라, 경험적 연구자는 현장과 그 논리를 진지하게 받아들여야 하고 미리 형성된 판단이나 평가 없이 가능한 한 열린 채로 임해야 할 의무가 있다. 연구자의 규범적 척도는 연구가 수행될 동안은 잠정적으로 유보될 필요가 있다. 이는 연구자에게 이중 규범성을 부과한다. 한편으로 연구 과정 **전후로** 인식관심 및 인식해석을 성찰적으로 표현할 것(즉, 가치중립적이지 않음)과 다른 한편으로 이해지향적 연구과정 **중에** 규범적으로 요구되는 거리의 유지. 이로 인해 이론/프로그램과 경험적 연구 사이에 규범적 긴장이 발생할 수 있다.

따라서 경험적 연구에서는 한편으로 사례의 복잡성을 고려해야 하

---

5 그러나 질적 방법이 이미 그 자체로 사례에 더 공정한지는 때때로 교과서적으로 제시되고 적용되는 방식을 고려할 때 의문이 들 수 있다. 이런 의미에서 아마도 '방법'으로의 격상은 이미 표준화의 징후일 것이다.

지만, 다른 한편으로 개별 사례가 단순히 이 사례로부터만은 밝혀낼 수 없는 사회적 맥락의 일부라는 점을 분명히 알아야 한다. 성찰적으로 시야를 넓히고 사례를 맥락 안에 잘 들어맞게 정렬해야 한다. 맥락 자체는 사례 **안**에서는 드러나지 않기 때문이다. 구조 속 행위자들의 얽힘, 의도를 초과하는 행위결과, 규범과 의도의 역설적 반전, 행위자가 경험할 수 없으므로 경험적으로 밝혀질 수 없는 행위의 토대들 등이 그것이다. 따라서 사례에 집중하다 보면 맥락과 토대를 보지 못할 수 있다. 따라서 경험적 지식은 이론을 필요로 하고, 특수한 것은 일반적인 것 안으로의 정렬을 필요로 한다―물론 일반적인 것에 포섭되지 않은 채로 말이다. 따라서 사회이론적으로 내용 있는 연구는 개별적인 경험적 프로젝트들의 단순한 축적으로 환원될 수 없다.

또 하나의 차이는 사회연구소가 책무를 느끼는 비판적인 사회이론이 다음을 주장한다는 데에서 비롯된다. '사회적 관계는 체계적인 왜곡을 초래한다. 그리고 이러한 왜곡은 의식 형태에 반영되며 문화산업과 인식론적 계급투쟁에 의해 더욱 심화된다.'[6] 아도르노의 말로 표현하자면, "경험적 연구의 자기비판적 전개에서의 인식론적 문제는, 조사된 사실들이 그 기저에 있는 사회적 관계를 충실히 반영하는 것이 아니라 오히려 그것을 필연적으로 가리는 베일을 형성한다는 점에 있다."(Adorno 1957: 215) 그러나 동시에―비록 왜곡된 것이라 할지라도 영향력이

---

[6] 이러한 왜곡을 재생산할 위험은 양적 연구 방법뿐만 아니라 질적 실증주의―인터뷰 텍스트 분석('잠재적인' 의미 구조의 분석이라 할지라도)을 통해서 (순전히) 귀납적으로 사회이론을 도출할 수 있다고 믿는 접근법―에서도 존재한다. 물론, 여기서 말하는 것은 그라운디드 이론(Grounded Theory[사회과학에서 널리 받아들여지고 있는 질적 접근법으로서, 연역 추론과 대조되는 귀납 추론을 사용―옮긴이])이나 다큐멘터리 방법(dokumentarische Methode)과 같은 연구 방법의 적절성에 대한 평가가 아니라, 단지 귀납주의적 (자기)오해에 대한 지적일 뿐이다.

큰—의식에 관한 경험적 인식이 중요치 않은 것으로 간주되어서는 안된다. 결국 이 의식을 사회적 구조 자체로부터 설명하려는 노력이 추구되어야 한다(Adorno 1993: 44f.). 비판이론과 경험적 연구 간의 이러한 변증법적 관계 모델은 경험적 연구에 본질적인 의미를 부여하면서도, 비판이론이 단순한 "성서"(같은 책: 43)로 전락하지 않게 해준다. 다른 한편으로는 비판이론 연구자가 경험적 연구 대상들에 비해 우월한 통찰을 가지고 있다고 생각해 버리는 개념적으로 고착된 자기이해와 이에 따른 온정주의적 태도의 위험도 존재한다. 이는 연구자와 연구 대상 사이에 지배적 관계를 형성할 위험을 초래할 뿐만 아니라, 연구소 내에서 이론가들과 경험적 연구자 사이의 비대칭적 관계를 만들어낼 수도 있다.

결국, 비판적 경험 연구는 (비판) 이론과의 관계 속에서만 봐서는 안된다. 비판적 경험 연구는 오히려, 고통을 표현 가능하게 만들고 사회의 병리와 부조리를 드러내며 이러한 의미에서 입장을 취하는 하나의 도구로서도 이해되어야 한다. 그런 한에서 경험적 연구의 과제는 사회적인 문제 상황에 의해서 '동기부여되는 데', [그럼으로써] 사회적 조건 속에서 고통받는 이들이 발언할 수 있도록 하거나 그들의 관점과 문제들—설령 이 문제들이 이론의 관점에서는 '흥미롭지 않아' 보일지라도—을 조명하고 분석하는 데 있다. 그러나 이는 물론 억압받는 이들과 고통받는 이들을 단순히 대변하는 것을 의미하지 않는다. 그리고 잘못 이해된 '노동자 중심적' 혹은 '참여적' 연구들이 때로 주장하듯이, 억압받는 이들과 고통받는 이들로부터 일방적으로 분석 방식과 연구 방법을 규정받는 것을 의미하지도 않는다.[7]

---

[7] 당연히 이는 '노동자 중심적' 또는 '참여적' 연구에 관한 논의를 끝마치는 마지막 말들이

조직적 긴장 – 연구 프로그램과 개별 프로젝트 사이에서

이론/프로그램과 경험적 연구 사이의 학문적 긴장은 양자 사이의 조직적인 긴장을 통해 그때마다의 특정한 방식으로 형성된다. 연구 프로그램(혹은 포괄적인 주제나 이론)은 조직, 즉 연구기관과 관련되며 장기적 방향성을 가진다. 그에 반해 경험적 연구는—적어도 현대에는—대개 프로젝트 형태로 조직되며 일정한 기간 내에 수행된다. 연구 프로그램 또는 이론은 따라서 조직 운영진의 특별한 관심사이기도 하다. 이는 두 가지 연관점을 갖는다. [하나는] 연구 기관 외부의 환경 세계, 즉 (정치적, 학문적, '재정적', 문화적인) 공공성이며, [다른 하나는] 연구 기관의 내부 세계, 즉 구성원들의 관점의 특정한 방향성 그리고 연구 프로젝트의 중요성과 가치를 변별화하는 기준이다. 이는 구조를 형성하는 역할을 하며, 따라서 잠재적으로 배제적인 효과를 가질 수도 있다. 적어도 당사자들은 이를 우려할 수 있다. 즉, 프로그램/이론과 경험적 연구의 관계는 조직 내 지배의, 영향력의, 그리고 가치평가의 관계와 연결될 수 있다.[8]

프로그램/이론과 경험적 연구는 현대의 연구 조직 환경에서 서로 다른 재원으로 운영된다. 프로그램은 연구 기관의 기본 재정을 정당화하는 역할을 한다(비록 경험적 연구의 성과도 이에 중요한 요소로 작용하기는 하지만 말이다). 반면에 경험적 연구는 일반적으로 외부 연구비에 의해 지원된다. 그리고 이는 의뢰 연구—이는 사회연구소에게는 예외적인 경

아니다. 여기서는 "인식적 비대칭성(epistemische Asymmetrie)"(Speck 2020)의 수용과 지배로부터 자유로운 연구 사이에 존재하는 특정한, 그러나 본질적인 긴장 정도가 지시되었을 뿐이다. 참여적 연구 개념에 대한 보다 상세한 논의를 깊이 살펴보려면, Flick und Herold (2021)을 참고하라.

8 특정 프로젝트를 '생계형 프로젝트'로 외부에서 규정하거나 혹은 스스로 거리를 두는 현상이 전형적이다.

우에 해당한다—로 볼 수는 없더라도, 재단, 즉 독일연구재단(DFG)이나 그와 유사한 지원 기관으로부터 연구 자금을 유치해야 함을 의미한다. 때문에 외부 심사위원들의 기준과 재단 목적에 방향성이 맞추어진다. 연구 기관 운영진의 평판은 주로 연구 프로그램의 성공과 더 밀접하게 연관되는 반면, 경험적 연구를 수행하는 연구자들의 평판은 그들의 경험적 프로젝트와 연구 분야에서의 성과 및 주목도와 더 밀접하게 연결된다.

양측은 각각 특정한 내부적·외부적 접합 가능성들을 고려해야 한다. 연구 프로그램은 시대적 흐름에 부합해야 하며, 이는 현재의 문제 상황, 확산되어 있는 세계 해석 방식, 그리고 비판적 논점들에 대해 유효하고 중요한 것으로 간주되어야 한다. 경험적 연구자들은 자신들의 연구 분야를 더 깊이 이해하고, 해당 분야에서 전문가로 성장하며, 이론적 입장이 다른 연구자들과도 (비판적인) 학문적 교류를 지속적으로 유지하고 싶어 한다. 경험적 연구자들의 프로젝트는 연구 자금을 제공해주는 기관뿐 아니라 연구 대상이기도 한 기업, 협회, 공동체 등과 타협해야 하는 동시에 연구 결과의 독자층 및 경우에 따라 연구 협력 파트너들과도 연결될 수 있어야 한다.[9] 이러한 의미에서, 경험적 연구자들은 연구 기관의 경계를 넘나드는 존재로서 매우 다양한 외부 환경과 관계를 맺고 있다. 이는 연구 기관의 대외적 접촉과 주목도를 확대할 수 있지만, 동시에 내부적 응집력을 약화시킬 수도 있다. 물론 이론 또한 자기만의 고유한 전문성 요구, 학문적 평가 기준, 그리고 특정한 관심의 초점을

---

[9] 당연히도 현재의 이 분석은 개인의 성향, 성실성, 혹은 관점 수용과는 무관하게 구조적 연관들을 가리키며, 그런 한에서 서로 다른 위치에 있는 개인들의 행동을 평가하는 것이 아닙니다.

가진 독자적인 영역이다.

  이러한 차이와 긴장이 적절히 조정되지 않으면, 이론/프로그램과 경험적 연구 사이에 분리가 발생할 수 있다. 아마도 전자[이론/프로그램]는 조직의 운영 과정에 상위 구조를 제공하는 '경영철학'과 같은 역할을 하여, 외부의 제도화된 기대와 조직의 역사에 부합하도록 하면서도 기업적 정체성을 제시할 수 있다. 그러나 내부적으로는 실질적인 구속력을 갖지 않을 수도 있다. 이는 조직사회학적 관점에서도 유리할 수 있는데, 조직으로서 연구 기관이 다양한 환경과 소통하고, 여러 형태의 명성을 획득하며, 다양한 자원을 확보할 수 있도록 하기 때문이다. 그러나 이는 확실히 비판적인 사회연구소—이론과 경험적 연구를 비판적 관점에서 결합하려는—본래의 목표와는 부합하지 않는다.

귀결들

결국 다음과 같은 질문이 제기된다. 이론 또는 프로그램과 경험적 연구의 관계는 어떻게 생각되어야 하며 어떤 형태를 띠어야 하는가? 앞서 제시되었듯, 양자 사이에는 내용적 차이뿐만 아니라 조직적 차이도 존재한다. 이러한 차이가 상호 무관심으로 이어진다면, 이는 비판적인 사회연구소의 본래 목표를 상실하는 귀결을 초래할 것이다. 그러나 이로부터 비롯되는 긴장들은 매우 생산적인 역할을 할 수도 있다. 이는 이론 또는 프로그램이 경험적 연구를 참조하도록 하고, 동시에 경험적 연구가 이론의 발전을 촉진하도록 만들기 때문이다. 이로부터 생성되는 반성의 잠재력은 각자의 관점과 전문성을 상호 인정하는 것을 전제로 한다. 이러한 차이는 단순히 평준화되어서는 안 되며, 더욱이 어느 한쪽이 다른 쪽에 종속되어서도 안 된다. 사회연구소에서는 이러한 교류와 (상이한) 경험적 관점과 이론적·프로그램적 논의들 간의 대립을 가능케 하기 위해 작업 그룹, 콜로키움, 워크숍 등의 형태로 소통 방식을 유지하고 있다. 나아가 이런 긴장을 단순히 감내하는 것을 넘어 상호 생산적인 방식으로 전환하기 위해서는, 경험적 연구의 상대적 자율성, 해당 연구 분야 내에서의 정착 촉진, 그리고 각 분야에서의 전문성 구축이 필수적이다. 이론과 경험적 연구를 소통하게 한다는 것은 연구소가 무엇을 알고 있는지(그리고 과거에 무엇을 알았는지)를 파악할 수 있도록 하는 방안을 마련하는 것을 의미한다.

번역_정대훈

참고문헌

Adorno, Theodor W. 1957: Soziologie und empirische Forschung, in: ders.: Gesammelte Schriften. Band 8: Soziologische Schriften I. Hg. von Rolf Tiedemann. Frankfurt a. M.: Suhrkamp, 196-216.

Adorno, Theodor W. 1993 [1968]: Nachgelassene Schriften. Abteilung IV: Vorlesungen. Band 15: Einleitung in die Soziologie. Hg. von Christoph Gödde. Frankfurt a. M.: Suhrkamp.

Bonß, Wolfgang 2011: Kritische Theorie und empirische Sozialforschung – ein Spannungsverhältnis, in: Richard Klein, Johann Kreuzer und Stefan Müller-Dohm (Hg.): Adorno-Handbuch. Leben – Werk – Wirkung. Stuttgart: Metzler, 232-247.

Bourdieu, Pierre 1993 [1980]: Sozialer Sinn. Kritik der theoretischen Vernunft. Übers. von Günter Seib. Frankfurt a. M.: Suhrkamp.

Brandt, Gerhard 1981: Ansichten kritischer Sozialforschung 1930-1980, in: Institut für Sozialforschung (Hg.): Gesellschaftliche Arbeit und Rationalisierung. Neuere Studien aus dem Institut für Sozialforschung in Frankfurt am Main. Leviathan Sonderheft 4/1981. Opladen: Westdeutscher Verlag, 9-56.

Eichler, Lutz, Hermann Kocyba und Wolfgang Menz 2010: Gesellschaftstheoretischer Anspruch und die Beharrlichkeit des Besonderen. Theorie und Empirie in den industriesoziologischen Arbeiten des Instituts für Sozialforschung, in: Hans J. Pongratz und Rainer Trinczek (Hg.): Industriesoziologische Fallstudien. Entwicklungspotenziale einer Forschungsstrategie. Berlin: edition sigma, 163-201.

Flick, Sabine und Alexander Herold (Hg.) 2021: Zur Kritik der partizipativen Forschung. Forschungspraxis im Spiegel der Kritischen Theorie. Weinheim und Basel: Beltz-Juventa.

Honneth, Axel (Hg.) 2002: Befreiung aus der Mündigkeit. Paradoxien des gegenwärtigen Kapitalismus. Frankfurt a. M. und New York: Campus.

Honneth, Axel 2022: Frühes Glück und schnelles Leid. Meine ersten Jahre am Institut für Sozialforschung, in: Soziologie 51(1), 7-19.

Honneth, Axel, Kai-Olaf Maiwald, Sarah Speck und Felix Trautmann 2022a: Einleitung, in: Axel Honneth, Kai-Olaf Maiwald, Sarah Speck und Felix Trautmann (Hg.): Normative Paradoxien. Verkehrungen des gesellschaftlichen Fortschritts. Frankfurt a. M. und New York: Campus, 7-12.

Honneth, Axel, Kai-Olaf Maiwald, Sarah Speck und Felix Trautmann (Hg.) 2022b: Normative Paradoxien. Verkehrungen des gesellschaftlichen Fortschritts. Frankfurt a. M. und New York: Campus.

Honneth, Axel und Ferdinand Sutterlüty 2022: Normative Paradoxien der Gegenwart – eine Forschungsperspektive, in: Axel Honneth, Kai-Olaf Maiwald, Sarah Speck und Felix Trautmann (Hg.): Normative Paradoxien. Verkehrungen des gesellschaftlichen Fortschritts. Frankfurt a. M. und New York: Campus, 13–38.

Horkheimer, Max 1981 [1931]: Die gegenwärtige Lage der Sozialphilosophie und die Aufgaben eines Instituts für Sozialforschung, in: ders.: Sozialphilosophische Studien. Aufsätze, Reden und Vorträge 1930–1972. Hg. von Werner Brede. Frankfurt a. M.: Fischer, 33–46.

Horkheimer, Max und Theodor W. Adorno 1969 [1947]. Dialektik der Aufklärung. Philosophische Fragmente. Frankfurt a. M.: Fischer.

Institut für Sozialforschung an der Goethe-Universität Frankfurt a. M. 1990: Forschungsarbeiten 1950–1990. Zusammengestellt von Alex Demirović. Frankfurt a. M.: Institut für Sozialforschung.

Institut für Sozialforschung an der Goethe-Universität Frankfurt a. M. 1999: Forschungsarbeiten. Mitteilungen des IfS, Heft 10.

Speck, Sarah 2020: In Verteidigung der epistemischen Asymmetrie, in: WestEnd. Neue Zeitschrift für Sozialforschung 17(2), 97–108.

Wiggershaus, Rolf 1988: Die Frankfurter Schule. Geschichte, Theoretische Entwicklung, Politische Bedeutung. München: dtv.

이 또한 사회연구소의 역사다
연구소의 페미니즘 연구 및 인종주의 비판 연구에 대한 담화

마누엘라 보야트치예프, 크리스텔 에카르트, 자라 슈페크

1990년대 초 알렉스 데미로비치와 게르트 파울이 연구책임자였던 사회연구소 프로젝트 "헤센주 대학생들 사이의 극우주의와 외국인 혐오"에서, 마누엘라 보야트치예프는 학생 보조 인력이었다. 2000-2003년에 그녀는 연구소의 박사과정 장학생이었고, 2023년에는 연구원이 되었다. 그녀는 특히 프랑크푸르트(구서독 지역 마인강변의 프랑크푸르트시―옮긴이) 괴테 대학, 런던 골드스미스 대학과 시티 대학, 베를린 자유대학과 훔볼트 대학, 니더작센주 뤼네부르크 로이파나 대학에서도 일했다. 2020년부터는 훔볼트 대학 유럽 민족학 연구소 및 베를린 통합·이주 경험조사연구소에서 '지구적 관점의 이주' 담당 교수로 재직 중이다.

크리스텔 에카르트는 1972년부터 사회연구소 연구원이었다. 그녀는 특히 빈 고등연구소와 함부르크 사회연구소에 여성학 객원연구원으로 여러 차례 머물렀다. 1993년 카셀 대학의 첫 여성학 교수로 부임했고, 수년간 학제적 연구분과인 '여성과 성 연구'의 대변인으로 활동했다. 2009년 대학에서 퇴임하여 현재 고령의 시간제 학자로 일한다.

자라 슈페크는 프랑크푸르트시 괴테 대학에서 여성과 성 연구 분야 담당의 사회학 교수이자 사회연구소 교수이다. 사회연구소에서 그녀는 "몫의 변증법" 강의진과 "젠더, 친족, 성" 연구진에 속해 있고, 현재 사회연구소의 페미니스트 역사 저술 공동연구를 진행하고 있다. 2015년 이래 그녀는 사회연구소의 젠더 관련 연구 프로젝트들을 수행하고 있다.

여기 실린 담화는 2023년 3월 (마인강변) 프랑크푸르트시에서 진행되었다.

자라 슈페크　연구소 100주년을 맞아, 연구소와 '프랑크푸르트학파'에 대한 통상적 역사 쓰기의 틀을 깨는 시도로서 이 담화를 기획했습니다. 그러니까 연구소 역사를 쓰는 지배적 방식은 본질적으로 두 명 또는 그 이상의 인물들, 정확히 말하면 남성 인물들을 중심으로 맴도는 것이었습니다. 특히 연구소 설립 이후 제1세대, 즉 망명 **중**이거나 망명지를 **떠나** 귀국한 후 수행된 연구들에 대한 것이었습니다. 그러나 좀 다른 방식의 역사를 이야기할 수도 있을 것입니다. 연구 방향이라든가 연구자들, 그리고 물론 이곳에서 이루어진 연구들에 대해서요.

크리스텔 에카르트　제 관점에서는 무엇보다 연구의 내용과 주제를 강조하는 것이 중요합니다. 연구소에서 이루어진 경험연구의 대다수가 역사 서술 속에서 드러나지 않으니까요. 연구소 역사가 100년인데도 창립 세대에게 자꾸 되돌아가는 식이니까요. 신문 문예란이라면 오늘날까지 연구소를 이끈 소장들의 시대 정도를 소개하겠죠. 그러나 사실 그 시간 동안 연구 프로젝트 하나에만 15-20명의 학자가 필요합니다. 그들 중 한 명이라도 혹시 알고 계시나요? 거기서는 무슨 생각이 펼쳐졌을까요? 거기서는 어떤 다른 점들을 찾을 수 있을까요? 새로운 것은 무엇이었을까요? 그런 연구들이 출현한 각각의 정치적 상황에서 그 경험연구들의 시대적 연결점은 무엇이었을까요?

자라 슈페크   연구소에서 진행된 모든 연구 프로젝트에 대해 최근 출판한 목록을 보면, 확실히 다양한 연구 방향들이 있었음을 확인할 수 있습니다. 연구소의 노동사회학 역사 말고도, 1990년대 이후의 이주와 인종주의에 대한 논의, 그리고 성 연구의 역사가 있습니다. 사회연구소는 독일에서 독일어로 여성 연구가 진행된 중심 장소였습니다. 그러나 여성 연구와 성 연구의 발생과 창립 시기 역시 이렇게 우리 연구소와 연결된다는 사실을, 아직 거의 누구도 연구소 역사로 거론한 적이 없습니다. 이에 대해 혹시 몇 가지 중요한 사실들을 짚어주실 수 있나요?

크리스텔 에카르트   일례로 1974-1979년의 "가족과 공장의 여성노동"이라는 연구가 있었습니다. 그것은 독일연구재단이 지원한 서독의 첫 번째 경험적 여성 연구 프로젝트였습니다. 또 다른 예로, 연구책임자 게르하르트 브란트, 우르줄라 예리슈, 그리고 제가 "여성의 직업 세계 통합"이라는 제목으로 독일연구재단의 첫 여성 연구 중점분야 지정을 신청했습니다. 그래서 그 중점분야가 1974년부터 지금까지 이어지고 있습니다. 규칙적 만남을 통해서 우리는 연구 결과나 새로운 연구 제안, 연구 연장 등에 대해 토론했습니다. 그리고 우리가 자체적으로 조직한 학회를 아름다운 장소들에서 개최하여, 페미니스트적이고 비판적 시각을 추구하는 우리 프로젝트들 사이의 미세한 차이에 대해 발표하기도 했습니다. 예컨대 하노버 대학에서 레기나 슈미트가 수행한 노동여성 연구와 에어랑엔 대학에서 하이데 인헤트벤과 마르그레트 블라셰가 수행한 여성농민 연구가 그런 프로젝트들이었죠. 또 대학 밖의 연구소인 괴팅엔 사회학연구소나 뮌헨 사회과학연구소 등 여타 연구기관들에서 수행하는 프로젝트가 있었습니다. 페미니즘 시각의 프로젝트가 대학에서는 아직 드물었으니까요. 앞서 말한 대학 밖 연구소들에서는 사회학적인 경험적 (동시에 비판적, 페미니즘적) 여성 연구가 기존 좌파의 요구나 사회정책 목적과 연결될 수 있었습니다. 그런 후 오랜 시간이 지나서야 대학에서 비판적 여성 연구를 담당할 첫 여성학 교수직이 신설되었습니다. 프랑크푸르트에서 우리가 10년을 싸운 끝에, 1987년에 우테 게르하르트 교수가 첫 여성학 교수로 부임했습니다. 1985년 헤센주의 첫 사민당-녹색당 연합정부에 우리는 여성운동의 요청을 한 두루마리쯤 적어서 보냈는데, 여성학 정교수직 신설에 대한 요구가 그중 하나였습니다. 대학에 그런 요구를 줄기차게 한다는 것이 얼마나 끈질긴 싸움이었는지, 그리고 그를 위해 얼마나 많은 손해를 감수해야 했는지를 기억해야 할 것입니다.

자라 슈페크 당시 연구소에서는 큰 반대가 없었다고 언젠가 말씀하셨는데, 그것이 사실인가요? 그러니까 사회연구소에서는 여성 연구를 위한 자리나 공간이 상대적으로 당연한 듯 주어졌다는 것이요.

크리스텔 에카르트 아마도 제가 나이가 많은 탓이겠지만, 당시에는 그것이 연구소 성격에 맞았다고 강조하고 싶습니다. 저는 1972년 대학 졸업 직후 연구소 생활을 시작했습니다. 그 당시에는 소위 팀 자율성이 엄청나게 중요시되었어요. 당시는 구성원들이 무기계약 체결을 관철했던 때이기도 했습니다. 당시 연구소의 규정은 합의된 규정이자 공동결정된 규정이었습니다. 정치적으로 쟁취한 관행이라는 것입니다. 1969년 이후 거기서 일을 시작한 때, 즉 아도르노의 죽음을 하나의 계기로 본다면 그 이후에 거기서 일을 시작한 사람들은 정치적 맥락에서 과거 학생운동 출신이거나 아니면 어쨌든 정치적 토론의 배경을 가진 사람들이었습니다. 당시에는 자신의 관심을 해당 학문 영역에서 계속 추구하는 것이 당연했습니다. 그리고 당시 여성운동은 가장 긴박하고, 가장 격렬하고, 가장 생생한 것이었습니다. 그래서 우리가 여성학을 한다고 말하면 아무도 그것을 무시할 수 없었죠. 물론 우리는 우리 주장의 내용을 당시의 지배적 언어로 전달해야 했던 만큼 적응도 필요했습니다. 그래서 노동 관련 토론을 했습니다. 우리는 무시되는 가사노동과 가족노동, 돌봄관계를 여성의 사회적 경험으로서 주제화했습니다. 연구소에서는 모두가 어쨌든 좌파 진보였고 선진적이고자 했으므로 이것을 반겼습니다. 그래도 우리는 좌파 운동권과 논쟁을 해야 했던 일과 똑같이, 그들과도 마르크스주의 이론에 대해 설전을 벌였습니다.

마누엘라 보야트치예프 당시 연구소의 문화에 대해 좀 더 말해주실 수 있을까요? 사회적 장소로서 사회연구소는 어땠나요?

크리스텔 에카르트 우리는 1973년부터 연구세미나를 제공했는데, 이 역시 사회적 장소로서 사회연구소에서 이루어진 것입니다. 이것은 프랑크푸르트의 여성 연구 역사에서 중요하죠. 그 세미나들을 통해서 우리는 프랑크푸르트 대학의 여성학 강의를 풍성하게 만들었습니다. 그 세미나들은 연구소의 다른 세미나처럼 1층의 세미나실에서 열렸습니다. 그리고 거기 모여서 1982년에 첫 발행된 『페미니스트 연구』와 같은 집합적 결과물을 만들었습니다. 그를 위한 모임은 이미 그보다 거의 2년 전에 시작되었고요. 독일 사회학회의 여성학 분과는 종종 사회연구소에서 모임을 가졌습니다. '사회과학 연구 및 실천'이라는 단체, 헤센주 여성 연구자 모임과 전문대 모임도 마찬가지였습니다. 프랑크푸르트는 교통이 편리하고 모이기 좋은 곳입니다. 1970년대 중반에 여성 연구는 사회연구소의 연구 프로그램에서 중점 주제가 되었습니다. 우리 팀 외에도 일카 리만, 카린 발저, 카린 프라케가 1980년대 중반까지 이 분야의 경험연구를 수행했는데, 나중에 이들은 모두 여성학 교수가 되었습니다. 그리고 1990년대부터 이제 그 이후의, 그러니까 여러분 세대가 사회연구소의 여성 연구 및 성 연구에서 자신들의 중심 주제를 설정한 것이지요.

자라 슈페크   그러니까 1970년대, 1980년대에 사회연구소는 여성 연구과 성 연구의 첫 제도화 노력이 결집하거나 성취되는 장소였을 뿐 아니라, 페미니즘 운동에서 얻은 지식을 학계로, 학문으로 이전하는 장소였군요. 그렇지 않습니까?

크리스텔 에카르트   네, 그렇게 말할 수 있죠. 잘 짚어주셨습니다. 왜냐하면 우리—여기서 '우리'는 당시의 여타 모든 연구 프로젝트도 다 포함하는 말입니다—가 일차적으로 학계를 위해 일하려던 것은 아니었으니까요. 지금 보면 당시 우리가 때로 아주 오만했다고 말할 수 있을 듯합니다. 우리는 사회학대회에 참여하지 않았는데, 그 이유는 '사회학대회, 저거 흥행 쇼니까'. 우리는 상호교류가 이루어지는 환경과 우리의 발표를 통해 거기에 '영향력을 행사하는' 데에만 관심이 있었습니다. 교육기관, 프랑크푸르트 여성학교 같은 자율적 기관, 노조나 노조 여성들, 최초의 녹색당 연정, 그리고 프랑크푸르트시나 헤센주 차원의 여성부, 여성담당관 등의 환경을 통해 말이죠. 우리의 일은 그것들을 향한 것이었지 대학이나 학문적 토론 같은 것이 우리의 목표는 아니었습니다. 물론 토론할 때 학문적으로 접근하지 않았다는 것은 아닙니다만. 여하튼 이런 것들이 이 독립적 연구소의 성격에 아로새겨졌습니다. 논쟁의 이면에는 정치적 요구들이 숨어 있었고, 그래서 논쟁은 훨씬 더 직접적으로 정치적 요구를 향해 있었습니다. 그리고 연구소 구성원인 우리는 우리의 연구 프로젝트를 진행하는 것 외에 다른 일을 하지는 않았습니다. 이렇게 우리는 훨씬 더 철저한 방식으로 우리의 일을 할 수 있었습니다.

마누엘라 보야트치예프 그 철저함이 두드러지는 점입니다. 적어도 제가 사회연구소의 인종주의 연구를 조사하며 살펴본 1990년대의 프로젝트들에서는 그랬습니다. 남다른 깊이가 있었습니다. 일단 그냥 당시에는 분명 시간이 더 많았어요. 저술, 생각, 연구에 들어간 시간 말이죠. 비판이론에는 시간이 많이 드니까요. 그런데 여기서 다시 연구소 문화 얘기로 돌아왔으면 합니다. 연구소의 일상은 어땠나요?

크리스텔 에카르트 네, 기꺼이 일상에 대해 말해보죠. 제가 대학이 아닌 연구소에서 일한다고 친구들이 부러워했습니다. 그것이 생생히 기억나네요. 그러면 저는 '그런데 우리는 일종의 자영업자야. 그래서 우리가 다 알아서 해야 한다고'라고 말하며 그 질투심을 바로잡아주었습니다. 이 말은, 우리가 팀을 이루어 우리만의 연구를 기획한다는 사실만을 부러워하지 말고, 외부에서 재정을 끌어와야만 연구가 가능하다는 사실 역시 생각하라는 뜻이었습니다. 다른 한편, 연구소에서는 집단지도가 상식이었습니다. 모든 일이 총회를 통해 이루어졌고 총회는 구성원들에게 가장 중요한 제도였습니다. 프로젝트 계획과 연구계획의 내용에 대해 충분한 논의가 이루어졌고, 때로는 매우 격렬한 논쟁과 갈등도 있었습니다.

마누엘라 보야트치예프 그러면 지금 말씀하신 그런 토론 문화가 페미니즘 이론 형성이나 연구를 어떻게 발전시켰나요? 어떻게 보십니까?

크리스텔 에카르트 네, 연구소의 차별화된 영역으로 연구소가 선도한 노동이론이나 산업사회학 이론 등과 논쟁하는 쪽으로 항상 토론이 흘러갔습니다. 이렇게 연구소의 다른 중점 연구 분야와 논쟁하는 과정에서 그런 논쟁의 고유한 의미가 더욱 분명해졌습니다. 1970년대에는 방법론 토론이 뜨거웠는데, 여성 연구 역시 중요한 참여 세력이었고 또 많은 자극을 주었습니다. 양적 조사와 질적 조사에 관한 논쟁, 인터뷰에 대한 해석학적 분석을 둘러싼 논쟁, 사회기술 방법과 사회사적 연구방법에 대한 논쟁, 이것들은 경험연구를 비판이론 실천의 한 과정으로 이해하는 사회연구소의 최고 전통입니다. 비판이론에서는 대상을 연구하는 과정에서 연구 방법을 발전시키는 실천을 경험연구라고 이해합니다.

마누엘라 보야트치예프 제가 사회연구소 문서저장소에서 재차 자세히 살펴본 연구 성과들에 대해 말하자면, 저 역시 방금 말씀하신 바와 비슷하게 말할 것 같습니다. 좀 더 이후에, 그러니까 1990년대에 연구소에서 수행된 인종주의 연구에서도, 이주민이나 여성처럼 구체적 집단에만 제한되지 않은 사회이론적 시각이 두드러집니다. 그것은 인종주의를 오히려 더 큰 맥락에서 분석한 사회분석적인 문제 제기의 방식이었습니다. 그것은 오늘날 부분적으로 나타나는 (이주민, 흑인, 무슬림 등의) 집단별 논리에 따라 각각 차별화된 접근법과는 완전히 다른 관점입니다. 비판이론은 전체 프로젝트를 구성하는 동시에 항상 다시 경험연구의 기초 위에서 활력을 갖는 사회이론입니다. 그리고 제 생각에는 이 점이 진짜 특별한 것이죠.

자라 슈페크 비판이론 전통 속에서 수행된 양성관계 이론에 대해서, 저 역시 그것이 사회이론적 질문을 제기하고 철저하게 이 사회의 성격 속에서 성 문제를 논의한다고 말하겠습니다. 그럴 때 그것은 경제적 질문과 변화하는 자본주의, 문화적 질문, 그리고 권력과 지배의 근본적 질문들과 연결하여 체계적으로 논의함을 말합니다. 오늘날 성 연구에서 사회적 연관관계는 종종 '교차성'이라는 명칭 아래 소환되는데, 제 생각에, 거기서는 종종 범주들을 중시합니다. 그런 범주들이 발생하거나 의미를 얻는 관계들에 대해 논의하는 대신에 말이죠.

크리스텔 에카르트 네, 사실 그것은 부분적으로는 성 연구에서 이미 오랫동안 다루어진 연관관계입니다. 우리의 여성노동자 연구 역시 어떤 점에서는 교차적입니다. 단지 그렇게 부르지 않았을 뿐이죠. 말하자면 여성노동자 스스로가 (공장 노동을 통해서나 여러 사회적 삶의 상황과 가족 상황 속에서) 자신들을 어떻게 평가하고 사회적으로 정의하는지, 자신들의 이익을 어떻게 대변하는지를 정확히 보는 것이 목적이었으니까요. 요즘 이따금 드는 생각이, '그래, 이제 새로운 사전을 쓰는군, 그러나 내용은 전혀 새롭지 않네'입니다. 차이들이 경험적으로 좀 더 탄탄히 뒷받침되면 좋겠고, 그런 범주들로 이제 새로 세세하게 나뉘는 것들을 단지 실험하는 정도가 아니면 좋겠습니다. 중요한 것은 정확히 들여다보고 정확히 기술하는 것입니다.

자라 슈페크   그렇다면 마누엘라 당신은 이미 열려 있는 문을 들어가면 되는 것이네요, 그렇죠?

마누엘라 보야트치예프   네, 찬성하겠습니다. 그렇지만 제가 살펴본 연구들에 대해 저는 이렇게 말하겠어요. 무엇보다 이론 형성이 경험연구와 훨씬 더 강하게 연결되어 있었다고요. 경험연구는 매우 정확한 기술들에 근거를 두니까, 그 덕에 이론이 더 날카롭게 벼려질 수 있었습니다. 첫째로는 운동을 통해 질문들이 제출되고, 둘째로 그로부터 연구 결과를 끌어내어 다시 그 결과를 적용할 운동과 제도들에 대해 어떤 의무감이 존재했다는 것, 그런 것들이 연구의 사회적 적절성을 낳았습니다. 좀 과장된 의미의 참여 연구나 전투적 연구가 아닌 한에서 말입니다. 그 당시에는 연구소 밖에서 그런 연구들도 있었거든요. 그렇지만 여기 연구소에서는 그런 행동주의적 연구는 하지 않았고, 원칙적으로 사회적 과제에 대한 의무감이 있었습니다. 오늘날에는 확실히 어느 맥락이든 완전히 다르죠. 예컨대 학문 소통 또는 오늘날의 용어로 **지식 교류**는 그런 데서 아주 멀리 벗어나 버렸으니까요.

크리스텔 에카르트 네, 그렇지만 우리(저와 제 동료들)는 능동적인 운동의 일과 우리의 학문적 작업 간의 차이를 혹독하게 체험했고 또 살아봤습니다. 우리에게는 명백하게도, 그 둘이 결코 하나가 될 수 없었습니다. 저는 여기 프랑크푸르트 여성의회의 공동 창립자이고, 우리는 1974년 최초의 여성센터를 개관했습니다. 그러나 항상 그런 일 따로, 연구소 일 따로였습니다. 인격체로서 제게는 그것이 뒤섞여서 작용합니다. 그렇다고 해서 제가 직접적으로 그 둘을 서로 치환할 수는 없습니다. 또 이 문제에 대해서도 논쟁이 있었는데요. 예컨대 독일 사회학회의 여성 연구·성 연구 분과나 여성을 위한 사회과학 연구와 실천 단체 사이에서 말이죠. 저는 이 둘 모두의 창립자 중 한 사람이고, 두 영역 모두에서 활동했습니다. 그러나 각각 강조점이 달라집니다.

자라 슈페크 마누엘라, 당신에게 다시 한 번 질문해도 될까요? 물론 지금까지 은연중 말씀하신 것도 같지만, 당신이 지금 연구소에서 하려는 일과 당신이 조사한 것들에서 출발할 때, 당신이라면 연구소의 '다른 역사'를 위해 무엇을 보강하시겠습니까?

마누엘라 보야트치예프 지금까지의 대화에서 누락 없이 꼼꼼히 언급된 것은 아니지만, 연구소는 1990년대 초 인종주의 이론과 연구에 중요한 추진력을 제공한 곳입니다. 구체적으로 말하면 1990년대 초반의 4개 연구 프로젝트, 그리고 그에 따라 2000년대 초까지 이어진 일련의 행사와 회의들이 그런 추진력을 만들었습니다. 물론 프랑크푸르트가 그런 주제들이 다루어진 유일한 지역은 아닙니다. 예컨대 함부르크도 매우 중요합니다. 한편으로는 함부르크의 사회연구소에서, 다른 한편으로는 노라 래트첼과 아니타 칼파카에게서 시작된 노력들이 있으니까요. 당시 래트첼과 칼파카는 자신들의 작은 연구소를 창립했고, 1990년에는 "유럽의 인종주의와 이주"를 주제로 매우 인상적인 회의를 조직했습니다. 이 회의에서 발표된 내용은 동일한 이름으로 엮은 단행본으로 아구멘트 출판사에서 출판되었고요. 돌이켜보니 그것이 인종주의에 대한 최초의 유럽 학술회의였네요. 이후 노라 래트첼은 아니타 칼파카와 공동 편집한 책 『인종주의자가 아니기 힘듦』(1986) 덕에 프랑크푸르트로 초빙되었습니다. 적어도 제 관점에서는, 이런 활동과 토론들이 엄청난 역할을 했습니다. 저 자신은 당시에 헤센주 대학들에서 알렉스 데미로비치와 게르트 파울이 이끄는 극우주의 프로젝트의 대학생 보조 인력이었습니다. 그런데 당시에는 인종주의 논쟁을 위해 참고할 독일어 자료들이 거의 없었습니다. 중점노트 몇 가지와 1980년대 간행물인 『페미니스트 이론과 실천 모음』에 실린 문건들 정도였죠. 출판사 쪽을 보면 오르란다 출판사의 책들과 『다스 아구멘트』 저널, 그리고 동명의 출판사가 핵심 역할을 했습니다. 아구멘트 출판사에서 노라 래트첼, 로버트 마일즈, 존 솔로모스, 스튜어트 홀의 책들뿐 아니라, 에티엔 발리바르와 이매뉴얼 월러스틴의 『인종, 계급, 국민』(1990)을 출판했으니까요. 여러 이주민 모임을 비롯한 자율 조직 활동 쪽에서는 학생문화·소통센터(KOZ)가 큰 역할을 했고, 대학 주변에서 필요할 때마다 일련의 학외 활동이 진행되는 문화가 있었습니다. 우리는 벨 훅스, 그리고 여타 여러 미국·영국 저자들의 글을 읽었습니다. 그러고는 여러 사회 분야 또는 직업군에서 펼쳐지는 극우적 추세를 살펴보려는 연구 프로젝트들을 연구소에서 시작했습니다. 우리는 쓰레기 수거 종사자, 경찰과 서비스 부문, 특히 은행가, 광고 종사자, 그리고 당시의 새로운 직업인 '전자정보처리' 종사자에 대한 연구를 수행했습니다.[1] 문화연구의 전통 속에서, 그들의 생활양식도 다루었습니다. 이외에도 이 시기에 그리고 제게 개인적으로 중요했던 일이 있습니다. 헬무트 두비엘과 알렉스 데미로비치가 관련된 미국의 페미니스트 논의들을 프랑크푸르트로 가져오려고 노력했다는 것입니다. 그렇게 해서 아이리스 매리언 영, 낸시 프레이저, 주디스 버틀러, 웬디 브라운, 보니 호니히, 가야트리 차크라보르티 스피박이 여기서 세미나를 열었습니다. 그리고 사회연구소의 중요한 연속 강연과 『양성관계와 정치』(1994)라는 제목의 출판물이 뒤따랐습니다. 학생 활동, 학생관, 사회조사 학과, 사회연구소, 그리고 프랑크푸르트시의 좌파 문화가 실로 특별히 지적인 환경을 제공하여, 그로부터도 역시 인종주의에 대한 그런 이론적 시도들이 나온 것입니다.

자라 슈페크 그와 관련해서 몇 가지 질문이 더 있습니다. 거기서 비판이론의 고전적 문헌들과의 관련성이 논의되었나요?

마누엘라 보야트치예프 연구소의 노동연구, 합리성 연구, 여성 연구와 관련성이 있었습니다. 당연히 공장 노동뿐 아니라 다른 노동 분야, 앞서 거론한 쓰레기 수거, 경찰, 서비스 부문 역시 연구되었다는 사실이 새로운 점이죠. 인종주의 연구에서는 당연히 『계몽의 변증법』(1944) 내용 중 "반유대주의의 요소들"과 『권위주의 성격 연구』(1950)가 핵심적이었습니다. 데미로비치와 파울의 대학연구에는 『학생과 정치』(1961) 그리고 대학생들의 정치적 태도에 대한 하버마스, 프리데부르크, 윌러,

---

[1] 사회연구소에서 수행한 모든 프로젝트 목록은 *IFS Working Paper* Nr. 21 참조.

벨츠의 공동연구가 중요한 역할을 했습니다. 또한 앞서 거론한 프랑스와 미국 저자, 즉 발리바르와 월러스틴의 연구들 역시 매우 중요했습니다. 1980년대 신우파가 부상하면서, 독일에서도 유사한 흐름이 관찰되었습니다. 오늘날까지 이어지는 '청년 자유'의 창립과 함께 그런 흐름이 표현되었죠. 신우파에서도 우파 지식인을 조직적으로 교육해야 한다고 주장했기 때문에, 앞서 말한 대학연구 프로젝트에서는 대학에서 그들의 학설과 실천이 조직된 정도, 그리고 그것의 패배에 대해서도 질문했습니다. 조사 결과는 안심할 정도였지만, 다른 한편 인종주의적 이데올로기의 파편들이 표본조사 결과 넓게 분포했습니다. 그런 표현들은 좌우 정치 유형을 새로운 질서 속에서 파악하여 새롭게 비교하도록 하는 것으로, 그때 벌써 그런 결과가 나온 것입니다. 이것은 오늘날에도 여전히 중요하고 유효한 인식이죠. 제 생각에, 모든 연구 결과를 오늘날 **재차 연구** 속에 반복하는 것이 중요한 프로그램이 될 것입니다.

자라 슈페크   그러면 정신분석적 접근법도 한 역할을 했나요?『계몽의 변증법』의 사고 전개에서나『권위주의적 성격 연구』의 개념들에서 그것이 비판이론 1세대 프로그램의 아주 근본적 요소였으니까요.

마누엘라 보야트치예프   저는 이데올로기 이론이 특히 중요했다고 말씀드리고 싶습니다. 알렉스 데미로비치의 연구들은 비판이론의 반유대주의 연구로부터 얻은 인식과 상응하는 것이었습니다. 또 그 인식을 현대적으로 되살리기도 했습니다. 말하자면 특정 조건에서는, 경기 국면에 대한 평가나 사회적 경향들을 설명할 때 생산관계 발전보다 문화적, 이데올로기적 구성 형태가 더 중요할 때가 있습니다. 바로 그런 경우에 말입니다.

자라 슈페크   그렇습니다. 방금 언급된 그 저작들에서 이데올로기 이론은 투사나 방어 등 정신분석학의 기본 가정과 개념들에 결합해 있습니다. 특히 문화이론적으로뿐 아니라 주체이론적으로 생각이 전개될 때 그렇습니다.

마누엘라 보야트치예프   네, 당연합니다. 놀러와 론넨베르거의 서비스 부문 연구에서는 문화연구의 영감을 받은 다문화주의 비판이 큰 역할을 했습니다. 그리고 인종주의를 상호관계의 문제로 볼지 아니면 사회적 관계의 문제로 볼지도 많은 토론을 불러일으켰습니다. 그리고 방법적으로 어떻게 접근할지 또 대부분 그렇듯이 인종주의가 명시적으로 드러나지 않는 곳에서 그것을 어떻게 조사할지에 대해서도 토론이 많았습니다. 말하자면 폭력 표현도 없고 인종주의 담론도 없는 곳, 또 표현이나 법 규정상 인종주의라고 단정하기 힘든 제도 안의 인종주의 같은 것들 말입니다. 인종주의는 다른 개념들로도 표현됩니다. 민족, 국민, 종족, 문화 같은 개념들이죠. 이런 이유에서 구조적 차이가 어떻게 재생산되는지, 그리고 그런 차이를 통해 사회가 또 어떻게 재생산되는지를 묻는 과정이 이어집니다. 이런 내용의 토론이 사회연구소에서 중점적으로 이루어지는 논의들입니다.

자라 슈페크   사회연구소의 또 다른 역사(들)에 대한 애초의 질문으로 다시 돌아가겠습니다. 연구소의 페미니즘 역사에 대해 얘기하려면, 일단 지배적 역사 서술에서 어떤 사람들이 조명받지 못했는지를 물을 수 있겠죠. 사실상 연구소의 연구에 빠뜨릴 수 없는 공로가 있으나 연구소 역사 서술에서는 묻힌 여성들이 있을 텐데요. 그들은 누구일까요? 다음으로는 지식 축적의 측면에 대해 말할 수 있습니다. 지금까지 우리 대화에서 드러난 바를 재차 확인하자면, 1970년대에 연구소는 경험적, 이론적 성 연구의 주요 장소였고, 그리하여 성 연구의 제도화를 이끌었습니다. 그런데 이런 사실은 거의 알려지지 않았습니다. 바바라 움라트의 박사학위논문을 따르면, 심지어 다음과 같은 테제로 정리할 수 있을 것 같습니다. 사회연구소는 예전부터 항상 사회적 현상으로서 양성관계에 대해 주목해 왔다고요. 초기 비판이론 때부터 말이죠. 물론 체계적이지도 않았고 또 성 이론적·페미니즘적 이익을 위한 것도 사실 아니긴 했지만 말입니다. 그러나 성과 연관된 질문들은 가족 연구, 섹슈얼리티에 대한 고찰 또는 『미니마 모랄리아』(1951)에서 일관되게 매우 핵심적 역할을 했습니다. 『계몽의 변증법』 역시 시민계급 남성성에 대한 비판으로도 읽힐 수 있습니다. 마누엘라, 이와 유사하게 정리해서, 당신 역시 사회연구소를 인종주의 연구의 장소로 꼽을 수 있다고 말하시겠습니까? 『권위주의적 성격 연구』와 "반유대주의의 요소들"은 이미 그런 질문들을 좇았죠. 사회적 관계들로부터 어떻게 이데올로기적 증오와 이데올로기 조각들이 자라나서 특정 기능들을 수행했는지에 대한 질문들을 말이죠. 제 이해가 맞다면, 1990년대에 연구소는 바로 그런 생각들이 새롭게 강화되어 추진된 독일 내의 한 장소였습니다. 그리고 2000년대부터 지금까지, 예컨대 마리아 콘토스, 이리니 지우티, 그리고 민나 루오코넨-엥글러에 의해 수행된, 이주와 인종주의에 대한 아주 흥미로운 연구들을 수행했습니다.

마누엘라 보야트치예프   물론입니다. 그리고 이런 전통으로 말미암아 프랑크푸르트에서는 자연스럽게 반유대주의에 대한 토론이 특히 중요했습니다.

자라 슈페크   그래서 1990년대에도 반유대주의와 인종주의의 관계에 대해 토론했나요?

마누엘라 보야트치예프   네, 당연합니다. 독일에서는 반유대주의에 대한 질문이 어떤 식으로든 역사적 경험에서 나오지 않거나 이론적 연관성을 갖지 않은 것이 없고, 또 거기서부터 인식을 발전시키지 않은 것이 없을 거라고 저는 생각합니다. 그래서 반유대주의가 하나의 역사적 경험에 불과하다고 말하려는 것은 아닙니다. 그것은 절대 아닙니다. 그것이 현재 어떤 형태로 나타나고 있는지를 우리가 이미 잘 알고 있으니까요. 오히려 중요한 것은, (2차 대전 이후의 전 시기에 걸쳐서) 반유대주의가 인종주의 이론 형성에 핵심적이었다는 사실입니다. 반식민지 투쟁의 맥락에서 쓰인 여러 문헌에서도 마찬가지입니다. 예컨대 독일 파시즘에 대항해서 프랑스군 병사로 싸웠던 프란츠 파농의 글들이 있습니다. 그런 경험들은 인종주의를 개념화하는 데 중요한 역할을 했습니다. 식민지에서 나치의 반유대주의와 인종주의와의 관계─오늘날에는 '연결'이라고 말하겠지만─가 그런 것입니다. 나치즘은 식민지 인종주의가 유럽으로 방향을 돌려 저지른 일종의 보복이라는 것이 파농의 생각입니다.

자라 슈페크   네, 그렇습니다. 증오와 이데올로기에 대한 이론을 만들어낸 생각의 전통이 존재합니다. 또 더욱 중요한 것은 물론 이곳의 정치적 태도입니다. 그래서 여기 이 정신 속에서 1990년대에 극우 정당과 운동, 지식인이 점차 강해지는 상황을 이해하려고 노력했던 것이고, 그것은 우연이 아닙니다. 그때에도 프랑크푸르트식 이론화, 무엇보다도 반유대주의 연구에서 착안하는 일이 중요했습니다. 그러지 않았다면 우리의 시선은 어디를 향할 수 있었을까요? 독일에는 인종주의에 대한 선행연구가 거의 없었으니 말입니다. 그래서 우리는 프랑스, 미국, 남아프리카, 영국으로 눈을 돌렸습니다. 이미 번역된 책들로 말이죠. 반유대주의에 대한 이론화 전통 역시 그런 자원 중 하나였습니다.

크리스텔 에카르트   지금까지 연구소에 속하는 두 주제가 얘기되었습니다. 인종주의와 반유대주의, 그리고 성 연구에 대한 생각들 말이죠. 그런데 이런 평가가 너무 관대한 것은 아닌지 싶습니다. 사실 그대로는 아닌 것 같습니다. 페미니즘 비판에서 철저히 규명되었듯이, 이론화를 위해 여성을 언급하는 것만으로 충분치 않으니까요. 거기서 더 나아가서 성이 어떻게 이해되고 있는지가 중요하죠. 예컨대 메히틸트 룸프가 모성에 대한 호르크하이머의 태도에 대해 평가한 것처럼 말이죠. 또는 가부장적 사고의 이율배반에 대한 제시카 벤자민의 연구들—제게는 아직도 너무 중요한—이 있습니다. 거기서 벤자민은, 주체로서 여성이 문제가 되면 가부장적 사고에서는 생각을 멈춘다고 말했습니다. 비판이론에서도, 네, 여성들은 거의 정태적으로 생각되었습니다. 여성은 타자이거나 모성적 존재였습니다. 거기에는 발전시킬 만한 것들도 많았지만, 그것들은 펼쳐지지 못했습니다. 여성의 개인성 또는 개인 되기는 애초부터 이론화되지 못했습니다. 만일 그것이 이론화되었다면 전체 이론이 아예 요동쳤을 것입니다. 왜냐하면 예컨대 『계몽의 변증법』을 통해 구성된 남성성은 특정 여성성 구성에서 매우 강력한 이론적 디딤돌을 찾았기 때문입니다. 따라서 저는 연구소 역사에 대해 너무 통일적 접근을 하면 오류를 자초할 것이라고 봅니다.

마누엘라 보야트치예프   네, 그런 반박이 틀리지 않다고 생각합니다. 1990년대의 연구에서도 실제로 주체화 또 이주민 주체화가 논의될 자리는 아예 없었습니다. 그럼에도 저는 그 연구들과 비교할 때, 오늘날의 인종주의 연구에서 오히려 많은 것들이 상실되었다고 말하고 싶습니다.

자라 슈페크   무엇이 상실되었는지 짧게 지적해 주시겠습니까?

마누엘라 보야트치예프   할 말은 많습니다. 가장 짧게 말한다면, 아마 무엇보다 사회이론적, 사회분석적, 비판적 입장 설정이 상실되었다고 말할 수 있겠습니다. 오늘날 비판은 여러 곳에서 다른 논리―아마도 인정 논리―를 따릅니다. 그런데 제 생각에, 사회이론적 질문은 인정에 대한 질문이나 비판적 인정 질문으로는 해결되지 않습니다. 특히 현재의 지구적 조건 아래서는 그런 태도가 유지될 수 없다고 생각합니다. 과거에 질문은 이런 식이었습니다. 우리 사회는 인종주의를 통해 어떻게 재생산되는가? 성 연구에서도 마찬가지였습니다. 그런 식으로 인종주의가 다른 사회적 억압의 관계들로부터 따로 떼어져서 생각되지 않을 수 있었던 것입니다. 인종주의 연구는 사회연구가 되는 것이죠. 인종주의를 이해하려면 그런 방법밖에는 없습니다.

자라 슈페크　　　바로 그 점에서 저 역시, 페미니즘 이론이나 성 연구 이론 곳곳에서 사회이론 연관성이 없어져 버렸다고 말하고 싶습니다.

크리스텔 에카르트　　　그렇지만 앞서 거론한 주체성 문제와 관련해서 제게는 다른 연관성이 중요합니다. 그 당시, 즉 1970년대와 1980년대에 우리—전부나 팀 전체도 아니지만—는 항상 가능성의 시각을 따라갔습니다. 그러니까 고통이 가장 우선적이지는 않았어요. 여성노동자들의 전체 생애 상황 속에서 그들을 연구한 최초의 여성 연구—우리가 고의적으로 그렇게 불렀는데—에서도 전혀 다르지 않았습니다. 그리고 그것이 여성운동을 하는 동기였습니다. 적어도 여기 프랑크푸르트 여성운동의 강력한 세력들에게는 그랬습니다. 가능하다면 그것을 끝까지 밀고 나아가고, 우리가 원하는 바와 목적들을 소리 내어 주장하고, 장애물이 있으면 제거하려는 동기가 되었습니다. 우리는 무언가를 할 수 있었고, 더 이상 우리를 방해하도록 방치하지 않았습니다. 당시 우리 연구가 걸쳐 있는 곳은 신사회운동이었고, 거친 파업, 파업 운동이었습니다. 우리 연구에 맞는 시끄러운 사업장들이 있었습니다. 거기서 여성들은 파업하며 자신들의 삶에서 추출한 요구들인 더 나은 노동조건과 보육, 유급 가사노동의 날에 대한 멋진 요구를 내세웠습니다. 결국 그런 요구들은 노조에서 다시 '시간당 1 마르크' 공식 같은 것으로 환원되었지만 말입니다. 당시 공동 행동 속에서 터져 나와 발화된 것들을 나열하면 그렇습니다. 그저 '10%를 더 달라' 정도가 아니라는 것입니다. 이것은 사고방식의 차이입니다. 『비판이론과 페미니즘』에서 저는 마르쿠제에 대한 논문을 무엇보다 즐겁게 읽었습니다. 저나 다른 사람들에게 굉장히 중요했던 것은 이런 것들이었습니다. 어떻게 달라질 수 있을까?

어떤 가능성들을 우리는 정식화해야 하는가? 그리고 개념으로 모든 것을 옥죄는 담론들 아래 우리가 짓눌리지 않도록 어떻게 해야 하는가? 이런 것이 여성 연구로부터 나온 진짜 중요한 동기였습니다. 소통에서 지워진 것에 표현을 부여하고, 그것을 표현할 단어를 찾아 그것을 언어로 말하고, 주변화된 경험들에 표현의 형식들을 찾아주려는 동기 말입니다.

자라 슈페크 비판이론에서 매우 중요한 모순 개념이 제게는 다음과 같은 두 차원의 것입니다. 한편으로는 갈등과 고통을 초래하고, 다른 한편으로는 바로 그처럼 관계 속에 갈등이 내포됨으로 인해 그것이 다른 어떤 것을 위한 또 고유한 의미를 알리는 출발점이 될 수 있다는 것입니다.

마누엘라 보야트치예프 네, 제가 좀 전에 인정 논의라고 말했던 것 역시 그리로 연결됩니다. 특정 인간들이 늘 고려되지 못한다고 말하는 것만으로는 충분치 않습니다. 민주주의를 사고할 때 그것의 한계에서 시작해야 한다는 것, 그것을 민주주의 이론에서도 다양한 방식으로 논증해 온 바 있습니다.

크리스텔 에카르트 네, 멋지게 구조를 확장해서 모든 사회적 환영을 말려 버릴 수 있습니다. 그것은 오늘날 종종 이렇게 말하는 것이 되겠죠. 그런데 여성은 여전히 연구소에 없고 또 연구소와 동일시되지 않는다고 말이죠. 그러나 또 꼭 그렇게 되어야만 하는 것도 아닙니다. 독일 주가지수 위원회에서 매번 여성이 의석 절반을 차지해야 하지는 않는 것처럼요. 그러나 이런 생각이 더 이상 담론으로 연결될 만한 성질은 아닌 것 같습니다.

자라 슈페크   다시 애초의 주제로 돌아가 보겠습니다. 방금 하신 말씀은 완전히 맞고 또 중요하다고 생각합니다. 사회연구소가 항상 성 연구, 인종 연구의 장이었다고 무턱대고 주장할 수는 없습니다. 사실은 훨씬 복잡합니다. 중요한 것은 사회연구소의 또 다른 어떤 역사 하나를 정식화하는 것이 아니라, 오히려 연구소의 유일한 지배적 역사 서술 방식에 여러 다른 역사 말하기를 추가하는 것이 되겠죠.

크리스텔 에카르트   그래도 제가 최소한 말할 수 있는 것은, 이런 대화가 진행되어 감동받았다는 것입니다. 왜냐하면 지난 수십 년 동안 연구소 기념일이나 연구소 서사에서 여성 연구가 언급된 적이 거의 없으니까요. 당시 저는 여성 연구가 그렇게 빨리 밀려날 것이라고 꿈도 꾸지 못하게 했을 테니까요.

자라 슈페크   프랑크푸르트의 여성 연구와 성 연구 역사에서 손꼽히는 일이 있다면, 그것은 여기서 최초의 여성 연구 및 성 연구 교수직이 신설되었다는 것입니다. 거기 이르기까지의 여정에서 종종 거론되는 것은 여성운동들에 대한 산만한 묘사나 아마 베를린 여름대학 정도이지, 연구소의 제도적 역사는 아닙니다.

마누엘라 보야트치예프   물론 제도들에도 제도 이전의 역사가 있고, 각 제도는 제도 외부의 이전 역사를 바탕으로 하는 것입니다. 이것은 계보학에 속하는 관점입니다. 논쟁과 쟁투는 운동 논리와만 관련된 것이 아니라 여러 제도, 저널, 출판물, 출판사 등과도 결합된 역사입니다.

크리스텔 에카르트   여성학 교수직 신설 이전에 사회연구소는 여성연구의 주소지였지만, 그 이후에 여론은 교수직과 대학에 대해서만 말합니다. 이것을 제도적 기억상실이라고 부를 수 있겠죠.

자라 슈페크   그리고 비가시화에 대해 말하자면, 그것은 사회연구소 역사 쓰기의 초창기부터 늘 그랬습니다. 최초의 마르크스주의 노동주간에 찍은 유명한 사진을 보면 7명의 여성이 있습니다. 그런데 그들에 대해 알려진 것이 없습니다. 사회연구소의 전체 연구 프로젝트 목록을 봐도 여성들이 있는데, 그들의 이름이 전혀 전해지지 않았습니다. 물론 그런 비가시화 방식을 문제 삼은 페미니즘이나 인종주의 비판이 개입하기도 했습니다. 그러나 이제 우리가 지금껏 나눈 대화를 상기해 보면, 그런 모든 사실에도 불구하고 사회연구소에서 때마다 명백히 커다란 논란이나 반대 없이, 독일 맥락에서 보면 비교적 이른 시기에, 성 연구나 여성 연구뿐 아니라 인종 연구까지도 이루어질 수 있었다고 확인할 수밖에 없습니다. 그리고 그것은 충분히 괄목할 만한 사실이자 충분히 거론될 만한, 사회연구소가 가진 또 하나의 흥미로운 역사입니다. 그것은 울퉁불퉁하고 모순적이고, 또 매번 더 큰 사회운동 정치의 맥락 속에서 생겨난 것입니다. 그러나 이 특별한 장소, 이런 역사와 특성을 보유한 이 기관이, 독일어권에서 그런 비판적 이론이 이루어지는 데 함께 관여했습니다.

크리스텔 에카르트　　네, 연구소의 성격, 연구소 설립 이래의 내용적 향방, 그리고 무엇보다 제도적 독립성으로 인해서 그런 사고방식과 주제 선정이 가능했던 것입니다.

번역_홍찬숙

참고문헌

Adorno, Theodor W. 1951: Minima Moralia. Reflexionen aus dem beschädigten Leben. Berlin: Suhrkamp.

Adorno, Theodor W., Else Frenkel-Brunswick, Daniel J. Levinson und R. Nevitt Sanford 1950: The Authoritarian Personality. New York: Harper.

Balibar, Étienne und Immanuel Wallerstein 1990 [1988]: Rasse, Klasse, Nation. Ambivalente Identitäten. Übers. von Michael Haupt und Ilse Utz. Hamburg: Argument.

Benjamin, Jessica 1982: Die Antinomien des patriarchalen Denkens. Kritische Theorie und Psychoanalyse, in: Wolfgang Bonß und Axel Honneth (Hg.): Sozialforschung als Kritik. Zum sozialwissenschaftlichen Potential der Kritischen Theorie. Frankfurt a. M.: Suhrkamp.

Eckart, Christel, Ursula Jaerisch und Helgard Kramer 1979: Frauenarbeit in Familie und Fabrik. Eine Untersuchung von Bedingungen und Barrieren der Interessenwahrnehmung von Industriearbeiterinnen. Frankfurt a. M. und New York: Campus.

Flaake, Karin 1989: Berufliche Orientierung von Lehrerinnen und Lehrern. Eine empirische Untersuchung. Frankfurt a. M. und New York: Campus.

Habermas, Jürgen, Ludwig von Friedeburg, Christoph Oehler und Friedrich Weltz 1961: Student und Politik. Eine soziologische Untersuchung zum politischen Bewußtsein Frankfurter Studenten. Neuwied am Rhein: Luchterhand.

Horkheimer, Max und Theodor W. Adorno 1947 [1944]: Dialektik der Aufklärung. Philosophische Fragmente. Amsterdam: Querido.

Institut für Sozialforschung (Hg.) 1994: Geschlechterverhältnisse und Politik. Frankfurt a. M.: Suhrkamp.

Kalpaka, Annita und Nora Räthzel 1986: Die Schwierigkeit, nicht rassistisch zu sein. Berlin: Express-Edition.

Kalpaka, Annita und Nora Räthzel 1992: Rassismus und Migration in Europa. Beiträge des Kongresses »Migration und Rassismus in Europa«, Hamburg, 26. – 30. September 1990. Hg. vom Institut für Migrations-und Rassismusforschung Hamburg. Hamburg und Berlin: Argument.

Noller, Peter und Klaus Ronneberger 1995: Die neue Dienstleistungsstadt. Berufsmilieus in Frankfurt am Main. Frankfurt a. M. und New York: Campus.

Riemann, Ilka 1985: Soziale Arbeit als Hausarbeit. Von der Suppendame zur Sozialpädagogin. Frankfurt a. M. und New York: Campus.

Rumpf, Mechthild 1989: Spuren des Mütterlichen. Die widersprüchliche Bedeutung der Mutterrolle für die männliche Identitätsbildung in Kritischer Theorie und feministischer Wissenschaft. Frankfurt a. M. und Hannover: Materialis.

Stögner, Karin und Alexandra Colligs (Hg.) 2022: Kritische Theorie und Feminismus. Berlin: Suhrkamp.

Umrath, Barbara 2019: Geschlecht, Familie, Sexualität. Die Entwicklung der Kritischen Theorie aus der Perspektive sozialwissenschaftlicher Geschlechterforschung. Frankfurt a. M. und New York: Campus.

Walser, Karin 1985: Dienstmädchen. Frauenarbeit und Weiblichkeitsbilder um 1900. Frankfurt a. M.: Extrabuch.

『민주주의 문제』
다시 되돌아보기

권 터 프 랑 켄 베 르 크

한 권의 책에 대한 회상

『민주주의 문제』는 울리히 뢰델(Ulrich Rödel), 헬무트 두비엘(Helmut Dubiel)과 내가 1980년대 말 폴란드, 헝가리, 구 체코슬로바키아의 반체제 인사들과 대화를 나누고 그 시대 사회운동에 참여한 경험을 바탕으로 집필한 것이다.[1] 당시 프랑크푸르트 사회연구소가 열어준 작업실로 지금 돌아간다는 건 너무 늦은 것일까? 의문이 생긴다. 우리의 공동 작업이 끝났음에도 나는 왜 홀로[2] 향수의 먼지가 내려앉았을지도 모를 회

---

1 Rödel, Frankenberg und Dubiel (1989)을 참조하라. 가장 최근의 자료로는 Langenohl und Schraten (2011)을 참조하라. 본고의 초고를 읽고 비판적 논평을 해준 자미라 아크바리안(Samira Akbarian), 클라우스 귄터(Klaus Günter), 빌헬름 하이트마이어(Wilhelm Heitmeyer), 슈테판 레세니히(Stephan Lessenich)에게 사의를 표한다.
2 『민주주의 문제』는 작고한 두 동료 뢰델과 두비엘이 없었다면 절대 쓰일 수 없었을 것이다. 나 혼자서는 결코 할 수 없는 일이었다. 가상의 작업실로 돌아와 쓴 본고를 이들에게 헌정한다. 이 책에 관한 이전의 글들은 Weiterdenken (2014)과 Frankenberg (2014)를 참조하라.

상의 장소로 돌아가려고 하는가? 만약 당시의 민주주의 문제가 오늘날 다르게 제기된다면? 경우에 따라서는 반시대적인 생각들과 우울한 작별을 고해야 할 것이다.

프리드리히 니체(Friedrich Nietzsche)가 「반시대적 고찰」[3]에서 제시한 세 가지 유형의 역사 회상에 비추어 보면, 이 회귀가 "과거에 대한 기념비적 고찰", 그리고 "지나간 시대의 고전적인 것과 희귀한 것을 다루는 일"로서 "현대적인 것"(Nietzsche 1969: 221)에 활용된다는 우려는 거의 없다. 한동안 서점에서 구할 수 없었던 『민주주의 문제』가 낡은 것이 되어 그저 골동품 대접을 받을 수도 있다는 위험—이 책은 니체가 골동품 대상에 대해 말한 바와 같이 거의 '불멸'인 것이 아니라 사회연구소의 연구에서 짧은 순간 존재했고 민주주의 담론에서 미약하게 빛났을 뿐이다—이 오히려 더 크다. 이 책은 이제 경건한 숭배의 대상이 되었다. 니체의 말을 빌려 적절히 반어적으로 표현하자면, "두 번째로 [책의 (저자 삽입)] 역사는 충성과 사랑으로 자신이 태어나 자라난 곳을 뒤돌아보는 보존하고 존경하는 자에게 속한다. 이런 경건함으로 그는 자신의 현존재에게 감사를 표한다."(Nietzsche 1969: 225) 『민주주의 문제』를 회상하는 데 있어 세 번째—당시 작업실의 정신에 적합한 유일한 방식—방식이 남아 있다. 바로 비판적 방식이다. 이 책에 대한 회상은 우리의 작업과 그 결과물, 그리고 결과물의 반향에 대한 비판적 재구성으로 이해될 수 있다. 또한 「반시대적 고찰」의 의미에서라기보다는[4] 오히

---

3 [옮긴이 주] 이 책에서 직접 인용된 이하의 내용은 번역본 『비극의 탄생 · 반시대적 고찰』 (이진우 옮김)을 참조하였다.
4 이러한 고찰에서 니체는 비판을 유죄 선고로 나아가도록 한다. "인간은 살기 위해 과거를 파괴하거나 해체할 힘을 가져야만 하고 때에 따라 실제로 그렇게 해야 한다. 그렇게 하기 위해 그는 과거를 법정에 세우고 고통스럽게 심문하고 마침내 유죄를 선고해야 한다."

려—바라건대—자기 저술을 회상한다는 의미에서 프랑크푸르트학파의 증언으로 이해될 수 있다.

민주주의 문제인가, 아니면 인권 문제인가?

피란델로(Pirandello 1986)의 희곡에서 여섯 인물이 자신들의 이야기를 써 줄 작가를 찾듯이, 작가인 우리들은 격동의 1980년대에 관한 우리의 경험들을 묶어 한 권의 책에 담을 주제를 찾고 있었다. 작가의 신중함은 반드시 이전에 생각해 봤던 편안한 영역의 것은 아닐지라도 우리의 전문 영역에 있는 주제를 다뤄야 한다는 생각을 불러일으켰다. [우리의 전공인] 정치학, 사회학, 법학의 접점에 민주주의가 본디, 그리고 당시 별다른 경쟁 없이 자리 잡고 있었다. 더욱이 '민주주의 이해의 변화'가 연구 주제로 떠오르는 분위기가 있기도 했다.

'민주주의 문제'라는 너무 거창한 형식에 개의치 않는 사람은 20세기의 징후로서 민주주의 문제에 친숙해질 수 있었다. '사회적 질문'이 '장기' 19세기에 있었던 자본주의 산업화의 결과에 대한 답을 찾으려는 시도에서 비롯된 것처럼, '민주적 질문'[5]은 체제 경쟁과 냉전 시대, 탈식민화 과정과 기술 발전의 위험에 대한 적확한 접근 방식으로 제시되었다.[6] 물론 이는 적잖은 이견에 부딪혔다.

(Nietzsche 1969: 229)

5 [옮긴이 주] 독일어 'frage'는 기본적으로 '질문', '물음'이라는 뜻을 갖지만 '문제'라는 뜻도 갖고 있다. 이 글 전체에서 'demokratische Frage'는 '민주주의 문제'로 번역되었지만 여기에서만큼은 문맥을 고려하여 '민주적 질문'이라고 번역했다.
6 Thomas H. Marshall (1992)이 제시한 [시대에] 상응하는 권리의 순서(정치권 – 사회권)도 다소 설득력을 잃을 것이다.

첫 번째 이견은 시대의 문제 상황에 관한 것이었다. 과연 '민주주의 문제'인가? 뉘른베르크 재판에서 나치즘의 황폐한 유산을 청산하려는 시도가 있고 나서 2년이 넘는 작업 끝에 1948년 세계인권선언이 공표되었다. 그리고 이후 수년 동안 수많은 국제인권협약·조약과 국가권리목록이 등장했다(Dicke 2004; Iriye, Goedde und Hitchcock 2012; Hunt 2007 참조). 이와 함께 정치적·학문적 담론이 계속 확대되고 NGO의 인권 운동이 인상 깊게 전개되었다. 그렇다면 20세기에 더 부각된 것은 오히려 '인권 문제'가 아니었을까? 그리고 이와 함께 민주 정치보다 도덕 정치(Hoffmann 2023 참조)가 더 우선했던 것은 아니었을까?

하지만 더 자세히 살펴보면, 당시 역사적 경험의 맥락상 인권과 민주주의를 서로 대립시킬 이유가 없었다. 우리 프로젝트의 증인들[7]은 동구에서는 스탈린주의 정권에 맞서 저항한 이들과 77 헌장에 서명한 이들이었고,[8] 서구에서는 전체주의적 지배의 비판자들이었다.[9] 『민주주의 문제』의 출판 직전에는 천안문 광장 시위가 뇌리에 박혔다.[10] 우리는 이 책을 가혹한 폭력에 맞선 '시민사회의 비폭력 선구자들'에게 헌정했다. 20세기에 인권과 민주주의가 서로 겹치지 않는다거나 또는 배타적으로 하나만 다룬다거나 우선시한다는 생각은 이들에게 이해되지 않았을 것이다. 이에 대해 바로 더 자세히 알아보자.

---

[7] 우리는 이들 중 몇몇, 특히 폴란드와 헝가리의 학자들과 접촉했다. 이에 관해서는 Gelher (2004)를 참조하라.

[8] 1977년부터 1992년까지 당시 체코슬로바키아에서 있었던 시민권 운동은 공산주의 정권에 대한 반대의 중심에 있었다. 헌장 자체가 공산주의 정권의 인권 침해에 반대하는 청원이었다. 그 텍스트는 Pelikán und Wilke (1977)에 수록되어 있다.

[9] Arendt (1955)를 참조하라. 또한 주석 25번을 참조하라.

[10] 시위는 1989년 6월 3일과 4일 학살로 막을 내렸다. 이에 관해서는 특히 Lorenz (2019)를 참조하라.

대조적 양식을 만드는 방법

오데르-나이세 선 동쪽에서는 '인민민주주의'와 그 실행에 대한 정치적 선전의 무게로 인해, 그리고 서쪽에서는 '국가 충성'으로 요구된 자유민주주의 국가에[11] 대한 정치적 충성의 무게로 인해 민주주의 문제가 완전히 자유롭게 제기될 수 없었다. 또한 맨 처음 생태운동에서, 그 다음에 녹색당에서 벌어진 '현실적 반대파'와 '근본적 반대파', 줄여서 현실파(Realos)와 근본파(Fundis) 간의 격렬한 논쟁은 저항의 강도가 높아진 1980년대 말경[12] 냉정한 거리두기보다는 신봉과 당파성 쪽으로 흘러갔다. 이 시기에 관련 학문에서 함께 등장한 권위 있는 담론들조차 그다지 도움이 되지 않았다. '사민주의 시대의 종언'(Dahrendorf 1983; Merkel 1990 참조)과 같은 세속적 예측들과 의회 체제의 병리적 현상—통치 불능, 정치 실패, 정당성 위기(von Beyme 1984 참조)—에 대한 분석들은 새로운 사회운동들의 팸플릿이 불러일으킨 반향과 그 레토릭을 통해 강화되었고,[13] 제도주의(의회, 정당)와 반제도주의(운동)로 이루어진 축을 따라 민주주의를 해체한다는 생각이 들게 했다.

이러한 정치적·이론적 전선들 사이에서 '민주주의 문제'를 제기하는 것은 위험, 특히 오해받을 위험을 감수하는 일이었다. 첫 번째 위험은 우리가 속한 좌파 진영의 특성에서 비롯했다. 68년의 전성기와 그 이후

---

11 1975년 5월 22일 소위 '과격파공직취임금지령'에 관한 판결(BVerfGE 39, 334 2 BvL 13/73)이 있었다. Frankenberg (1980)를 참조하라.
12 이에 관해서는 Roth und Rucht (1987), Glaser (1989), Lindner (1996)를 참조하라.
13 울리히 뢰델은 새로운 사회운동들의 팸플릿 제작과 그것들의 분열된 공공성에 관하여 방법론적으로 정교하고 풍부한 자료에 기초한 분석을 제시했는데, 이는 지금까지 출판되지 않았다. 이 분석은 『민주주의 문제』의 이론적 고찰을 실증적으로 뒷받침하기 위한 부분적 연구로 기획되었다.

에 좌파 진영에는 민주주의를 경제의 파생물로 생각하지 않고 민주주의의 논리와 주장을 평가하며 비판하는 경향이 거의 존재하지 않았다. 자유민주주의 또는 의회민주주의로서 민주주의는 자본주의에 의해 항상 이미 결정지어지는 통치 형태로 널리 여겨졌다. 서구적-자본주의적 민주주의의 '퇴화'(involuion)라는 아그놀리(Agnoli)의 영향력 있는 개념은 바로 이러한 틀에 매끄럽게 들어맞는다. 그는 이 개념으로 도처에서 제도와 정당이 반민주적 형태로 퇴행하는 것을 식별해 내고자 했다(예컨대 Agnoli 1968 참조). 1980년대까지도—루이 알튀세르(Louis Althusser)와 니코스 풀란차스(Nicos Poulantzas)의 영향을 받아—(상품형식으로부터) 국가를 도출해 내고 국가를 기능주의적으로 분석하는 것이 우위를 점하는 것처럼 보였다(예컨대 Hirsch 1974, 1976; Hirsch, Kannankulam und Wissel 2015 참조). 이러한 관점에서는 마르크스의 '올바른' 민주주의 이해에서 답을 구하지 않거나 민주주의를 경제적 맥락에서의 사회적 통제로 환원하지 않은 채로 민주주의 문제를 제기하는 사람은 이론적으로 패배한 위치에 있었다. 그럼에도 불구하고 우리는 민주주의 이해의 변화와 계속 관련지으면서—갈등을 제도화하고 사회적 단일성을 연출하는 데서 출발하여—민주주의의 상징적 차원에 초점을 맞춘 새로운 관점을 시도했다. 이 관점은 추상적인 개념 체계에 의존하지 않고 구체적인 사건에서 출발해야 했다.[14]

1988/89년에 우리는 지난 10년간의 학문적 논쟁을 대조적 양식으로 만들어 우리의 이론적 출발 상황을 규정하고자—그리고 그것에서 벗어나고자—했다. 한쪽에는 반공주의에서 성장하고 통치 불가능성이라

---

14 이에 관해서는 Oliver Marchart (2013)가 인상적인 연구를 내놓은 바 있다.

는 주제에 묶여 있는 제도주의가 있었는데, 때로는 국가주의적 또는 신(新)슘페터주의적 경향을 띠었다. 다른 한쪽, 그러니까 반대 진영에는 사회운동의 영향을 받아 순수한 풀뿌리 민주주의적 행동주의의 관점이 있었다. 제도주의자들은 기본권의 '객관적 가치질서'[15]라는 따뜻한 안식처를 구하고 제도화된 힘이 작용하는 곳에서 보호받고자 했다. 반면 행동주의자들은 근본적 반대를 앞세우며 저항의 힘이 발휘되는지를 시험했다.

이 대립된 힘이 작용하는 곳에서 우리는 아리스토텔레스의 방식을 거스른 한나 아렌트(Hannah Arendt)와 울리히 뢰델이 '발견'한—그리고 추후 번역하기도 한(Rödel 1990 참조)—클로드 르포르(Claude Lefort), 마르셀 고셰(Marcel Gauchet), 코넬리우스 카스토리아디스(Cornelius Castoriadis)의 도움을 받아 민주공화정을 복원시키고자 했다. 그래서 『민주주의 문제』는 양측이 서로 보완하고자 한쪽에서는 현실 정치와 제도 지향을, 다른 한쪽에서는 반대 정치와 운동에 대한 끌림을 일면적으로 다루는 것을 극복하고자—또는 (예전의 방식으로 말하자면) 변증법적으로 지양하고자—했다.

시민사회적 민주주의 프로젝트

핵심어이자 도발적인 단어는 **시민불복종**, 갈등적 사회에서의 공적 자유로서 **공화정, 민주주의의 상징 장치, 정치적인 것의 내재적 이론**이었다. 프로젝트 작업은—변증법이든 아니든—여러 사상적 단계를 전제로 했다.

---

[15] 이 개념은 1958년 뤼스 판결(BVerfGE 7, 198) 이후 연방헌법재판소 판례와 헌법학에서 기본권에 대한 신조론(Grundrechtsdogmatik)의 중심 요소가 되었다.

첫째로, 시민불복종에 대한 연구는 각종 혁명적 신화에 도취된 사람들을 평등주의적 민주주의로 각성시키면서 그 상징적 차원을 조명해야 했다.[16] 알려진 바에 따르면―이 나라에서는 전통이 없는 저항 형태인―법적 불복종이 더해진 시민성(Zivilität)은 본질적으로 민주주의와 관련한 '무언가를 옹호'한다. 보다 정확히 말해, 그것은 경제적으로 '철저히 자본화'될 수도 국가적으로 '억눌러 없어'질 수도 없는 **자기 통치**인 민주주의에 대한 수준 높은 생각과 관련한다. 여기에 민주주의는 그 토대에 관한 공적 논의를 계속할 수 있는 내적 역동성을 내포한 열린 미완의 **프로젝트**라는 생각이 더해졌다. 경제에 대해 말해서는 안 된다고 결코 정한 바 없었다. 우리는 정당성의 영역을 정치 권력 밖에 위치시키고자 한 인권상(象)과 인권 개념에 근간한(Lefort 1990a 참조) 정당성에 대한 지속적인 의문 제기의 정당성이라는 클로드 르포르의 생각을 따랐다.

시민불복종은 실증주의적 법 해석뿐만 아니라 정치적 체계이론과 구조이론의 실증주의에도 낯선 것이다. 왜냐하면 합법성과 정당성 사이에서 부유하고 어떤 이분적 도식으로도 설명되지 않으며, 또한 법치국가적 민주주의가 그 실증적-법적 구현과 당시의 지배적인 이론적 근거를―그리고 그 위기와 결함까지―넘어선다는 것을 시사하기 때문이다. 더 나아가 시민불복종은 민주공화정에서―끔찍한 말이지만―권력의 자리가 상징적으로 비어 있음을 나타낸다(같은 책: 299 이하). 권력의 자리는 언제나 존재하지만 공석이 될 그것을 놓고 쟁투가 벌어지고 늘 다시 새롭게 채워지기 때문에 마치 사유재산[17]처럼 어떤 개인이나 정

---

16 이에 관해서는 최근 출간된 Akbarian (2023)을 참조하라. 급진적 민주주의 이론에 입각해 있으면서 현재의 논쟁 상태에 관한 다수의 증거를 담고 있다.
17 사유-재산으로서 권위주의적 권력에 관해서는 Frankenberg (2020: 170 이하)를 참조하라.

당에 의해 법적으로 점유될 수 없다(이에 대해서는 후술하겠다). 이런 식으로 민주적 질서의 근거를 제시한다는 것은 규범성을 제외한 의미에서 민주주의를 경시하고 민주주의를 자본주의적 상품 교환의 (적절한?) 정치적-제도적 틀로 폄하하는 것에 대해 거부한다는 것이다. 이로써 누가 민주주의 문제를 제기하는지 명확해졌다. 시민불복종자들, 더 정확하게는 77 헌장의 반체제 인사들, 그리고 옳고 그름과 무관하게 무트랑겐(Mutlangen)과 다른 어떤 곳에서의 (오늘날 마지막 세대가 될) 불복종 실천자들이었다. [『민주주의 문제』에] 쓰여 있듯이, 이들에게는 '전직 좌파 지식인'[18]의 추가 지도가 정말로 필요하지 않았다.

둘째로, 공적 자유의 개념, 즉 공화정을 복원한다는 것은 자명한 일이 아니었다. 미국에서는 극단적 보수주의[19]가 특히 닉슨 대통령과 레이건 대통령 이후로 공화주의라는 개념을 점유했다. 독일 헌법학은 주로 '공화정'을 민주주의와 거리가 먼 비군주정으로 협소하게 이해했다(Frankenberg 2011 참조). 더욱이 1980년대에는 독일 민족주의적이고 극단적으로 외국인을 혐오하는 정당인 공화당(Die Republikaner)이 있었기 때문에 공화주의가 전혀 빛을 발하지 못했다. 현실 정치에서의 공화정의 일탈과 공화정에 대한 협소한 법적 이해가 비교적 쉽게 없어질 수 있었음에도 정치 이론과 철학에서 공화주의와 공화정에 대한 구상은 근거를 제시하는 데 있어 더 많은 노력을 필요로 했다. 시민권과 공공성에 둔 '공화주의적' 중심을 받아들이고 민주주의 이론을 위해 그것을 풍부

---

18 Hirsch (1990)와 이에 대한 우리의 답변(Rödel, Frankenberg und Dubiel 1990)을 참조하라.
19 트럼프주의에서 볼 수 있는 파시즘과 유사한 특성들은 오늘날 전혀 논의되고 있지 않다. 유익하지만 답답함을 선사하는 Lepore (2019)를 참조하라.

하게 만들고자 하는 사람은 정치에 대한 내재적 이해를 고려할 때 덕론(Tugendlehre)의 전통과 현재성, 그리고 공공선에 맞춰진 덕론의 초점과는 거리를 두어야 했다.[20]

셋째로, 제안된 관점 변화는 (프랑스 혁명에 비해 매우 이상화된) 미국 혁명에 관한 한나 아렌트의 연구에 기반을 두고 있다. "18세기 언어에서 [혁명 정신의 원칙(저자 삽입)]은 공적 자유, 공적 행복, 공적 정신이다." (Arendt 1963: 284) 이러한 이상화에도 불구하고 아렌트의 분석은 국가 창설을 통해 형성된 공적 행위영역, 즉 공화국의 영역과 '국가의 신민' (Staatsunterthanen)에서 시민의 일원으로의 변모를 생생하게 보여주고 이를 뒷받침하는 데 있어 중요한 이론적 토대였다. 노예 소유 사회와 인종 자본주의에 대한 (실제로 필요한) 심화된 연구는 하지 않고 공공 영역에서 행복의 재산적 함의(행복 추구)와 필라델피아 헌법 제정의 엘리트적 요소를 눈가림하는 것이 미국 혁명에 대한 아렌트의 해석을 위해 불가피했는지는 논외로 할 수 있다(Berlin 2003; Klarman 2016; Frankenberg 2022 참조). 공적 자유를 제한적으로 이해함으로써 아렌트는 확실히 미국 건국기의 낭만화와 미국 연방헌법이라는 엘리트 프로젝트의 낙관적 미화에 기여했다. 하지만 되돌아보면 『민주주의 문제』는—아렌트의 신(新)아리스토텔레스주의와는 거리가 멀고 모든 비판적인 노력을 경주했음에도 불구하고—뉴잉글랜드 혁명에 대한 아렌트의 이상화에 꽤 강하게 사로잡혀 있었다.

물론 건국기와 그 세대—마키아벨리적 순간(Marchart 2013: 119)—를 특별하게 보지 않고 '국민(Volk)'을 (국내외에서 지배적인 어떤 단일한 개념

---

20 공화주의 이론에 관해서는 영향력 있는 Pocock (1975)을 참조하라.

에 맞서) 일관되게 복수로 상징화하는 접근 방식은 아렌트의 해석에서 벗어나 한 걸음 나아갈 수 있도록 한다. 우리는 저항 속에서 **일상적인 새로운 건립**이 민주공화국의 건국 세대와 거리를 두고 건국 과제를 유지하는 적합한 접근 방식이라고 생각했다. 예컨대 평화주의적, 반군사주의적 부활절 행진에서부터 생태주의 및 반핵 운동에까지 이르는 독일 연방공화국의 저항 역사는 뒤늦게 이루어진(nachholend) 건립으로 해석될 수 있다. 이는 우리에게 1960-70년대에 '재건립'되었다는 테제보다 더 그럴듯해 보였다.[21] 뿐만 아니라 특히 연합국들과 국가 국무총리들 간의 상호작용이 공적 자유의 건립이 아닌 기껏해야 '대리 해방' 또는 감시된 새로운 건립으로 해석될 수 있기 때문에 우리는 '새로운 시작점'(Stunde Null)과 '재건'에 정치적 해석을 부여할 수 있었다.

클로드 르포르, 마르셀 고셰, 코넬리우스 카스토리아디스는 '동등한 시민들인 국민이라는 사회적으로 상상된' 새로운 '의미'로서 민주주의를 일관되게 복수로 상징화하는 데 있어 마지막으로 결정적인 핵심어를 제시했다.[22] 상이한 개념을 사용함에도 불구하고 이들은 정치에 대한 내재적 이해의 출발점이 한편에서는 권력의 상징적 측면, 즉 권력의 연출—그리고 권력의 표상—이, 그리고 다른 한편에서는 권력의 운용, 즉 권력의 사실성이 상이하게 나타나는 순간이어야 했다는 데 대해서는 의견이 같았다. 왜냐하면 자생적 (시민)사회는 더 이상—군주정이나 전체주의 정권을 통해—**구현**될 수 없고 통합된 단일체로서 나타날 수 없으므로 이 순간 이후로 자율적 사회와 정치 권력이 지속적으로 갈등을 겪기 때문이다. '분할된' 사회에서 지속적 갈등은 권력의 빈자리에

---

21 Görtemaker (1999)는 이 테제에 입각해 있다.
22 특히 Lefort und Gauchet (1990), Castoriadis (1990), Gauchet (1990)를 참조하라.

서 상징적으로 나타난다. 권력은 사라지는 것이 아니라 상징적으로 비워진 장소로 여전히 남아 있다. 따라서 민주주의 혁명 이후에도 역사의 종말은 이야기될 수 없다.

민주주의의 상징 장치

우리는 상징 장치가―가능성에 대한 '신(新)프랑스적' 사고의 맥락에서―늘 갈등적 시도이기 때문에 민주주의를 위험한 시도로 그려낸다고 생각했다. 우리 개념에 따르면, 상징 장치는 세 가지 프로젝트 조건으로 특징지어진다. 첫 번째 프로젝트 조건은 앞서 언급한 바와 같이 민주주의의 실현은 항상 미완이라는 것이다. 자크 데리다(Jacques Derrida)의 법 이론을 참고하여 말하자면, 민주주의는 (정의와 비슷하게) "항상 오고 있는 중"(Derrida 1991: 56)이다. 즉 민주주의의 규범적 약속은 늘 실현되지 않은 상태로 남아 있으며, 민주주의의 정치화는 "결코 끝나지 않을"(같은 책: 58) 끝없는 과정이다.

두 번째 프로젝트 조건은 이렇다. 시민사회 없이 민주주의 없다! 시민사회는 공적 영역이 소유권자(국가, 기업, 협회)의 처분에서 벗어나 자유로워지고 나서야 발전할 수 있다. 시민사회는 그 일원들의 경쟁적이고 때로는 모순적인 이해관계와 인생 계획, 두려움과 비전에 관한 포괄적이고 항상 일시적으로만 종결될 수 있는 공적 논쟁에서만 나타난다. 의사소통은 권리를 가질 권리[23]를 상호 승인하는 모두의 합의에 근거한 시민사회의 조직 원리로―또한 존엄성 인정의 기초로―기능한다.

---

23 모든 인권의 전제로서 이 권리에 관해서는 Arendt (1949)를 참조하라.

이는 상당히 야심찬 것으로서 실패의 위험을 배제하지 않는 시민사회의 규범적 핵심이다.

 세 번째 프로젝트 조건은 갈등, 더 정확히는 '관리된 갈등'(Hirschman 1994; Dubiel 1999) 속에서 다양성이 용인되고 그 결과로 사회 자본이 축적되는 한 사회 통합은 **이루어질 수 있다**(이루어진다가 아니다)는 것이다. 이는―노동쟁의와 정치 시위, 의회 토론과 법정 분쟁과 같은―사회적 논쟁에서 시민성의 문법 규칙이 준수됨을 전제로 한다. 이 규칙은 논쟁 대상의 **구분 가능성**에 관해 합의하고 진리나 정체성에 관한 절대적이고 근본주의적인 주장을 고수하지 않으며, 더 나아가서는 분쟁 중에 시민 평등의 **수평적 수준**을 벗어나지 않을 것을 논쟁 참여자들에게 요구한다. 적대감을 표명해서도, 누구든 폭력을 행사할 수 있는 특권을 독차지해서도 안 된다.[24] 호기(好機)의 민주주의를 위한 비결은 없다. 시민이 논쟁에 관여할 경우 실제로 어떤 일이 일어날지는 이론적으로 알 수 없기 때문이다.

어디에도 속하지 않은―분할된 반향

한나 아렌트의 (재)발견, 카스토리아디스, 르포르, 고셰의 연구에 대한 지향, 그리고 공화정, 민주주의의 상징 장치, 사회적 갈등성에 대한 주목은 프랑크푸르트 사회연구소가 중점적으로 연구하는 것과 동떨어져 있었다. 사회연구소의 연구는―연구소의 존경할 만한 비판적 전통 속에서―무엇보다도 산업 관계, 임노동 조건, 노동조합 발전 등 자본주의

---

24 이에 관한 상세한 설명은 Frankenberg (2003)를 참조하라.

와 그 병리적 현상을 포착해 왔다. 시민성, 공적 자유, 상징 장치의 문법이 연구소의 프로그램과 연구에 접목되어질지, 그리고 어떻게 접목될지는 예측할 수 없었다. 마찬가지로 이 문법이 사회연구소에서 노동세계, 노동 생활의 인간화, 합리화와 노동시간의 문제, 여성 임노동, 노동조합 발전에 관한 연구를 자유롭게 보완할 수 있는지도 사전에 알 수 없었다. 이 프로젝트들 역시 어느 정도 민주주의와 관련이 있긴 했지만 아마도 다른 개념과 더 관련이 있었을 것이다. 생산적일 수 있는 마찰이 기대되었다. 연구자들 내에서는 회의적인 시각도 있었다.

이는 문 밖에 있는 해석 공동체[25]에게도 마찬가지이다. 여기서 묘사된 민주주의 이념을 놓고 의견이 분분했다. 우리는 사회의 갈등성을 직접 경험했다.『민주주의 문제』가 큰 소란을 불러일으킬 것이라고는 예상하지 못했기 때문에 사회의 갈등성은 놀라웠다. 하지만 반향은 꽤 주목할 만했고 확실히 논란이 많았다.[26] 일부―틀렸다고 말하고 싶기도 한―반론의 경우 괴테가 한 말이라고 아마도 잘못 알려진 격언, 즉 논란을 불러일으키지 않는 것은 그다지 흥미롭지도 않다는 말로 위안을 삼았다.[27] 물론 다수의 평론가들은 잘 습득된 비평 방식을 따라 신중하게 설명하고 칭찬하며 비판했다. 예컨대 시민사회의 범주는 스코틀랜드 도덕철학 없이는 존재할 수 없으며(Ferguson 1767; Smith 1761 참조) 그

---

25 이 개념에 관해서는 Fish (1980: 147-174)를 참조하라.
26 수많은 서평 중에서 Ely (1992), Dorer (1990), Haney (1997), Brunkhorst (1990), Behlert (1992), Aledo (1989), Richter (1991), Grasnow (1990), Demirović (1991)가 눈에 띤다. 시간적 거리를 두고 이루어진 세밀하고 냉정한 평가로는 Fein und Matzke (1997), Leggewie (2011)가 있고, 특히 격렬한 평가로는 Hirsch (1990)와 Narr (1991)가 있다. Hirsch (1995: 156-167)는 시간적 거리를 두고 있으며, 대단히 세밀하지 않고 사회과학적 도구로는 거의 이해되지 않는다.
27 철학자들과 이다르-오버슈타인(Idar-Oberstein)의 프리메이슨 424 지부는 이 말을 괴테가 한 것으로 보고 있다. 하지만 괴테 전문가들은 이를 적확하지 않다고 생각한다.

자체로는 현재 거의 쓸모가 없다는 지적이 있었다. 페미니즘적 비판은 더 날카로웠고, 그 섬세한 반어법은 더욱 수긍할 만했다. 시민사회에 대한 몽상에 빠져 있고 기껏해야 기저귀 갈아주는 것을 도울 뿐이기에 성별 관계의 구조적 불균형에 관해서는 전혀 이해하지 못하는 전형적인 남성들이라는 식이었다.[28] 사실 우리는 이러한 오해를 예상하고 피할 수 있었을 것이다. 첫째, '공적인 것'을 사회의 공동 업무를 다루는 국가와 관련된 영역이며 가족과 경제의 '사적인 것'과 구분되는 것으로 설명했어야 했다. 둘째, 도구적으로 목적합리적인 행위와 표현적인 행위 간의 경계선을 보여주어야 했다. 특히 법에서 볼 수 있는 사적인 것과 공적인 것에 대한 각각의 이분법은 "자의적이고 불확실하며 성별과 관련된 숨은 의미를 가지고 있다"[29]고 강조했더라면 실제로 『민주주의 문제』에 좋았을 것이다.

기존의 정치적 좌표체계에 따라 말하자면 우리는 좌파 진영으로부터 매섭게 거부되며 파문되었다.[30] 마르크스의 과정에 따라 헤겔의 개념을 뒤집는 선행 분석 없이[31] 시민사회에 의존하는 데 대해 '비판적 비평가'[32]들 사이에서 조용한 몰이해부터 때로는 분노가 섞인 시끄러운 거부까지 발생했다. '전직 좌파 지식인'으로서 우리는 민주주의를 잠식

---

28 질비아 콘토스(Silvia Kontos)의 설득력 있고 놀랍도록 반어적인 비판인데 출처를 알 수 없어 생각으로만 재구성할 수 있다.
29 이 '뒤늦게 이루어진' 답변과 설명은 Frankenberg (1996: 43 이하)에 담겨 있다.
30 논쟁에 관해서는 Hirsch (1990; 1995)와 Narr (1991)의 코멘트를 참조하라.
31 Cohen und Arato (1992)가 그러하다. 이는 저자들에 의해 Arato und Cohen (2022)에서 사회운동의 포퓰리즘으로까지 나아갔다.
32 경험상 여기서는 성별 지정이 필요하지 않다[역자 주: 저자는 글 전체에서 사람을 나타내는 명사의 복수형 뒤에 여성 복수형 어미 'innen'을 추가로 붙임으로써 남성뿐만 아니라 여성도 포함됨을 강조한다. 하지만 여기서는 그렇게 하지 않음으로써 비판적 비평가가 남성들뿐이었다는 점을 드러낸다]. Marx und Engels (1957: 7)를 참조하라.

하는 경제, 그리고 강제와 합의에 기반한 '헤게모니 블록'(Hirsch 1995 참조)에 더 많은 비판을 가하는 대신 변절자처럼 자본주의에 순응한다는 노골적인 비난과 함께 살아야 했다. 『실존하는 민주주의에 대한 고백』(Hirsch 1990)에서는 "지친 자들의 자유주의"(Narr 1991)—그리고 [히르슈가] 5년 후에도 여전히 격정적으로 썼듯이 "완전하고 제자리를 찾은 자본주의의 지배 형태"로서 "시민사회적 전체주의"(Hirsch 1995)—가 얘기되었다. 그리고 더 많은 그러한 것들이 있었다.[33]

민주주의 문제—오늘날

1989년 『민주주의 문제』의 행간에서(또한 아마도 그 행들에서) 읽을 수 있었던 시민사회 낙관론은 '인민민주주의'가 몰락하고 사회운동이 부상하는 시기에 충분히 근거가 있는 것으로 보였다. 오늘날 시민사회 낙관론이 시대착오적이라고 생각될 수도 있다. 하지만 이는 옳지 않다. 세계적으로, 심지어 유럽연합의 회원국들에서도 민주주의는 수세에 몰리고 있다. 모든 조사에서 권위주의 정권이 증가하고 있다고 보고되고 있다.[34] 전 세계 130개 이상의 국가가 독재적으로(autokratisch) 운영되고 있다. "최종적인 정부 형태로서 서구 민주주의의 보편화"(Fukuyama 1992)보다는 일찍이 1997년 랄프 다렌도르프(Ralf Dahrendorf)가 예측한 '권위주의 세

---

33 이에 관해서는 Suhrkamp 출판사에서 승인하고 프랑크푸르트 사회연구소의 후원으로 발간되는 『민주주의 문제』의 신판에서 자세히 다뤄질 것이다[편집자 주: 신판은 2024년 말 Campus의 프랑크푸르트 사회연구소 총서로 출간될 예정이다].
34 예를 들어, International IDEA (2022)를 참조하라. 추가적인 경험적 증거들은 Frankenberg und Heitmeyer (2022b)에, 특히 Frankenberg und Heitmeyer (2022a: 18 이하)에 있는데, 같은 편서에 실린 Michael Zürn, Lars Rensmann, Klaus Dörre의 글, 그리고 Heitmeyer (2018)도 참조하라. 또한 Frankenberg (2020: 10 이하)도 참고하라.

기(世紀)'가 오히려 더 분명하게 나타나고 있다(Dahrendorf 1997 참조).

다수의 분석가들은 특히 위기가 권위주의의 지형을 특징짓는다는 데 동의한다. 기후 재앙과 종의 멸종, 이민 물결, 빈곤, 전쟁, 그리고 팬데믹까지 세계는 익숙한 것으로는 극복할 수 없고 기존의 지식으로는 간단히 해결할 수 없는 여러 문제 상황에 직면해 있다. 이 위기들[35]로 인해 그 이전에 지배적이었던 상황으로 돌아갈 가능성은 희박해 보인다. 더욱이 그것들은 두려움과 함께 상당한 수준으로 행동의 불안정성과 방향 설정의 불확실성을 야기한다(Frankenberg 2023 참조). 이 위기들은 권위주의 정권이 추종자들에게 단순한 해결책을 제공하고 적과 동지로 나뉜 구도로 세계를 단순화하여 설명하며 추종자들에게 미래에 책임의 짐을 없애주겠다고 약속하는 데 유리하게 작용한다. 통제가 상실되고 보호가 해제된 상태를 메우기 위해 권위주의 정권은 오래된 원한과 새로운 음모론에 맞춰 쉽게 [세계를] 읽어낼 수 있는 인지적 나침반을 제공한다(Decker and Brähler 2022; Heitmeyer 2018 참조).

독재자의 약속이 오래도록 이행되지 않거나 거의 이행되지 않더라도 통치 방식과 생활 양식으로서 민주주의의 위기에―그리고 '민주주의 문제'의 현재성에도―달라지는 것은 없다. 사회의 주변부와 중심부에 있는 급진적 민족주의자와 외국인 혐오 단체의 항변은―그것은 항변하는 이들의 눈에는 '속하지 않은' 것으로 보이는 모든 사람들과 국민을 위해 아무것도 하지 않는 부패한 엘리트에게 향한다―널리 쇠퇴의 징후로 해석되고 있다.[36] 또한 종말론적으로 과장된 진단을 하지 않는다고 하더라도 본래 자기 책임, 타협 의향, 불확실성 대처를 상당히

---

[35] 위기의 개념에 관해서는 Frankenberg und Heitmeyer (2022a: 45), Oevermann (2016)을 참조하라.

필요로 하는 민주적 질서가 다중 위기로 인해 적잖게 위협 받고 있다고 짐작할 수는 있다.

한편으로는 민주적 질서가 '지금 여기'의 문제를 해결하도록 설계되어 있으며 독재 정권처럼 미래에 대한 해결책을 약속하는 데 전념할 수 없다는 점이 앞으로 위기 시나리오에서 고려되어야 한다.[37] 또한 다른 한편으로는 냉정한 재현(Repräsentation)과 감정 통제로 인해 민주적 질서는 권위주의적 '열정의 연극'[38]과 '직접적인 의사소통에 대한 숭배'에 비해 불리한 위치에 있다는 점도 고려되어야 한다.[39] 상품형식으로부터 도출된 암울한 결론, 상품형식의 퇴행에 대한 말 없는 확언, 또는 자본주의적 지배형태로의 기능주의적 환원은 민주주의가 위기에서 벗어나는 데 있어 그다지 도움이 되지 않을 것이다. 민주주의가 닫힌 민주주의의 문을 열고 시민권의 자원을 활성화해야 하는 도전에 직면해 있다는 점은 『민주주의 문제』를 옹호한다.

번역_김주호

---

[36] Heitmeyer (2018), Crouch (2010; 2021), Levitsky und Ziblatt (2018), Frankenberg (2020: 227-241)를 참조하라.

[37] 적(특히 정치적 반대파, 사법부, 언론)을 제거하거나 관제화하여 '철저히 통치할' 수 있게 된 후에 전형적으로 그러하다. 예컨대 1933년 1월 30일 총리로 임명된 후 히틀러는 첫 라디오 연설에서 "독일 국민 여러분, 우리에게 4년의 시간을 주시고, 그다음에 판결하고 심판해 주십시오!"(Hitler, Kellerhoff 2017에서 재인용)라고 선언했다. 미국 대통령 로널드 레이건은 황금빛 미래를 약속하면서 성경의 산상수훈에 나오는 '빛나는 언덕' 또는 '언덕 위의 도시'라는 비유적 표현을 사용했다. 최근의 예로서는 특히 권위주의적 지도자들이 애용하는 주문의 국가별 변형인 "(미국, 오스트리아, 이탈리아, 인도, 프랑스)를 다시 위대하게!"가 있다. 브렉시트 슬로건 하나인 "우리는 통제력을 되찾을 것이다"도 미래를 가리킨다.

[38] 이에 관해서는 Hirschman (1987)을 참조하라. 도널드 트럼프의 연극에 관해서는 Jelinek (2017)이 유익하다. 정치적인 것의 연극화는 Burke (1993), Meyer et al. (2000)에서, 직접성에 대한 숭배는 Frankenberg (2020: 255 이하)에서 다루고 있다.

[39] 민주주의의 미학적-표현적 차원은 Frankenberg (2020: 238-241)를 참조하라.

참고문헌

Agnoli, Johannes 1968: Die Transformation der Demokratie. Frankfurt a. M.: Europäische Verlagsanstalt.

Akbarian, Samira 2023: Ziviler Ungehorsam als Verfassungsinterpretation. Tübingen: Mohr Siebeck.

Arato, Andrew und Jean Cohen 2022: Populism and Civil Society. The Challenge to Constitutional Democracy. New York: Oxford University Press.

Arendt, Hannah 1949: Es gibt nur ein einziges Menschenrecht, in: Die Wandlung, 4(4), 754-770.

Arendt, Hannah 1955 [1951]: Elemente und Ursprünge totaler Herrschaft. Frankfurt a. M.: Europäische Verlagsanstalt.

Arendt, Hannah 1965 [1963]: Über die Revolution. München: Piper.

Atienza Aledo, Julián 1989: Un ensayo sobre la cuestión democrática, in: Revista Española de Investigaciones Sociológicas 46(2), 208-211.

Behlert, Wolfgang 1992: Rezension, in: Kritische Justiz. Vierteljahresschrift für Recht und Justiz 25(3), 369-371.

Berlin, Ira 2003: Generations of Captivity. A History of African-American Slaves. Cambridge und London: The Belknap Press of Harvard University Press.

Beyme, Klaus von 1984: Unregierbarkeit in westlichen Demokratien, in: Leviathan 12(1), 39-49.

Brunkhorst, Hauke 1990: Rezension, in: Die Neue Gesellschaft. Frankfurter Hefte 5, o. A.

Burke, Peter 1993 [1992]: Ludwig XIV. Die Inszenierung des Sonnenkönigs. Übers. von Matthias Fienbork. Berlin: Wagenbach.

Castoriadis, Cornelius 1990: Die griechische polis und die Schaffung der Demokratie, in: Ulrich Rödel (Hg.): Autonome Gesellschaft und libertäre Demokratie. Übers. von Katharina Menke. Frankfurt a. M.: Suhrkamp, 298-328.

Cohen, Jean und Andrew Arato 1992: Civil Society and Political Theory. Cambridge: MIT Press.

Crouch, Colin 2010 [2005]: Postdemokratie. Übers. von Nikolaus Gramm. Berlin: Suhrkamp.

Crouch, Colin 2021 [2020]: Postdemokratie revisited. Übers. von Frank Jakubzik. Berlin: Suhrkamp.

Dahrendorf, Ralf 1983: Die Chancen der Krise. Über die Zukunft des Liberalismus. Stuttgart: Deutsche Verlags-Anstalt.

Dahrendorf, Ralf 1997: An der Schwelle zum autoritären Jahrhundert, in: Die Zeit 47/19, 14. November, 14–15. ‹www.zeit.de/1997/47/thema.txt.1997111 4.xml›.

Decker, Oliver und Elmar Brähler (Hg.) 2020: Autoritäre Dynamiken. Alte Ressentiments – neue Radikalität. Leipziger Autoritarismus-Studie 2020. Gießen: Psychosozial.

Demirović, Alex 1991: Zivilgesellschaft, Öffentlichkeit, Demokratie, in: Das Argument. Zeitschrift für Philosophie und Sozialwissenschaften [185] 33(1), 249–254.

Derrida, Jacques 1991 [1990]: Gesetzeskraft. Der »mystische Grund der Autorität«. Übers. von Alexander García Düttmann. Frankfurt a. M.: Suhrkamp.

Dicke, Klaus (Hg.) 2004: Zur Wirkungsgeschichte der Allgemeinen Erklärung der Menschenrechte in Verfassungsrecht und Politik. Bonn: UNO-Verlag.

Dorer, Johanna 1990: Buchbesprechung, in: Publizisitik. Vierteljahreshefte für Kommunikationsforschung 35(2), 228–230.

Dubiel, Helmut 1999: Integration durch Konflikt?, in: Jürgen Friedrichs und Wolfgang Jagodzinski (Hg.): Soziale Integration. Kölner Zeitschrift für Soziologie und Sozialpsychologie, Sonderheft 39. Opladen: Westdeutscher Verlag, 132–144.

Ely, John H. 1992: The politics of »Civil Society«, in: Telos – Critical Theory of the Contemporary 93(3), 173–191.

Fein, Elke und Sven Matzke 1997: Zivilgesellschaft: Konzept und Bedeutung für die Transformationen in Osteuropa. Arbeitspapiere des OsteuropaInstituts der Freien Universität Berlin, Arbeitsschwerpunkt Politik, 7. Berlin: Freie Universität, OsteuropaInstitut Abteilung Politik.

Ferguson, Adam 1767: Essay on the History of Civil Society. Dublin: Boulter & Grierson.

Fish, Stanley 1980: Is There a Text in This Class. The Authority of Interpretive Communities. Cambridge: Harvard University Press.

Frankenberg, Günter 1980: Staatstreue. Die aktuelle Spruchpraxis zu den Berufsverboten, in: Kritische Justiz 13(3), 276–294.

Frankenberg, Günter 1996: Die Verfassung der Republik. Autorität und Solidarität in der Zivilgesellschaft. Baden-Baden: Nomos.

Frankenberg, Günter 2003: Tocquevilles Frage – Zur Rolle der Verfassung im Prozess der Integration, in: ders.: Autorität und Integration – Zur Grammatik von Recht und Verfassung. Frankfurt a. M.: Suhrkamp, 136–170.

Frankenberg, Günter 2011: Publizität als Prinzip der Republik, in: Rolf Gröschner und Oliver W. Lembcke (Hg.): Freistaatlichkeit. Prinzipien eines europäischen Republikanismus. Tübingen: Mohr Siebeck, 269–292.

Frankenberg, Günter 2014: Zur demokratischen Ökonomie politischer Empörung, in: André Brodocz, Dietrich Herrmann, Rainer Schmidt, Daniel Schulz und Julia Schulze Wessel (Hg.): Die Verfassung des Politischen. Festschrift für Hans Vorländer. Wiesbaden: Springer VS, 157–174.

Frankenberg, Günter 2020: Autoritarismus. Verfassungstheoretische Perspektiven. Berlin: Suhrkamp.

Frankenberg, Günter 2022: Glück im Öffentlichen – Angst im Privaten, in: Klaus Günther und Uwe Volkmann (Hg.): Freiheit oder Leben? Das Abwägungsproblem der Zukunft. Berlin: Suhrkamp, 163–179.

Frankenberg, Günter 2023: Constituting the Negative Globality of Fear, in: International Journal of Constitutional Law 21(1), 5–13.

Frankenberg, Günter und Wilhelm Heitmeyer 2022a: Autoritäre Entwicklungen. Bedrohungen pluralistischer Gesellschaften und moderner Demokratien in Zeiten der Krisen, in: dies. (Hg.): Treiber des Autoritären – Pfade von Entwicklungen zu Beginn des 21. Jahrhunderts. Frankfurt a. M. und New York: Campus, 15–87.

Frankenberg, Günter und Wilhelm Heitmeyer (Hg.) 2022b: Treiber des Autoritären – Pfade von Entwicklungen zu Beginn des 21. Jahrhunderts. Frankfurt a. M. und New York: Campus.

Fukuyama, Francis 1992: Das Ende der Geschichte. Wo stehen wir? Übers. von Helmut Dierlamm. München: Kindler.

Gauchet, Marcel 1990 [1980]: Tocqueville, Amerika und wir. Über die Entstehung der demokratischen Gesellschaften, in: Ulrich Rödel (Hg.): Autonome Gesellschaft und libertäre Demokratie. Übers. von Katharina Menke. Frankfurt a. M.: Suhrkamp, 123–206.

Gehler, Michael 2004: Die Umsturzbewegung 1989 in Mittel- und Osteuropa, in: Aus Politik und Zeitgeschichte 41–42/2004, 36–46.

Glaser, Hermann 1989: Kulturgeschichte der Bundesrepublik Deutschland. Band 3: Zwischen Protest und Anpassung 1968–1989. München: Hanser.

Görtemaker, Manfred 1999: Geschichte der Bundesrepublik Deutschland. Von der Gründung bis zur Gegenwart. München: C.H.Beck.

Grasnow, Volker 1990: Zivilgesellschaft und demokratische Frage. Ein Literaturbericht, in: Das Argument. Zeitschrift für Philosophie und Sozialwissenschaften [180] 32(2), 249–254.

Haney, Gerhard 1997: Rezension, in: Neue Justiz. Zeitschrift für Rechtsetzung und Rechtsanwendung 51, 528–530.

Heitmeyer, Wilhelm 2018: Autoritäre Versuchungen. Signaturen der Bedrohung I. Berlin: Suhrkamp.

Hirsch, Joachim 1974: Staatsapparat und Reproduktion des Kapitals. Frankfurt a. M.: Suhrkamp.

Hirsch, Joachim 1976: Bemerkungen zum theoretischen Ansatz einer Analyse des bürgerlichen Staates, in: Hans-Georg Backhaus (Hg.): Gesellschaft. Beiträge zur Marxschen Theorie 8/9. Frankfurt a. M.: Suhrkamp, 99–149.

Hirsch, Joachim 1990: Ein Bekenntnis zur real existierenden Demokratie, in: links 22(1), 32–33.

Hirsch, Joachim 1995: Der nationale Wettbewerbsstaat. Staat, Demokratie und Politik im globalen Kapitalismus. Berlin und Amsterdam: ID-Verlag.

Hirsch, Joachim, John Kannankulam und Jens Wissel 2015 [2008]: Die Staatstheorie des »westlichen Marxismus«. Gramsci, Althusser, Poulantzas und die so genannte Staatsableitung, in: dies. (Hg.): Der Staat der bürgerlichen Gesellschaft. Zum Staatsverständnis von Karl Marx. Baden-Baden: Nomos, 93–119.

Hirschman, Albert O. 1987 [1977]: Leidenschaften und Interessen. Politische Begründungen des Kapitalismus vor seinem Sieg. Übers. von Sabine Offe. Frankfurt a. M.: Suhrkamp.

Hirschman, Albert O. 1994: Wieviel Gemeinsinn braucht die liberale Gesellschaft?, in: Leviathan 22(2), 293–304.

Hoffmann, Stefan-Ludwig (Hg.) 2023 [2010]: Moralpolitik. Geschichte der Menschenrechte im 20. Jahrhundert. Göttingen: Wallstein.

Hunt, Lynn 2007: Inventing Human Rights. A History. New York: Norton.

International IDEA [Institute for Democracy and Electoral Assistance] 2022: Global State of Democracy Report 2022. Forging Social Contracts in a Time of Discontent. ‹idea.int/democracytracker/gsod-report-2022/›.

Iriye, Akira, Petra Goedde und William I. Hitchcock (Hg.) 2012: The Human Rights Revolution. An International History. Oxford: Oxford University Press.

Jelinek, Elfriede 2017: Am Königsweg: Hörspiel. München: belleville.

Kellerhoff, Sven Felix 2017: »Gebt mir vier Jahre Zeit!«, in: WELT, 30. Januar. ‹https://www.welt.de/ges chichte/article161651359/Gebt-mir-vier-Jahre-Zeit.h tml›.

Klarman, Michael J. 2016: The Framers' Coup. The Making of the United States Constitution. New York: Oxford University Press.

Langenohl, Andreas und Jürgen Schraten (Hg.) 2011: (Un-)Gleichzeitigkeiten: Die demokratische Frage im 21. Jahrhundert. Marburg: Metropolis.

Lefort, Claude 1990a [1983]: Die Frage der Demokratie, in: Ulrich Rödel (Hg.): Autonome Gesellschaft und libertäre Demokratie. Übers. von Katharina Menke. Frankfurt a. M.: Suhrkamp, 281-297.

Lefort, Claude 1990b [1984]: Menschenrechte und Politik, in: Ulrich Rödel (Hg.): Autonome Gesellschaft und libertäre Demokratie. Übers. von Katharina Menke. Frankfurt a. M.: Suhrkamp, 239-280.

Lefort, Claude und Marcel Gauchet 1990: Über die Demokratie: Das Politische und die Instituierung des Gesellschaftlichen, in: Ulrich Rödel (Hg.): Autonome Gesellschaft und libertäre Demokratie. Übers. von Katharina Menke. Frankfurt a. M.: Suhrkamp, 89-122.

Leggewie, Claus 2011: Die demokratische Frage heute, in: Andreas Langenohl und Jürgen Schraten (Hg.): (Un-)Gleichzeitigkeiten: Die demokratische Frage im 21. Jahrhundert. Marburg: Metropolis, 57-92.

Lepore, Jill 2019 [2018]: Diese Wahrheiten. Eine Geschichte der Vereinigten Staaten von Amerika. Übers. von Werner Roller. München: C.H.Beck.

Lessenich, Stephan 2019: Grenzen der Demokratie. Teilhabe als Verteilungsproblem. Stuttgart: Reclam.

Levitsky, Steven und Daniel Ziblatt 2018: Wie Demokratien sterben: Und was wir dagegen tun können. München: Deutsche Verlags-Anstalt.

Lindner, Werner 1996: Jugendproteste seit den fünfziger Jahren. Dissens und kultureller Eigensinn. Leske + Budrich: Opladen.

Lorenz, Andreas 2019: Das erzwungene Vergessen. Studentenproteste in China 1989, in: Der Spiegel, 4. Juni. ‹www.spiegel.de/geschichte/platz-des-hi mmlischen-friedens-das-massaker-in-china-1989-a-1 269773.html›.

Marchart, Oliver 2013: Die politische Differenz. Zum Denken des Politischen bei Nancy, Lefort, Badiou, Laclau und Agamben. Berlin: Suhrkamp.

Marshall, Thomas H. 1992 [1950]: Bürgerrechte und soziale Klassen. Zur Soziologie des Wohlfahrtsstaates. Hg. und übers. von Elmar Rieger. Frankfurt a. M. und New York: Campus.

Marx, Karl und Friedrich Engels 1957 [1845]: Die heilige Familie oder Kritik der kritischen Kritik. Gegen Bruno Bauer und Konsorten, in: Marx-Engels-Werke. Band 2. Berlin: Dietz, 3-224.

Merkel, Wolfgang 1990: Niedergang der Sozialdemokratie?, in: Leviathan 18(1), 106-133.

Meyer, Thomas, Rüdiger Ontrup und Christian Schicha 2000: Die Inszenierung des Politischen. Zur Theatralität von Mediendiskursen. Wiesbaden: Westdeutscher Verlag.

Narr, Wolf-Dieter 1991: Vom Liberalismus der Erschöpften, in: Blätter für deutsche und internationale Politik 36(2), 216-227.

Nietzsche, Friedrich 1969 [1873-1876]: Unzeitgemäße Betrachtungen, in: Werke. Band I. München: Hanser, 135-434.

Oevermann, Ulrich 2016: »Krise und Routine« als analytisches Paradigma in den Sozialwissenschaften, in: Roland Becker-Lenz, Andreas Franzmann, Axel Jansen und Matthias Jung (Hg.): Die Methodenschule der objektiven Hermeneutik. Eine Bestandsaufnahme. Wiesbaden: Springer VS, 43-114.

Pelikán, Jiří und Manfred Wilke (Hg.) 1977: Menschenrechte. Ein Jahrbuch zu Osteuropa. Reinbek bei Hamburg: rororo.

Pirandello, Luigi 1986 [1921]: Sechs Personen suchen einen Autor. Übers. von Georg Richert. Stuttgart: Reclam.

Pocock, John G. A. 1975: The Machiavellian Moment. Florentine Political Thought and the Atlantic Republican Tradition. Princeton: Princeton University Press.

Richter, Mathias 1991: Buchbesprechung, in: Das Argument. Zeitschrift für Philosophie und Sozialwissenschaften [189] 33(5), 811-813.

Rödel, Ulrich (Hg.) 1990: Autonome Gesellschaft und libertäre Demokratie. Übers. von Katharina Menke. Frankfurt a. M.: Suhrkamp.

Rödel, Ulrich, Günter Frankenberg und Helmut Dubiel 1989: Die demokratische Frage. Frankfurt a. M.: Suhrkamp.

Rödel, Ulrich, Günter Frankenberg und Helmut Dubiel 1990: Unpolitische Radikalität. Entgegnung auf Joachim Hirschs Kritik unserer »Demokratischen Frage«, in: links 22(3), 33-34.

Roth, Roland und Dieter Rucht (Hg.) 1987: Neue soziale Bewegungen in der Bundesrepublik Deutschland. Frankfurt a. M. und New York: Campus.

Smith, Adam 1761 [1759]: Theory of Moral Sentiments. London: A. Miller; A. Kincaid & J. Bell.

Weiterdenken 2014: Der Besuch der demokratischen Frage, in: Heinrich-Böll-Stiftung Sachsen, 2. September. ‹weiterdenken.de/de/2014/09/02/ der-besuch-der-demokratischen-frage›.

상황의존적 비판이론
그 불가능한 장소로서의 사회연구소

프리더 포겔만

현장

나는 프랑크푸르트에 왔을 때 정통 푸코주의자였으며, 사회연구소(Institut für Sozialforschung, 이하 IfS)에서 총서와 베스텐트 출판 업무를 보조했다. 그때 나는 악셀 호네트의 지도로 '책임' 개념에 관한 박사 논문을 쓰고 있었다. 첫 번째 만남에서 그는 이 주제에 흥미를 보였으며, 앞으로 함께 논쟁하자고 말했다(그리고 실제로 그렇게 됐다.) IfS에서 일을 시작한 지 얼마 지나지 않아 새로 설립된 우수연구자집단인 "규범 질서"(Normative Ordnungen, NO)에서 장학금을 받았을 때 나의 재정적 곤궁함은 순식간에 개선되었고, 비판이론의 관점들을 다시 보기 시작했다. 이 두 기관은 상이하게 결합되어 있다고 느꼈는데, 말하자면 IfS와 우수연구자집단의 자원 불평등으로 인해 다소간의 긴장이 느껴졌다.

나는 텍스트들을 통해서만이 아니라 다른 많은 측면에서도 프랑크푸르트 비판이론을 접했다. 말하자면 나는 비판이론이 호네트, 멘케, 귄터 그리고 포레스트 등의 사회철학, 법철학, 정치철학 등에서 어떻게 드러나는지 보았으며, IfS의 사회학 프로젝트에서, 그리고 박사과정생들, 연구자들 그리고 학생들과의 수많은 토론에서도 비판이론을 경험했다. 그런데 여기에 통일된 상이 있지는 않았다. 그리고 프랑스 포스트구조주의, 페미니즘 또는 탈식민주의 이론을 더 지향하는 나와 같은 사람들에게는 '프랑크푸르트'라는 말이 없이 그저 비판이론을 생각하게 될 경우 그 이론을 조망하기는 더욱 어려웠다. IfS에서 어떤 일이 일어나고 있고 어떤 연구가 진행되고 있는지 정확히 알지 못했지만 IfS는 박사 과정 학생들에게 지속적인 기준점으로 남아 있었다. IfS는 프랑크푸르트 비판이론의 장소로서 하나의 항성이었다. 하지만 그 별은 멀리서 보면 수수께끼 같고, 가까이서는 부풀어 오르는 에너지만 보일 뿐 어떤 별자리(Konstellation)도 보이지 않았다.

  이런 인상은 우연이 아니었고 또 여전히 우연이 아니다. 왜냐하면 사회연구소는 비판이론의 불가능한 장소이기 때문이다. 사회연구소에는 자신이 비판이론의 중심이어야 한다는 어떤 부담이 있었다. 비판이론은 바로 이 중심에서 프로그램에 따라 추진되고 비판이론의 미래는 바로 이 중심에 달려 있게 된 듯하다. 물론 동시에 그러한 중심이 존재할 수 없다는 것을 모두가 의식하고 있다. 왜냐하면 비판이론은 자리 잡고 있는(verortet) 것이 아니라 다양한 상황 속에 놓여 있기(situiert) 때문이다. 아래에서는 이 논제를 역사적이고 체계적으로 전개하고자 하며, 두 가지 결론을 도출하고자 한다.

회고

프랑크푸르트 비판이론은 회고에 의해 탄생한 전통인데, IfS는 그러한 전통을 낳은 실제 분만실이라기보다 신화적인 분만실이었다. 호르크하이머가 1937년 자신의 논문 「전통이론과 비판이론(Traditionelle und kritische Theorie)」에서 소개한 '비판이론'이라는 용어조차도 두 가지 의도가 회고적인 방식으로 우연히 결합되어 만들어진 것이다. 한편으로 그로스만은 1936년 10월 마르크스의 『자본』 첫 권 출간 70주년을 맞아 『사회조사지』(Zeitschrift für Sozialforschung)의 기념호 발행을 제안했다. 호르크하이머는 이 생각에 동의했고, 직접 글을 기고하고자 했다.[1] 기념호 발행은 실현되지 않았지만, 호르크하이머는 1937년 2월에 자신의 저 글을 '기념논문'이라고 불렀다(Horkheimer 1995a: 699, 주 1). 다른 한편 호르크하이머는 1930년 취임 강연에서 연구소의 프로그램으로 공식화한 "학제 간 유물론"(Bonß und Schindler 1982 참조)에 대한 방법론적 지침을 제공하고자 했으며, 이는 그가 1930년 IfS의 소장으로 취임한 이후부터 시작되었다. 그러나 그는 병으로 인해 『사회조사지』에 기고하려던 계획을 포기했고, 대신 학문과 위기에 대한 매우 압축된 구두 발표를 했다(Horkheimer 1988a). 많은 동료들과 구성원들 및 더 넓은 범위의 관계자들[2]은 1937년의 저 논문을 연구소 업무의 방법론적 기초로 삼았다. 한스 마이어는 이를 다음과 같이 말한다.

---

[1] 그로스만이 1936년 10월 1일 호르크하이머에게 보낸 편지와 10월 27일 그의 답변을 보라. (in: Horkheimer 1995a: 641-643, 698f.).

[2] 여기서 더 넓은 범위의 사람이란 IfS와 밀접한 교류를 하지만 그곳에서 일을 하지는 않는 인사들을 지칭한다. 프랑크푸르트 비판이론의 중심과 주변에 대해서는 호네트의 글(Honneth 1990)을 보라.

현전하는 비판이론은 그 가치와 명예를 분명하게 드러내고 있다. 그것은 우리를 무한히 풍요롭게 하고 매우 다양한 부분을 해명해 주지만, (다행히도) 새롭게 변화된 상황에서 볼 때 그리고 새롭게 불가피해진 일체의 강조점으로 볼 때 여기에는 어떤 '놀라움'도 없다―바로 이것이 이 이론의 가장 중요한 특징들 중 하나인데, 왜냐하면 이 이론은 한갓 머리에서 몽상으로 '고안'하거나 '숙고'한 것이 아니라 우리에게는 무엇보다도 모든 사고의 찌꺼기를 제거한 것으로 나타나기 때문이다.(한스 마이어가 막스 호르크하이머에게 보낸 편지, 1938년 11월 30일, Horkheimer 1995b: 297)

'어떤 놀라움도 없다'고 말한 이유는 '비판이론'이라는 용어가 이미 수행된 연구, 특히 권위와 가족에 대한 연구를 성찰한 결과로 나왔기 때문이다(Horkheimer 1987).[3] 호르크하이머는 회고적으로뿐 아니라 예견적으로 연구소의 학문적, 인식론적 원칙들을 공식화했다. 물론 이러한 원칙들은 이미 출판된 저작 하나하나에서 발견되기보다는 호르크하이머가 그 작품들에서 보았고 또 보고자 했던 것을 새롭게 표현한 것이었다.

'비판이론'의 프로그램 기안은 더 이상 프랑크푸르트에서 진행되지 않았다. 호르크하이머와 펠릭스 바일은 나치로부터 연구소를 보호하기 위해 1933년에 이미 연구소의 자산을 스위스로 이전했고, 1934년 9월부터 가장 가까운 협력자들은 뉴욕으로 이주하였고, 이 망명 생활 중에 IfS는 1940년경까지 집중적인 공동연구를 수행했다(Wiggershaus 2013:

---

3 1930년대 초 이 연구 프로젝트가 비판이론의 발전에서 함의하는 바에 대해서는 움라트(Umrath 2019: 155-276)을 보라.

136f.; Erazo Heufelder 2017: 102ff. 참조). 이 시기에 비판이론은 프랑크푸르트의 빅토리아알레 17번지가 아니라 일시적이나마 뉴욕 429 웨스트 117번지에 있었다. 그 후 호르크하이머, 프리드리히 폴락, 테오도어 아도르노는 캘리포니아로 이주했고, 프란츠 노이만은 워싱턴에서 미국 전쟁 정보국에서 일하기 시작했으며, 헤르베르트 마르쿠제는 노이만을 따라 워싱턴으로 가기 전에 호르크하이머를 따라갔다. 레오 뢰벤탈은 뉴욕에 남아 있었다(Wiggershaus 1991: 327-338; 다른 연구소 회원들에 대해서는 Jay 1976: 203-208).

 1950년 독일로 돌아온 후에도 비판이론은 정착지를 찾지 못했다. 호르크하이머가 자신의 오래된 텍스트와 위르겐 하버마스와 그의 초기 저서들을 다루는 데서 알 수 있듯이 사회연구소(현: 젠켄베르간라게 26)에서 동종요법적인 방식만을 허용했기 때문이다. 호르크하이머는 『사회조사지』에 실린 자신의 논문들의 재출간 계획을 거듭 연기했다. 1965년 이 논문들 모음집(1968년 출간)을 출판하고자 했던 S. 피셔 출판사에 보낸 편지에서 그는 다음과 같이 주장한다. "이 글들은 현실이 필연적으로 선(善)을 직접 생산하지는 않더라도 적어도 선을 실현할 수 있는 힘을 생산한다는 생각으로 점철되어 있다"(Horkheimer 1988b: 9). "전체주의적 살인 통치"(같은 책) 이후, 그리고 그 이후 민주주의의 발전을 고려할 때 이러한 희망은 더 이상 경험적 근거를 갖지 않았다. "당시 사회 분석에 기초하여 획득한 진보적 활동에 대한 나의 믿음은 새로운 재앙, 포괄적 관리체제의 지배에 대한 두려움으로 바뀌었다"(같은 책: 11). 이러한 두려움으로 인해 호르크하이머는 정치적으로 점점 더 강하게 움츠러든 것 같다. 왜냐하면 그는 끊임없이 현재에 대한 비판적 연구를 방해했기 때문이다.[4] 하버마스의 다음의 보고는 잘 알려져 있다.

"그는 1930년대 비판이론의 일부를 다시 발견해야만 했다"(Habermas 1985: 169)고 했는데, 이는 인터뷰어들의 믿기 힘든 추가질문을 불러일으켰다.

> 비드만: 프랑크푸르트에 오셨을 때 사회연구소에 앉아서 옛 자료를 찾아보지 않으셨나요?
> 하버마스: 그런 자료는 존재하지 않았어요.
> 크뇔러-분테: 오래된 논문들이 저널이 있었는데….
> 하버마스: 그건 존재하지 않았어요. 호르크하이머는 우리가 연구소의 지하실에 있는 저널의 전체 사본이 있는 상자에 가는 것을 매우 두려워했습니다. 하지만 우리에게 강한 욕구가 있었다면 연구소의 카를로 슈미트에게 저널이 있었을 것이기 때문에 우리는 모든 것을 읽을 수 있었을 것입니다. (Ibid.: 196)

호르크하이머는 비판이론의 재발견에 대한 두려움이 너무 커서 재건된 사회연구소에서 가장 성공적인 연구들에 대한 지원을 거부했다.『학생과 정치』(Habermas et al. 1969)는 연구소와의 연관성에 대한 언급 없이 출판되었지만, 당시 연구소의 '공식적인' 경험적 연구들을 압도했다. 1962년 하버마스의 교수자격논문『공론장의 구조 변동』도 마찬가지였다. 비거스하우스는 매우 날카롭고 가혹한 평가를 내렸다.

---

4 이에 대해서는 베르만(Behrmann 1999: 249)을 보라. "그래서 '초기'와 '고전적' 비판이론의 저작들이 60년대에 독일 서적 시장에 등장했을 때, 수십 년 전에 바다에 던져진 병 속 편지의 오디세이가 끝난 것이 아니라, 이러한 저작들의 새로운 출판을 막으려 했던 연구소의 정책, 그 출판 정책이 끝난 것이었다." [옮긴이 주] '병 속 편지(Flaschenpost)'는 아도르노와 호르크하이머가 자신들의 저작을 후대에 전하기 위해 사용한 은유이다.

인상적인 연구와 출판을 위해 공세를 용인하거나 심지어 자극해야 하는지, 아니면 안전하고 실용적인 연구소를 위해 금기에 의문을 제기하고 센세이션을 일으키는 연구를 자제하거나 출판을 막아야 하는지 결정해야 했던 호르크하이머는 후자를 선택했다. 귀환자의 사명감에 따라 (…) 연구소는 막연한 기대를 불러일으키는 일종의 파사드로 발전했다.(Wiggershaus 2013: 211)

IfS가 아닌 다른 곳에서나 촉발될 만한 기대와 이러한 기대가 IfS 직원들에게 주는 부담은 그 이후로 연구소의 역사에서 항구적 요소가 되었다. 게르하르트 브란트와 루트비히 폰 프리데부르크가 IfS의 소장으로 활동하던 시기의 중요성에 대한 때때로 치열하고 감정적인 논쟁은[5] 이를 증명하며, 현재 연구소의 연구 프로그램에 대한 논의는 외부에서도 많은 관심을 끌고 있다. 이에 대한 좋은 예는 "현대 자본주의의 역설"[6]에 대한 논쟁에서 찾을 수 있다. 어떤 프로그램이 논의되어 왔고 계속 논의되고 있든 간에, 전통의 압도성을 언급해야 한다는 강박이—비록 이 전통과 연결할 만한 어떤 개념도 발견되지 않은 경우라 하더라도—현재한다(Honneth et al. 2022a: 8). 프랑크푸르트학파의 전통과 비판이론의 아이러니는 언제나 관심을 끄는—어떻게 그렇지 않을 수 있는

---

5 이에 대해서는 프라이베르크(Freyberg 2016)의 사회연구소(IfS)의 '갈등 역사'를 참조하라. 그는 비판이론의 요구를 경험적 사회연구와 결합하기 위한 투쟁을 묘사한다. 이에 대해서는 브란트(Brandt 1981)의 사회연구소의 이론 발전과 1970년대부터의 프로그램적 재정향에 대한 비판적 회고 역시 유익하다. 데미로비치(Demirović 1999a: 48-119)는 1972년부터 1999년까지 사회연구소의 연구에 대한 개요를 제공한다.
6 이는 2002년 호네트 저서의 부제이기도 하다. 호네트와 하르트만의 2010년 저서도 이와 연관이 있으며, 호네트의 최근 작품(Honneth 2022b)도 이와 연관된다. 레베르크 등의 작품(Rehberg et al. 2006)도 인상적인 논의를 보여준다.

가―그런 과거사로부터 비로소 탄생했다는 사실이다. 말하자면 프랑크푸르트학파의 전통과 비판이론은 망명지에서 단일체를 이뤘고, 귀환 후 정치적 존경을 보장했으며, 현재와 미래의 연구를 정당화해야 한다는 사실에 아이러니가 놓여 있다. 역사적 관점에서 볼 때 프랑크푸르트 비판이론은 IfS에 자리하고 있는 것이 아니라 다양한 방식의 상황에 놓여 있고, 실제로 그러한 상황에 대한 회고 덕분에 존재할 뿐이다.

이론들에 대해

그런데 비판이론은 여러 장소들에 있을 뿐 아니라 오로지 복수로만 존재한다. 이러한 사실은 프랑크푸르트 비판이론을 일별해 보면 금방 확인할 수 있으며, 비판이론을 개인들과 그들의 네트워크의 관점에서가 아니라 그들의 관심사와 이론 형식의 관점에서 볼 때 더욱더 타당하다. 호르크하이머의 논문「전통이론과 비판이론」은 비판이론의 특징을 대체로 부정적 방식으로, 즉 전통이론과의 대조를 통해 설명하지만, 세 가지 결정적인 특징을 강조한다.[7] 첫째, 비판이론은 상황에 놓여 있을 뿐 아니라 자신의 상황성을 자신의 이론적 실천과 그로 인한 이론의 구성 조건으로 이해하지, 그것을 그저 우연한 것으로 치부하지 않는다. 둘째, 따라서 비판이론은 어떠한 경우에든 전통이론에 광범위하게 퍼져 있는 주권적 인식론으로는 설명할 수 없는 자신만의 인식적 지위를 명확히 해야 한다. 셋째, 비판이론은 주어진 상황으로부터의 해방을 목표로 하며, 이는 현재로부터의 (부분적) 해방과 자기 초월을 의미한다. 만약 해방

---

[7] 이어지는 해석에 대해서는 포겔만(Vogelmann 2022a: 113-130)에서 자세하게 다루고 있다.

이 실제로 성공한다면—물론 이론 자체로는 결코 충분하지 않지만[8]— 비판이론은 다른 조건 아래 서게 될 것이며 변화해야 할 것이다.

프랑크푸르트학파를 좁혀서 보든 넓혀서 보든 간에 이 세 가지 특성은 매우 다른 종류의 이론으로 실현되었고 실현되고 있다. 예를 들어, 발터 벤야민의 미학적 고찰을 프란츠 노이만의 정치 이론과 비교하는 것, 혹은 알프레트 존-레텔이 유물론적 과학비판을 위르겐 하버마스의 초기 사회 이론 저술과 비교한 것, 혹은 그 유물론적 비판을 헤르베르트 마르쿠제의 작품과 비교하거나 대결시키는 것 등을 보면 그 범위를 가늠해 볼 수 있다. 그리고 이러한 남성연합을 넘어 레지나 베커-슈미트, 구드룬-악셀리 냅, 자라 슈페크, 카린 스퇴그너에 이르는 프랑크푸르트 비판이론의 여성주의 계열까지 고려하면 그 다양성은 더욱 증가한다.[9]

개별 연구자의 제약을 벗어나 어떤 이론이 세 가지 가정을 충족시키는지에만 집중한다면(또는 적어도 그렇게 하기 위해 노력한다면—성공 여부는 일반적으로 각 사례마다 논란이 되는 문제다) 시야는 더욱더 넓어질 수 있다. 그렇다면 비판이론은 참으로 광범위한 분야가 될 것이다.

이러한 비판이론 전체를 개괄적으로라도 살펴보는 것은 한 개인이 시도하기에는 불가능한 일이므로 여기서는 다루지 않겠다. 오히려 나는 앞서 언급한 세 가지 가정을 정당화하려는 시도에서 발생하는 두 가지 결과에 관심이 있다. 물론 그 두 결과는 프랑크푸르트 비판이론만이

---

8 "질문을 파괴하는 가운데 비로소 진정한 철학적 해석이 보존되며, 순수한 사유는 스스로 바로 그 철학적 해석을 수행할 수 없으며, 따라서 그 자체로 이를 수행할 수 없다. 따라서 철학적 해석은 실천을 강제로 개입시킨다"(Adorno 2003: 338f.).

9 페미니즘과 프랑크푸르트 비판이론과의 관계에 대해서는 Knapp (2012), Becker-Schmidt (2017), Speck (2018), Stögner und Colligs (2022)를 참고하라.

겪는 어려움이 아니라는 점을 선별적으로 보여줄 것이다. 그 두 가지란 1) 자신의 존재 조건을 성찰해야 한다는 강박과 2) 불가피하게 일깨워지지만 충족될 수 없는 기대에 대한 대처가 바로 그것이다.

비판이론은 상황성을 자신의 이론적 실천과 그로부터 귀결하는 이론의 내용을 구성하는 데 중요한 역할을 한다는 요청을 하는데, 바로 이런 요청으로 인해 비판이론은 자신의 상황과 결합할 수밖에 없다.[10] 이를 위해 간단한 날짜 입력과 장소 기입만으로는 충분하지 않다. 내가 2023년 4월 슈투트가르트와 프라이부르크에서 백인 시스족이자 공식 독일인 교수로서 이 글을 쓰고 있다는 사실은 아무런 도움이 되지 않을 뿐만 아니라, 독자들에게 이 상황이 무엇을 의미하는지, 그것이 나의 성찰에 어떤 영향을 미치고 어떤 결론을 도출하도록 했는지를 알아내도록 부담을 지우기도 한다. 드물기는 하지만 이런 종류의 불충분한 '면책 조항'은 안타깝게도 일반적인 관행이지만 실제로는 저자를 '면책'하는, 즉 비판에 둔감하게 하는 역할을 할 뿐이다(Alcoff 2023: 42f. 참조). 그러나 어떤 상황에 대한 이런 시뮬레이션을 넘어설 필요가 있다면, 모든 종류의 비판이론은 자신의 역사적, 정치적 또는 사회적 맥락에 대한 진단, 즉 현대 사회에서 자신의 상황성에 대해 성찰해야 하는 상황에 직면한다. 원칙적으로 세부적인 경험 내용과 멀리 떨어져서 그러한 시대 진단을 제시할 수 있다고 생각할 수 있지만, 이것은 이미 정당화가 강력히 요구된다. 그리고 비판이론은 자신이 활동하고 있는 바로 그 세계

---

[10] '상황적(situiert)'이라는 내 용어 사용은 도나 해러웨이(Haraway 1995)의 '상황적 지식' 개념에서 비롯되었으며, 이를 일반화한 것이다. 왜냐하면 나는 자신의 구성적 맥락에 대한 성찰적 전환—"위상정치학"(Rich 1987)에서 "지식의 지정학"(Mignolo 2002)에 이르기까지—이 모든 비판이론의 특징이라고 생각하기 때문이다(Vogelmann 2022b 참조). 이러한 공통점에서 출발하여 다양한 입장들 사이의 차이점을 설명할 수 있다.

에서 일어나는 세부적인 비일상적인 일들로부터 스스로를 분리할 수 있는 것처럼 행동하는데, 이는 궁극적으로 자신의 상황성을 암시적으로라도 부정하지 않고서는 불가능해 보인다(Vogelmann 2023 참조).

따라서 비판이론들은 '최소 유물론'(minimaler Materialismus)에 붙들려 있는데, 이는 그저 자신의 상황성을 설명할 수 있기 위해서일 뿐이다. 이 유물론이 '최소'인 이유는 현재의 사고 수준에서는 매우 추상적으로만 정의될 수 있기 때문이다. 즉 파악하고자 하는 현상과 관행들의 다원성, 역사성 및 맥락성에 부합해야 한다는 요구사항을 고려해야 하기 때문이다. 이는 유물론에 대한 매우 얄팍한 이해이며 논란의 여지가 있다. 그러나 이를 도외시하더라도 비판이론은 경험적 사회연구를 포함하지 않고는 추구할 수 없다는 점에서 항상 '불순한' 철학일 수밖에 없다.[11] 이러한 연관을 어떻게 구성할지는 최소 유물론을 공식화하는 것만큼이나 다양하지만, 경험적 사회연구를 완전히 포기한 비판이론은 자신의 상황성을 포착할 수 없으며 따라서 첫 번째 요청을 충족할 수 없다. 반대로 '순수한' 경험적 사회연구로의 후퇴는 비판이론이 처해 있는 상황성이 비판이론을 형성하는 데 구성적 역할을 한다는 가정을 충족시킬 수 없다. 이러한 철학적 작업을 생략하더라도 비판이론을 수긍하기는 여전히 어렵다.

따라서 필요하지만 각각 매우 다른 방식으로 실현될 수 있는 비판이론의 형식의 세 가지 핵심 계기를 나열할 수 있다. 즉 최소 유물론에 어떤 형태를 부여하는지, 자신의 상황성을 설명하기 위해 어떤 경험적 연

---

11 따라서 순전히 철학적 진단에서 출발하는 정의이론들, 예를 들어 현대 사회의 중심적 특징을 합리적 다원주의라는 사실에서 출발하는 롤스의 이론과 같은 정의이론들은 여기서는 논외이다.

구에 의존하는지, 그리고 이것의 철학적 결과를 어떻게 개념화하는지 등, 이 세 핵심 계기는 결과적으로 비판이론의 형식에 결정적인 영향을 미친다. 그리고 이는 다양한 연구대상이나 각 경우에 상상되는 해방의 유형에서 발생하는 차이들을 고려하지도 않은 것이다.

철학적으로 높은 수준의 이 논제를 간략하게 설명하기 위해 내가 잘 알고 있는 푸코의 해방적 진단을 예로 들어 설명하겠다. 그의 최소 유물론은 관행(/실행)들을 분석하는 방법에서 나타난다. 그의 방법은 필수적인 규범적 구별들, 시대를 초월하여 유효한 개념들 또는 초역사적 현상들 등의 전제에 의해 이러한 관행(/실행)이 변형되는 것에 저항한다. 푸코가 최소 유물론에 대체로 부정적인 형태를 부여하는 이유는 그가 반관념론적 추동을 강조하기 때문이다. 즉 우리의 현재를 묘사하는 데 작동하는 구상들에 대한 급진적 저항은 다음과 같은 푸코의 확신에 근거한다. 즉 우리에게는 자명한 개념들로 침전된 전제들이 있는데, 일상적 습관이 항상 승자의 렌즈를 통해 우리에게 구체적(물질적)인 사회적 실행(/관행)을 어떻게 드러내는지 이해하기 위해 바로 이 전제들이 갈등적으로 드러나야 한다는 것, 이것이 바로 푸코의 확신이다. 종종 물질성을 부정하는 것으로 오해되기도 하지만, 푸코는 현존하는 것의 물질성에, 특히 그것이 우리의 사고, 행동, 존재에 미치는 효과에 집중한다.[12]

고고학적-계보학적 분석의 경험적 재료가 되는 역사적 원천에 대한 푸코의 집중적인 작업은 이러한 목적에 부합한다. 그의 저작들은 '현재의 역사'로서 우리 자신의 상황을 새로운 시각으로 바라볼 수 있도록 진단하지만, 동시에 푸코 자신의 실천의 상황성을 비춰주기도 한다.

---

12 렘케(Lemke 2021: 제2부)는 이를 정확하게 "관계적 유물론"이라고 해석한다.

1967년 인터뷰에서 그는 자신의 작업의 이러한 상황성의 철학적 결과를 이렇게 설명한다.

> 적어도 니체 이후 철학은 진단적 과업을 수행할 뿐 더 이상 모든 사람과 모든 시대에 유효한 진리를 공식화하려고 시도하지 않는데, 그러한 한 내 작업은 철학과 관련이 있을 수 있다. 나는 현재를 진단하고, 오늘날 우리가 무엇이며 오늘날 우리가 말하는 것이 무엇을 의미하는지 말하려고 노력한다. 우리 자신의 발아래에서 이러한 발굴 작업은 니체 이후 현대 사상의 전형이었으며, 이런 의미에서 나는 스스로를 철학자라고 부를 수 있다. (Foucault 2001: 776)

자신이 서 있는 자리를 발굴하는 작업은 비판이론이 포기한 자기-상황화에 대한 푸코적 변형이다. 푸코의 작업은 진리의 "시간적 핵심"을 인식하고, 진리를 "역사적 운동의 불변자"로서 더 이상 시간적 핵심에 맞세우지 않는 겸손하고 비주권적인 인식론으로 이행할 것을 강요한다(Horkheimer und Adorno 2012: ix). 초기 프랑크푸르트 비판이론보다 더 급진적인 푸코의 이러한 통찰은 자신의 이론적 실천을 지속적으로 변화시키고 이전에 계보학적-고고학적 방식으로 사용했던 개념들을 반복적으로 파괴해야 할 필요성을 수반한다(예컨대 Foucault 2004: 58ff. 참조).

비판이론의 세 가지 요청의 두 번째 결과는 이론의 형식과 그 다양한 설계 가능성에 대한 추상적 성찰에서 이론이 작동하는 구체적인 조건으로 우리를 되돌아가게 한다. 비판이론이 대단히 야심찬, 어쩌면 지나치게 과장된 시도라는 사실이 이제 분명해졌을 것이다. 이러한 이론적 요구 외에도 정치적 기대도 있다. 비판이론의 기본 가정 중 하나가 경험적 연구를 통해 현대 사회에서 자신의 위치를 설명하고 이에 대한 철학적 결과를 지적할 뿐만 아니라 지배적인 조건을 극복하기 위해 노력하는 것이기 때문에, 정치 행위자들로부터 엄청난 압력을 받는 것은 당연한 일이다. 따라서 모든 형태의 비판이론이 끊임없는 논쟁으로 특징지어지고, 정치적 기대가 실망스러울 경우 더욱 가혹한 비난으로 이어지는 것은 놀라운 일이 아니다.

프랑크푸르트학파는 이에 대한 충분한 예시 자료를 제공한다. 점령된 IfS에 대한 경찰의 퇴거 조치, 베트남 전쟁에 대한 호르크하이머의 옹호, 그리고 이론적으로는 실천에 반하는 아도르노의 평결 등을 통해 실질적으로 나타난 아도르노와 호르크하이머에 대한 학생들의 기대와 실망을 생각해 보라.[13] 또 다른 예로는 위르겐 하버마스에 대한 기대와 그가 비판이론의 마르크스적 유산을 (정치적으로) '좌파 파시즘'이라고 비난한 것이나 (이론적으로) '배신'이라고 한 것으로 인해 발생한 실망을 들 수 있다. 악셀 호네트의 헤겔적 인정 이론, 라이너 포레스트의 칸트주의적 정당화 이론, 혹은 라엘 예기(Rahel Jaeggi)의 '생활형식 실용주의(Lebensformpragmatismus)' 등의 논쟁에서 여전히 큰 기대, 과장된 전망, 격한 비판 등의 혼합을 발견할 수 있다.

실망한 기대가 비판이론을 발전시키는 원동기이기도 하지만, 이 원동기가 작동할 때 생산적으로뿐 아니라 파괴적으로도 영향을 미칠 수

---

13 퇴거에 관해서는 Demirović (1999b: 945f.)를 참조하고, 프랑크푸르트 아메리카 하우스에서의 호르크하이머 연설에 관해서는 Horkheimer (1995c: 646f.), Wiggershaus (2013: 218ff.)를 참조할 것; 현 시대에는 실천으로 가는 길이 막혀 있다는 아도르노의 테제에 관해서는 예를 들어 Adorno (1977)를 참조. 초기 프랑크푸르트 비판이론과 학생 운동의 관계에 관해서는 Demirović (1999b: 857-951)를 참조하라.

있는 모래알이기도 하다. IfS의 경우 이 기대와 실망의 유희의 위험도는 특히 높다. 왜냐하면 내가 주장한 것처럼 비판이론의 중심 장소가 있어야 한다는 요구가 불가능함에도 불구하고 이 요구를 고집하는 상상력은 낙하고도를 엄청나게 확대하기 때문이다. 사회 해방을 위해 구체적으로 기여해야 한다는 정치적 주장과 전통 과학의 수준에서 이루어질 뿐만 아니라 이 과학의 결함도 들춰내는 이론 형성을 통해 이를 수행해야 한다는 이론적 주장을 결합하는 것 자체가 모험적이다. 그리고 이 결합을 제도화하는 것은 위험을 심화시킨다. 비판이론을 위한 기관으로서의 IfS는 정당한 기대에 부응할 수 없으며, 그 기대를 충족시킬 수 없다. 그 성공 여부는 학문적 이론과 정치적 실천 사이의 역설적으로 지속되는 이 긴장을 어떻게 다루는지에 따라 측정된다.

진행 중

비판이론은 IfS에 자리 잡은 것이 아니라 다양하게 상황화되어 있다. 그렇다고 해서 IfS가 비판이론의 발전을 위한 원동력이 될 것이라는 기대가 정당하지 않다는 의미는 아니다. 이것이 회고적으로 등장한 프랑크푸르트학파의 전통을 엄격하게 따르는 것인지, 아니면 하버마스의 명료한 진술처럼 "이렇게 광범위하게 퍼진 연구 전통의 영감 잠재력을 무자비하게 수정주의적으로 활용함으로써 얼마나 멀리 갈 수 있는지"[14](Habermas 1986: 11) 시험해보는 것인지는 적절한 기준이 아니

---

14 전체 인용문은 다음과 같다. "학파가 통일되어 있다는 허구적 상상으로 이념사적 자기 주제화 작업에 너무 많은 에너지를 소비해서는 안 된다. 우리는 문제 자체에 집중하여, 이렇게 광범위하게 퍼진 연구 전통의 영감 잠재력을 무자비하게 수정주의적으로 활용함

며, 적어도 나에게는 그렇다. 나의 기대는 다르다. 말하자면 하버마스가 1960-80년대에 그랬던 것처럼 다양하고 파편화되어 있지만 잔혹하게 통합된 우리의 현재에 적합한 새로운 비판이론을 개발하기 위한 과감한 시도(Saar 2019 참조)는 오늘날 그 이후 확립된 철학적, 사회과학적 개념들과 이론의 협소함을 새롭게 돌파하는 것을 의미할 수 있다. 칸트나 헤겔, 마르크스나 베버, 뒤르켐이나 파슨스, 아도르노나 푸코로 돌아간다고 해서 우리에게 필요한 비판이론을 얻을 수 없으며, 전통 철학을 모방한다고 해서 우리에게 필요한 이론을 얻을 수 있는 것도 아니다. 어떤 형태로든 나는 비판이론이 우리 시대의 답답한 상황을 뚫고 나갈 수 있는 지렛대가 되기를 기대한다.[15]

번역_정대성

으로써 얼마나 멀리 갈 수 있는지 시험해보는 것이 더 낫다"(Habermas 1986: 11).

15 이런 공식화에 대한 자세한 내용은 'open.spotify.com/episode/1froqiYHuZzIUpKuINvoKS'에서 슈테판 레세니히(Stehphan Lessenich)와 나눈 나의 대화를 참조하라. 이 글의 초기 버전에 대한 비평에 도움을 준 카타리나 호페(Katharina Hoppe)와 마르틴 자(Martin Saar)에게 감사하며, 수정에 대한 관대하고 철저한 제안을 해준 베스텐트 편집자들에게도 감사를 표한다.

참고문헌

Adorno, Theodor W. 1977 [1969]: Resignation, in ders.: Gesammelte Schriften. Band 10.2.: Kulturkritik und Gesellschaft II. Hg. von Rolf Tiedemann. Frankfurt a. M.: Suhrkamp, 794–799.

Adorno, Theodor W. 2003 [1931]: Die Aktualität der Philosophie, in ders.: Gesammelte Schriften. Band 1: Philosophische Frühschriften. Hg. von Rolf Tiedemann. Frankfurt a. M.: Suhrkamp, 325–344.

Alcoff, Linda Martín 2023 [1991]: Das Problem, für andere zu sprechen. Hg. von Marina Martinez Mateo. Übers. von Valerie Gföhler. Stuttgart: Reclam.

Becker-Schmidt, Regina 2017 [1991]: Identitätslogik und Gewalt. Zum Verhältnis von Kritischer Theorie und Feminismus, in dies.: Pendelbewegungen – Annäherungen an eine feministische Gesellschafts- und Subjekttheorie. Aufsätze aus den Jahren 1991 bis 2015. Opladen: Verlag Barbara Budrich, 231–248.

Behrmann, Günter C. 1999: Die Theorie, das Institut, die Zeitschrift und das Buch: Zur Publikations und Wirkungsgeschichte der Kritischen Theorie 1945 bis 1965, in: Clemens Albrecht, Günter C. Behrmann, Michael Bock, Harald Homann und Friedrich H. Tenbruck (Hg.): Die intellektuelle Gründung der Bundesrepublik. Eine Wirkungsgeschichte der Frankfurter Schule. Frankfurt a. M. und New York: Campus, 247–311.

Bonß, Wolfgang und Norbert Schindler 1982: Kritische Theorie als interdisziplinärer Materialismus, in: Wolfgang Bonß und Axel Honneth (Hg.): Sozialforschung als Kritik. Zum sozialwissenschaftlichen Potential der kritischen Theorie. Frankfurt a. M.: Suhrkamp, 31–66.

Brandt, Gerhard 1981: Ansichten kritischer Sozialforschung 1930–1980, in: Institut für Sozialforschung (Hg.): Gesellschaftliche Arbeit und Rationalisierung. Neuere Studien aus dem Institut für Sozialforschung in Frankfurt am Main. Opladen: Westdeutscher Verlag, 9–56.

Demirović, Alex 1999a: Forschungsarbeiten, in: Mitteilungen des Instituts für Sozialforschung 10.

Demirović, Alex 1999b: Der nonkonformistische Intellektuelle. Die Entwicklung der Kritischen Theorie zur Frankfurter Schule. Frankfurt a. M.: Suhrkamp.

Erazo Heufelder, Jeanette 2017: Der argentinische Krösus. Kleine Wirtschaftsgeschichte der Frankfurter Schule. Berlin: Berenberg.

Foucault, Michel 2001 [1967]: Wer sind Sie, Professor Foucault? Gespräch mit P. Caruso, in: Dits et Écrits. Schriften in vier Bänden. Band 1: 1954–1969. Hg. von Daniel

Defert und François Ewald. Übers. von Michael Bischoff, Ulrike Bokelmann, Horst Brühmann, Hans-Dieter Gondek, Hermann Kocyba und Jürgen Schröder. Frankfurt a. M.: Suhrkamp, 770-793.

Foucault, Michel 2004 [1996]: In Verteidigung der Gesellschaft. Vorlesungen am Collège de France 1975-76. Übers. von Michaela Ott. Frankfurt a. M.: Suhrkamp.

Freyberg, Thomas von 2016: Sperrgut. Zur Geschichte des Frankfurter Instituts für Sozialforschung zwischen 1969 und 1999. Frankfurt a. M.: Brandes & Apsel.

Habermas, Jürgen 1969 [1962]: Strukturwandel der Öffentlichkeit. Untersuchungen zu einer Kategorie der bürgerlichen Gesellschaft. Neuwied und Berlin: Luchterhand.

Habermas, Jürgen 1985: Dialektik der Rationalisierung, in: ders.: Die neue Unübersichtlichkeit. Kleine Politische Schriften V. Frankfurt a. M.: Suhrkamp, 167-208.

Habermas, Jürgen 1986: Drei Thesen zur Wirkungsgeschichte der Frankfurter Schule, in: Axel Honneth und Albrecht Wellmer (Hg.): Die Frankfurter Schule und die Folgen. Referate eines Symposiums der Alexander von Humboldt-Stiftung vom 10.-15. Dezember 1984 in Ludwigsburg. Berlin und New York: De Gruyter, 8-12.

Habermas, Jürgen, Christoph Oehler, Ludwig von Friedeburg und Friedrich Weltz 1969 [1961]: Student und Politik. Eine soziologische Untersuchung zum politischen Bewußtsein Frankfurter Studenten. Hg. von Heinz Maus. Neuwied und Berlin: Luchterhand.

Haraway, Donna J. 1995 [1988]: Situiertes Wissen, in: dies.: Die Neuerfindung der Natur. Primaten, Cyborgs und Frauen. Übers. von Dagmar Fink. Frankfurt a. M. und New York: Campus, 73-97.

Honneth, Axel 1990 [1989]: Kritische Theorie. Vom Zentrum zur Peripherie einer Denktradition, in: ders.: Die zerrissene Welt des Sozialen. Sozialphilosophsche Aufsätze. Frankfurt a. M.: Suhrkamp, 25-72.

Honneth, Axel (Hg.) 2002: Befreiung aus der Mündigkeit. Paradoxien des gegenwärtigen Kapitalismus. Frankfurt a. M. und New York: Campus.

Honneth, Axel und Martin Hartmann 2010 [2004]: Paradoxien der kapitalistischen Modernisierung. Ein Untersuchungsprogramm, in: Axel Honneth (Hg.): Das Ich im Wir. Studien zur Anerkennungstheorie. Berlin: Suhrkamp, 222-248.

Honneth, Axel, Kai-Olaf Maiwald, Sarah Speck und Felix Trautmann 2022a: Einleitung, in Axel Honneth, Kai-Olaf Maiwald, Sarah Speck und Felix Trautmann (Hg.): Normative Paradoxien. Verkehrungen des gesellschaftlichen Fortschritts. Frankfurt a. M. und New York: Campus, 7–12.

Honneth, Axel, Kai-Olaf Maiwald, Sarah Speck und Felix Trautmann (Hg.) 2022b: Normative Paradoxien. Verkehrungen des gesellschaftlichen Fortschritts. Frankfurt a. M. und New York: Campus.

Horkheimer, Max (Hg.) 1987 [1936]: Studien über Autorität und Familie. Forschungsberichte aus dem Institut für Sozialforschung 5. Lüneburg: zu Klampen.

Horkheimer, Max 1988a [1932]: Bemerkungen über Wissenschaft und Krise, in: ders.: Gesammelte Schriften. Band 3: Schriften 1931-1936. Hg. von Alfred Schmidt. Frankfurt a. M.: Fischer, 40-47.

Horkheimer, Max 1988b [1965]: Brief an den S. Frischer Verlag, in: ders.: Gesammelte Schriften. Band 3: Schriften 1931-1936. Hg. von Alfred Schmidt. Frankfurt a. M.: Fischer, 9-13.

Horkheimer, Max 1995a: Gesammelte Schriften. Band 15: Briefwechsel 1913-1936. Hg. von Alfred Schmidt und Gunzelin Schmid Noerr. Frankfurt a. M.: Fischer.

Horkheimer, Max 1995b: Gesammelte Schriften. Band 16: Briefwechsel 1937-1940. Hg. von Gunzelin Schmid Noerr und Alfred Schmidt. Frankfurt a. M.: Fischer.

Horkheimer, Max 1995c: Gesammelte Schriften. Band 18: Briefwechsel 1949-1973. Hg. von Alfred Schmidt und Gunzelin Schmid Noerr. Frankfurt a. M.: Fischer.

Horkheimer, Max 2021 [1937]: Traditionelle und kritische Theorie. Hg. von Frieder Vogelmann. Ditzingen: Reclam.

Horkheimer, Max und Theodor W. Adorno 2012 [1947]: Dialektik der Aufklärung. Philosophische Fragmente. Frankfurt a. M.: Fischer.

Jay, Martin 1976 [1973]: Dialektische Phantasie. Die Geschichte der Frankfurter Schule und des Instituts für Sozialforschung. Übers. von Hanne Herkommer und Bodo von Greiff. Frankfurt a. M.: Fischer.

Knapp, Gudrun-Axeli 2012: Im Widerstreit. Feministische Theorie in Bewegung. Wiesbaden: VS Verlag.

Lemke, Thomas 2021: The Government of Things. Foucault and the New Materialisms. New York: New York University Press.

Mignolo, Walter D. 2002: The Geopolitics of Knowledge and the Colonial Difference, in: South Atlantic Quarterly 101(1), 57-96.

Rehberg, Karl-Siegbert, Heinz Bude, Axel Honneth, Kurt Lenk, Hans-Peter Müller und Christopher F. Zurn 2006: »Befreiung aus der Mündigkeit« Kritische Anmerkungen zu einem Programmbuch des Instituts für Sozialforschung in Frankfurt a. M., in: Karl-Siegbert Rehberg (Hg.): Soziale Ungleichheit, kulturelle Unterschiede. Verhandlungen des 32. Kongresses der Deutschen Gesellschaft für Soziologie in München 2004. Frankfurt a. M. und New York: Campus, 1265-1280.

Rich, Adrienne 1987 [1986]: Notes towards a Politics of Location, in: dies.: Blood, Bread, and Poetry. Selected Prose 1979-1985. London: Virago Press, 210-231.

Saar, Martin 2019: Philosophie in ihrer (und gegen ihre) Zeit, in: Deutsche Zeitschrift für Philosophie 67(1), 1–22.

Speck, Sarah 2018: Kritische und feministische Theorie: Plädoyer für eine neue Liaison, in: Feministische Studien 36(1), 59–67.

Stögner, Karin und Alexandra Colligs (Hg.) 2022: Kritische Theorie und Feminismus. Berlin: Suhrkamp.

Umrath, Barbara 2019: Geschlecht, Familie, Sexualität. Die Entwicklung der Kritischen Theorie aus der Perspektive sozialwissenschaftlicher Geschlechterforschung. Frankfurt a. M. und New York: Campus.

Vogelmann, Frieder 2022a: Die Wirksamkeit des Wissens. Eine politische Epistemologie. Berlin: Suhrkamp.

Vogelmann, Frieder 2022b: Vier Pfade zur politischen Epistemologie, in: Martin Nonhoff, Sebastian Haunss, Tanja Klenk und Tanja Pritzlaff-Scheele (Hg.): Gesellschaft und Politik verstehen. Frank Nullmeier zum 65. Geburtstag. Frankfurt a. M. und New York: Campus, 189–203.

Vogelmann, Frieder 2023: Der Weisheit Freund und aller Welt Feind? Philosophie mit, in und gegen die Welt, in: Deutsche Zeitschrift für Philosophie 71(2), 157–177.

Wiggershaus, Rolf 1991 [1986]: Die Frankfurter Schule. Geschichte – Theoretische Entwicklung – Politische Bedeutung. München: dtv.

Wiggershaus, Rolf 2013: Max Horkheimer. Unternehmer in Sachen »Kritische Theorie«. Frankfurt a. M.: Fischer.

2부

This Korean special edition is independently edited by Korean editorial staff irrespectively of German edition.

'한국판 특집'은 독일판 베스텐트와 별도로 한국 편집진이 독립적으로 편집하였습니다.

2부 한국판 특집 / 비판이론의 미학

141	곽영윤	벤야민, 아도르노, 크라카우어의 미학
147	고지현	발터 벤야민의 매체미학: 아이스테시스와 정치적인 것
183	장제형	발터 벤야민에게서 폭력 '비판'과 예술 '비평'
213	곽영윤	아도르노 미학에서 미적 진리의 문제
237	하선규	크라카우어의 실존적 미학과 대중문화 이론 고찰
275	이창남	베를린 직장인의 문화적 유목

벤야민, 아도르노, 크라카우어의 미학

1923년, 프랑크푸르트암마인 오펀플라츠에 있는 카페 베스텐트. 발터 벤야민과 테오도어 비젠그룬트-아도르노는 그들의 친구인 지그프리트 크라카우어와 함께 그곳에서 만났다. 그것은 크라카우어가 주선한 만남이었다. 그 만남이 벤야민과 아도르노의 첫 대면이었는지는 분명치 않다. 어쩌면 다른 곳일 수 있다. 아도르노의 기억에 의하면, 그들은 그해 고트프리트 잘라몬-델라투르의 사회학 세미나에서도 만났다. 어쨌든 그해 벤야민, 아도르노, 크라카우어는 모두 프랑크푸르트에 살고 있었고, 1923년은 사회연구소가 공식적으로 문을 연 해였다. 그들은 사회연구소의 일원은 아니었다. 당시에 벤야민은 프랑크푸르트 대학에 자리를 잡기 위해 애쓰고 있었고, 아도르노는 아직 대학생이었고, 크라카우어는 『프랑크푸르트 신문』의 문예란 담당자이자 지역 기자로 일하고 있었다.

아도르노와 크라카우어의 만남은 그보다 일찍 시작되었다. 크라카우어는 아도르노 부모의 친구를 통해 어린 학생이었던 아도르노를 알게 되었다. 14살 나이 차에도 불구하고, 크라카우어는 아도르노의 친구인 동시에 철학적 멘토가 되었다. 그 두 사람은 토요일 오후에 정기적으로 만나 『순수이성비판』을 읽었다. 훗날 아도르노는 크라카우어에 대해 쓴 「기묘한 사실주의자」에서 "나는 이 강독에 내 대학 선생님들보다 더 큰 빚을 지고 있다"고 고백한다. 반면에 크라카우어는 레오 뢰벤탈에게 보낸 편지에서, 자신이 어린 친구에게 열정을 느끼고 있다고 고백하며 자기 자신을 "정신적 동성애자"로 여겼다. 이후 두 사람의 우정은 평생토록 이어졌지만, 그 관계는 결코 순탄치 않았다. 서신을 주고받을 때, 둘 중 한 사람은 의견 차로 인해 항상 불쾌한 감정을 느꼈다.

 벤야민과 크라카우어의 만남이 언제 시작되었는지는 정확히 알 수 없다. 그들은 아마도 프랑크푸르트에 거주하던 1922년이나 1923년에 처음 만났을 것이다. 1924년에 벤야민은 크라카우어가 『프랑크푸르트 신문』에 「번역자의 과제」가 수록된 자신의 보들레르 번역서의 서평을 실어서 프랑크푸르트 대학 교수진에게 좋은 인상을 남기길 바랐다. 그러나 신문에는 크라카우어의 글 대신에 엉뚱하게도 슈테판 츠바이크의 글이 실렸다. 그러한 예기치 못한 사건에도 불구하고 두 사람은 절친한 관계를 유지했다. 벤야민의 글은 크라카우어가 편집자로 있던 『프랑크푸르트 신문』에 자주 실렸다. 1933년에 나치가 독일을 통치하기 시작하자 벤야민은 파리로 망명했고, 크라카우어도 파리를 망명지로 택했다. 프랑스에서 서신을 주고받던 두 사람은 1940년에 마르세유에서 마지막으로 만났다. 그해 9월, 절망한 벤야민은 스페인 포르트보우에서 스스로 목숨을 끊고, 크라카우어는 이듬해 리스본으로 탈출하여 미국에 갈 수 있었다.

 벤야민, 아도르노, 크라카우어는 비록 서로 다른 관점에도 불구하고,

예술의 문제를 사회 및 정치 문제와 서로 뗄 수 없는 것으로 보았다. 벤야민에게 현대 예술은 새로운 사회적 기능을 수행하는 것이었다. 그는 「기술복제시대의 예술 작품」에서 "공산주의가 예술의 정치화로써 파시즘에 맞서고 있다"고 썼다. 하지만 아도르노는 1936년에 벤야민에게 보낸 편지에서, 벤야민이 자율적 예술의 기술성을 과소평가하면서 종속 예술인 영화의 기술성은 과대평가한다고 강하게 비판했다. 사회연구소의 기관지에 자신의 글이 수록되기를 원했던 벤야민은 논문의 여러 군데를 고쳐야 했다. 나중에 그는 수정한 기술복제 논문을 프랑스어로 출간하기로 사회연구소 측과 합의했다. 아도르노는 크라카우어와도 불화를 겪었다. 아도르노는 크라카우어가 1960년에 미국에서 출간한 『영화의 이론』 독일어판 출판을 주선하면서 에필로그를 삭제해 달라고 요구했지만, 크라카우어는 아도르노의 요청을 단호히 거부했다. 크라카우어는 아도르노와 달리, 전쟁이 끝난 후 서독으로 귀국하지 않고 미국에 남아 영어로 글을 쓰다가 1966년에 뉴욕에서 사망했다. 그렇게 크라카우어는 끝까지 망명자의 시각을 견지했다.

2023년, 프랑크푸르트학파 100년을 기념하여 서울대학교에서 학제적 연합학술대회가 개최되었다. 여러 분과에서 국내 학자들의 빼어난 논문들이 발표되었다. 그중 '문화예술과 비판' 분과에 대한 청중들의 관심, 특히 벤야민, 아도르노, 크라카우어의 미학에 대한 관심은 특별한 것이었다. 발표가 끝나고 발표자들과 청중들의 열띤 토론이 이어졌다. 이러한 뭇사람들의 큰 관심이 이번 베스텐트 한국판 특집을 기획하는 데 주요한 계기가 되었다. 한국에서 이들 세 명의 미학자는 어떻게 연구되고 있는가? 이를 살펴보기 위해 필자는 2010년대 후반 이후 국내에서 발표된 논문 5편을 모았다.

고지현은 「아이스테시스와 정치적인 것」에서 벤야민의 매체미학을 지각론의 관점에서 독해함으로써 아이스테시스의 정치적인 것을 심층적으로 고찰한다. 고지현에 따르면 벤야민의 매체미학은 미학과 정치적인 것의 상관성과 관련해 일종의 사유 패러다임으로 볼 수 있는 개념 도구를 제시했다는 점에서 가치가 있다.

이어서 장제형은 「발터 벤야민에게서 폭력 '비판'과 예술 '비평'」을 논한 글에서 벤야민의 「폭력 비판을 위하여」에 대한 아감벤, 지젝, 데리다의 해석이 갖는 한계를 지적하고, 폭력 '비판'의 방법론을 벤야민의 초기 저작인 『독일 낭만주의에서 예술 비평의 개념』 속에서 찾는다. 장제형은 낭만주의의 자기반성 개념에 따른 예술 '비평'의 방법론이 폭력 '비판'에 대해 갖는 의미를 검토함으로써 두 개념의 이론적 친화성과 방법론적 상동성을 보여준다.

곽영윤은 「아도르노 미학에서 미적 진리의 문제」를 다룬 논문에서 아도르노의 예술철학과 역사철학의 상호 관련성을 탐색한다. 필자의 해석에 따르면 아도르노는 『미학 이론』을 비롯한 여러 글과 강의에서, 진정한 예술 작품에는 사회·역사적 진리가 내재하며, 그것을 인식하는 것이 다름 아닌 예술 비평이라고 본다. 낭만주의 예술 비평론을 수용한 아도르노에게 예술 작품은 생산적이고 창조적인 수용을 통해 그 속에 들어 있는 진리가 무한히 전개되는 대상이다.

하선규는 「크라카우어의 실존적 미학과 대중문화 이론에 관한 고찰」에서 크라카우어의 초기 에세이들과 그의 철학적 주저인 『탐정소설』을 집중적으로 살펴본다. 하선규는 크라카우어가 키르케고르의 자유의 인간학을 역사적 유물론과 신학적 구제의 관점에서 '역사적 실존의 인간학'으로 재전유했음을 보여준다. 하선규에 따르면 『탐정소설』은 바로 역사철학적 구제 비평의 시도를 대중문학 장르에 적용한 저작이다.

마지막으로 이창남의 「베를린 직장인의 문화적 유목」은 1920-30년대 『프랑크푸르트 신문』에 게재된 크라카우어의 에세이와 칼럼들을 통해 당시 직장인과 관료의 도시라 불리던 베를린 직장인들의 문화적 유목이 지닌 사회적 함의를 밝힌다. 이창남이 보기에 직장인의 문화적 유목화는 '고체 근대'를 구현하는 사무실에서 벗어나 '액체 근대'로 이행하는 양상으로 파악할 수 있다.

이상 5편의 논문을 선택하며 필자는 무엇보다 벤야민, 아도르노, 크라카우어 미학의 학제적 성격, 즉 사회·정치·역사철학과의 관련성을 염두에 두었다. 물론 이 논문들이 국내에서 진행 중인 연구 현황을 다 반영한다고 할 수는 없을 것이다. 그러나 독자들은 적어도 이 세 사람에 대한 논의가 어느 정도까지 이루어졌는지는 가늠할 수 있을 것이다. 이를 통해 비판이론의 미학에 대한 독자들의 이해가 더욱 깊어지기를 바란다.

곽영윤
베스텐트 한국판 특집 책임편집자

발터 벤야민의 매체미학:
아이스테시스와 정치적인 것[*]

고 지 현

1. 아이스테시스의 정치적인 것을 위하여

1980년대부터 90년대에 걸쳐 서로 전혀 다른 방향에서 제기되었으나, 이내 포스트모던 담론을 주도하며 오늘날까지 지속적으로 영향력을 행사하는 두 가지 쟁점이 있다. 하나는 미학 개념을 둘러싼 예술철학적·매체철학적 논쟁이고, 또 다른 하나는 정치를 가능케 하는 존재와 본질의 조건을 되묻는 정치철학적 논의다.

첫 번째 개념 논쟁은 미학을 미(美)에 대한 학문으로 고수할 것인지 아니면 'Ästhetik'의 그리스 어원인 'Aisthesis'의 의미를 되살릴 것인지에 대한 공방이다. 주지하다시피 아이스테시스라면, 미학은 아름다움이 주된 연구대상이라기보다는 감각에 의해 매개되는 지각에 대한 분석과 이론을 뜻할 것이다. 이 논쟁에서는 무엇보다도 근대 전통 미학에 내재

---

[*] 이 글은 『범한철학』 제93집(2019년 여름)에 실린 것을 일부 수정·보완한 것이다.

적으로 작용한 이성중심주의에 맞서, 그간 폄하되어온 감각의 복원을 주장하는 목소리가 전면에 등장했다. 요컨대 미를 '정신의 구현'이라 정의하는 관용어에서도 볼 수 있듯이, 'Verkörperung'(구현)은 그야말로 정신이 신체화되는 과정에서 신체의 도구화를 엿볼 수 있게 한다. 이와 같은 정신 우위의 논리가 실러(Friedrich Schiller)에서 헤겔(Georg Wilhelm Friedrich Hegel) 및 딜타이(Wilhelm Dilthey)에 이르기까지 일관되게 관철되어 근·현대 미학의 규범으로 자리 잡았다는 것이 하나의 쟁점이다.[1] 이에 벨슈는 바움가르텐(Alexander Gottlieb Baumgarten)의 영향으로 아이스테시스의 여진(餘塵)을 남기고 있는 칸트(Immanuel Kant)를 소환하기도 한다.[2] 이렇듯 '에스테틱에서 아이스테시스로', 혹은 '미학의 감각적 지각으로의 확장'이라는 구호는 정신(이성)에 의한 신체(감각)의 억압 내지 지배논리에 대한 불신을 표명함과 동시에 그에 따른 신체의 해방 요구를 담고 있다. 하지만 '현실은 점점 더 리얼해지는 것이 아니라 심미적으로 구성되는 것'이라는 아이스테시스 옹호론자의 주장은 가상계와 현실계의 경계 내지 그 구별을 무화(無化)하는 것이 아니냐는 의혹을 낳았고[3] 이에 대한 불신은 복제기술의 발달로 점점 심화되는 일상계의 심미화에 봉착하면 할수록 더욱 증폭될 수밖에 없었다.

한편, 정치적인 것에 대한 논의는 1981년 프랑스 철학자 라쿠-라바

---

1 최문규 1996, 287-288쪽, Wolfgang Welsch 1997, pp. 40-41.
2 Wolfgang Welsch 1990, pp. 9-10. 실제 칸트는 근대미학 전통의 회전축을 이룬다. 『순수이성비판』(1781)의 '선험적 감성론(Transzendentale Ästhetik)'은 미학을 아이스테시스로 이해하고 있지만(Kant 1990, B 35), 바로 이 지점에서 우리는 나중에 쓰인 『판단력 비판』(1790)과 균열을 일으키고 있음을 알 수 있다. 『순수이성비판』에서 칸트는 미학을 아프리오리한 감각성 원리의 학문으로서 지각의 선험적 직관형식인 시간 및 공간 개념을 분석하는 인식론의 한 분야로 규정한 반면, 『판단력 비판』은 취미판단의 선험성과 심미적 판단력에 의거해 미와 숭고를 분석하고 있다.
3 Martin Seel 1997, pp. 21-23.

르트와 낭시에 의해 맨 처음 제기된 후 오늘날까지 포스트모던의 정치철학적 사유를 주도하고 있다.[4] 어떤 성질이나 상태를 가리키는 형용사를 명사형으로 고쳐 쓴 '정치적인 것'(le politique, das Politische)은 통상 분과 학문적 틀 속에서 이해되는 '정치(la politique, die Politik)'와의 차별성을 크게 부각한다. 기존의 '정치' 이론은 여타 영역과 분리 독립된 자율성을 암묵적으로 상정한 후, 어떻게 하면 정치를 조직하고 또 그것을 정당화할 것인가에 논의를 집중하고, 그에 따른 사유는 자연스레 국가나 정부의 기능, 통치/지배의 차원에서 제도화된 영역으로 제한된다. 이와 달리 정치적인 것은 서양 '철학'의 '정치적' 유래가 고대 그리스 및 그 이후 사회의 삶 형태에서 비롯되었다는 사실을 지적하며 철학(사유)와 정치적인 것의 상호 함축에 각별하게 주의를 환기시킨다. 이 밀착관계에 대한 고도의 문제의식은 사유 자체가 정치적인 것에서 전적으로 자유로울 수 없을 뿐만 아니라, 그에 대한 보다 근본적이고 의식적인 성찰이 요구됨을 강조한다.

정치적인 것은 하나의 통일된 기획도, 완결성을 지향한 체계일 수도 없다. 정치적인 것에 대한 사유는 바로 이 사유의 정치적인 자기 포함관계로 인해 어떤 신조나 교리 혹은 학설에 구속되기보다는 스스로를 행위 혹은 실천으로 이해하며, 역사의 지평 속에서는 정치적인 것이 사건으로 경험되기에 비종결성과 종결 불가능성을 특히 고집한다.[5] 포스트모던의 시대진단이 일반적으로 거대서사의 종말, 이데올로기의 종말

---

4 Philippe Lacoue-Labarthe/Jean-Luc Nancy 1981, pp. 11-28. 다각도로 시도되고 있는 현행상의 정치적인 것에 대해서는 Thomas Bedorf/Kurt Röttgers 2010, Ulrich Bröckling/Robert Feustel 2010.

5 Ulrich Bröckling/Robert Feustel 2010, pp. 7-8, Oliver Marchart 2010, pp. 53-54.

이라는 구호와 맞물리며 줄곧 형이상학적 가치관의 정초(定礎) 및 정치적 세계관의 정당성을 박탈하는 것으로 이어졌다면, 이러한 흐름 속에서 대두된 정치적인 것은 설령 저마다의 이론적 입장차로 인해 사유의 지향점이 이질적이고 모순되며 또 상반된다고 할지라도 탈정치화로 귀착되기보다는, 잠시 정치의 '퇴각'이라는 명분에 새로운 정치적 기획의 가능성을 열었다는 점은 주목할 만하다.

정치의 퇴각이 정치적인 것의 새로운 고안으로 전환되는 기점에는 아렌트(Hannah Arendt)나 슈미트(Carl Schmitt)와 같은 20세기 정치철학이 존재하는데, 이와 같은 사유의 단초를 제공한 동시대인으로 발터 벤야민을 빼놓을 수 없다. 정치적인 것과 관련된 벤야민의 사상은 무엇보다도 글쓰기의 실천양식으로 특징짓는 연구가 있지만,[6] 여기에서는 벤야민을 에스테틱과 정치적인 것 모두에 걸친 논쟁의 선취자로 간주할 뿐만 아니라, 미학과 정치적인 것의 상관성과 관련해 일종의 사유 패러다임으로도 볼 수 있는 개념적 도구 제공자로 주목할 것이다.

요컨대 오늘날 이미 매체미학의 고전으로 자리 잡은 「기술복제시대의 예술작품」에서 벤야민은 복제기술의 등장으로 지각방식의 변화가 일어난다는 테제와 함께 미학의 아이스테시스라는 본래 의미를 되살림[7]과 동시에, 대중매체의 전체주의적 정치화로 표면화된 미학과 정치적인 것의 혼탁한 뒤얽힘을 '정치의 심미화/예술의 정치화'[8]로 공식화한 바 있다. 주지하다시피 「기술복제시대」는 어느 모로 보나 마르크스주의 정통 계보와 차별성을 보이는 문제작임에도 불구하고 저술의 말

---

6 Timo Skrandies 2010.
7 Walter Benjamin, GS I/2, p. 466; 발터 벤야민 2007, 92쪽.
8 같은 책, pp. 467-469; 같은 책, 92-96쪽.

미를 마무리하고 있는 이 문구만큼은 당대 좌파 이론의 전형으로 줄곧 이해되었다. 이와 같은 수용사적 해석틀은 파시즘에 맞선 공산주의의 진지전 구축이라는 저자의 단호한 정치적 입장에 비추어볼 때 물론 타당할지 모르나, 벤야민 고유의 정치철학적 고민과 구상을 세밀하게 해명하기에는 실상 역부족이다. 그 이유는 이 해석틀에 무엇보다도 지각론의 쟁점이 전적으로 도외시되었기 때문이다.

실제로 '정치의 심미화 = 파시즘 vs 예술의 정치화 = 마르크스주의'라는 도식은 편의주의적인 진영논리의 정치공학적 이분법 틀에서 그리 크게 벗어나지 않는데, 이는 정치의 심미화(Ästhetisierung)를 미학이 아니라 아이스테시스로, 예술의 정치화를 벤야민이 명시한 바대로 '예술의 영역을 뛰어넘는'[9] 매체의 지각변동 문제로 본다면 말할 나위 없이 분명해진다. 기술매체에 대한 본격적인 연구를 시작하고 『파사주』 프로젝트로 주된 작업을 이동한 후 벤야민은 정치와 대중매체(예술)의 시대적 착종 현상을 지각의 문제로 접근했던 것으로 보인다. 그간의 연구 관행이 그러했듯이, '정치의 심미화/예술의 정치화'라는 테제에 숨겨진 함의가 '미학'과 '심미성', 곧 아름다움의 학문과 결탁된 정치적 현실의 심미화라는 것이 너무나도 자명해 보이지만, 그의 후기 저작에 남아 있는 고민의 흔적을 쫓다 보면, 이른바 가상적 미화의 증폭 혹은 강화라는 함의에 국한될 것인지 근본적인 의구심이 일게 된다. 이 글은 언급한 테제의 행간을 읽어낼 때 주의를 기울일 필요가 있는 감각적 지각의 문제를 별도의 논의대상으로 삼아 심층적으로 다뤄볼 것이다. 이에 아이스테시스의 현대성과 관련된 벤야민의 문제의식 및 시대진단을 쫓아

---

9 같은 책, p. 438; 같은 책, 47쪽.

현대 매체미학의 고고학이라 칭할 수 있는 시대적 문제범위도 재구성될 것이다.

2. 근·현대성의 출몰과 위기 – 주권의 예외상태와 영혼의 예외상태

먼저 본격적인 논의에 앞서 벤야민 연구시각의 중심에 선 사유의 시발점을 살펴볼 필요가 있다. 그것은 그의 역사철학 및 정치철학의 독특성을 시사하면서도, 모더니티 연구방식 및 그 이론의 전제조건이기도 하다. 벤야민의 철학 비평은 기본적으로 특정 역사적 국면에 정주되어 있는데, 그것을 우리는 서양문명이 붕괴 혹은 퇴보로 위협받는 '위기'의 상황, 그 속에서 소용돌이치는 '시대의 전환점', 한 시대를 마감함과 동시에 새로운 시작이 선취되는 '이행기' 등으로 특징지을 수 있다. 이와 같은 국면들은 때론 극단의 급진성을 표방한 사유실험까지도 동반하며 벤야민의 주요 저작에 줄곧 회귀하는데, 그 대표적 사례로 우리는 '예외상태'를 꼽을 수 있다.

예외상태는 일반적으로 서양사를 지배한 주권의 정초와 정치적인 것의 발원지를 가리키는 카를 슈미트의 개념으로 전해진다. 벤야민은 초기 사상을 집대성한 『독일 비애극의 원천』에서 바로크 비애극의 근대성을 규명하는 가운데 슈미트의 이 개념을 독자적인 방식으로 전유했으며,[10] 또 그의 마지막 유작인 「역사 개념에 대하여」에서도 파시즘의 시대적 관철을 목전에 두고 재차 소환한 바 있다.[11] 벤야민의 정치적인

---

10 이와 관련해서는 고지현 2005.
11 "피억압자의 전통은 우리가 살고 있는 예외상태가 상례(常例)임을 일깨운다."(GS I/2, p. 697; 발터 벤야민 2008a, 336-337쪽)

것을 밝히는데 있어 그가 슈미트와 씨름했던 쟁점들을 살펴보는 일은 매우 유의미하다. 왜냐하면 벤야민의 정치적인 것은 슈미트의 힘 우위로 구축된 지배역사에 대해 여전히 미해결로 남은 피지배 역사의 쟁점들로 정면 맞대결하는 양상을 보이기 때문이다.

비애극의 예외상태론은 슈미트의 시야에서 포착되지 않은 또 다른 범주로 확장되어 있다. 그것은 애초 벤야민이 기존의 비애극 연구에서 경시되어왔음을 지적하면서 근대 주권 개념을 재구성하기 위해 무엇보다도 주목할 것을 요청한 '순교자 드라마'와 깊은 연관이 있다. 왕위 찬탈 논쟁을 둘러싸고 전개된 바로크 주권론은 '예외상태 시 질서를 복원'하는 절대적 권한을 주권자에게 부여한다. 이에 따라 주권자는 비상사태를 불러온 역사적 사건의 자리에 '자연법칙들의 철통같은 법률을 정립'하는 일을 지상과제로 삼는다.[12]

그런데 주권자는 법률적 관점에서 폭군과 순교자라는 이른바 '야누스적' 두 얼굴[13]을 드러낸다. 이때 불굴의 자연법칙 정립은 폭군의 독재를 통해 이루어지는 반면, 그에 조응하는 또 다른 자연법칙의 정착으로 이른바 "격정의 지배"가 요구되어 스토아 기술에 그 전권이 위임된다. 전자가 주권자의 결단과 행위를 요구하는 그야말로 정치적 지배권력의 공백을 메워야 할 예외상태와 직접 관련된다면, 후자는 바로 이에 조응하는 "영혼의 예외상태"로서 주권자의 자기지배력 상실 내지 공백을 가리킨다. 여기에서 바로크 시대의 수난사를 암시하는 고문 장면이 적시되고 있는데, 그것은 벤야민이 명확하게 강조하고 있듯이, "종교적 구상과는 아무런 관련이 없다." 순교자는 죽음을 목전에 두고 육체적 재

---

[12] GS I/1, p. 253; 발터 벤야민 2009, 107쪽.
[13] 같은 책, p. 249; 같은 책, 100쪽.

앙이 주는 고통을 기꺼이 감내하는 제스처 속에서 그 어떤 동요도 없이 냉정하게 마음의 평정을 유지할 자기지배기술의 시험대에 오르는 것이다. 이러한 순교자 비극에서 전형적인 희생자로 등장하는 인물은 주로 여성이다. 정신적 공황상태에서 통제하기 어려운 격정으로 분출된 자연력을 끈기 있게 지배하려는 스토아적 자기지배기술은 '역사에 반(反)하는 새로운 창조'의 질서를 강압적으로 구축하고자 하며, 그것은 무엇보다도 순결로 표상된 여성의 희생적 제의 속에서 '시민의 복종'과 '육체의 금욕'을 요구한다.[14] 여기에서 우리는 바로크 드라마에서 줄곧 등장하는 잔혹사의 모티브를 발견하게 되는데, 특히 그 속에서 정형화된 사디즘적/마조히즘적 경향은 익히 알려져 있다.

이처럼 슈미트의 수용을 통해 근대 주권의 통치 개념에 접근한 벤야민의 예외상태론은 심신의 예외상태라는 보다 심층적인 고찰을 포함하고 있다. 이에 대한 벤야민의 문제의식은 후기 저작까지 지속된다. 다만 더 이상 지난 과거의 역사 탐구나 예술작품의 재현에 대한 관심에서가 아니라, 그야말로 자신이 속한 현실의 위기에 대한 직접적 대면으로 회귀한다. 이에 바로크 드라마를 통해 확인할 수 있는 것이 '정념(≒수난)의 세속화(Säkularisierung der Passionen)'라는 벤야민의 독창적 테제[15]는 커다란 논쟁의 대상이 될 것이지만, 역사적 위기 상황에 대한 그의 탁월한 통찰력을 신뢰한다면 진지하게 받아들이는 데 큰 무리가 없을 것이다. 요컨대 후기 작업의 이정표가 될 「경험과 빈곤」(1933)은 두 차례의 전쟁으로 초토화된 유럽 문명의 현주소를 '경험의 상실'로 규정하면서 역사적 위기에 대한 단적인 징후로 파국이 휘몰아치는 파괴와 폭발

---

14 같은 책, p. 253; 같은 책, 107-108쪽.
15 같은 책, p. 305; 같은 책, 189쪽.

의 역장(力場) 속에 전면 노출된 '왜소하기 짝이 없는 허약한 인간의 맨몸뚱이'를, 또 '전쟁터에서 귀환한 실어증' 환자의 텅 빈 내면을 목도하고 있다.[16] 물론 역설적으로 동시대인의 처참한 심신 훼손과 절대적 소외는 그 보상에 대한 갈망으로 점성술과 요가, 크리스천 사이언스와 수상술(手相術), 채식주의와 그노시스, 스콜라 철학과 심령주의와 같은 신비한 경험의 욕구를 증폭시키지만, 그것은 이미 돌이킬 수 없는 상실의 이면에 불과할 뿐, 온전한 복원에 대한 희망과 기대는 철저하게 왜곡될 따름이다.

슈미트 『정치적 신학』의 정치적인 것이 신학적 성격을 띤다면, 그것은 사랑이나 관용 혹은 화해와 같은 온화한 종교문화적 이념과 거리가 멀며, 오히려 서구 문명의 오랜 통치/지배원리로서 위계질서의 정립과 고수, 그에 따른 전통적 권위에 입각한 힘의 논리가 본질이다. 그에게 정치적인 것은 여타 다른 영역들을 압도하는 권력지향적 대항 개념이다. 요컨대 경제적인 것(유익성/유해성), 미학적인 것(미/추), 도덕적인 것(선/악) 등은 모두 역사의 정치 중립화 과정에 편입되어 궁극에는 탈정치화로 귀결되며, 이로부터 강력한 힘의 실효성을 입증하는 정치적인 것이 전면 우위에 선다.

이에 기술적인 것도 마찬가지다. 앞서 논한 바 있는 세계사적 파국의 중심에는 한때 계몽주의에 낙관적 진보의 전망을 제시했으나, 이제는 그 사회적 통제권에서 벗어나 파괴의 반란을 도모한 현대기술이 중심에 있다. 「기술복제시대」를 집필하던 중 벤야민은 슈미트가 포문을 연 기술적인 것의 '중립화 및 탈정치화' 경향을 기록하고 있다.[17] 복제기술

---

16 GS II/1, pp. 214-215; 발터 벤야민 2008, 172-173쪽.
17 GS VII/2, p. 673.

의 등장으로 표면화된 시대 전환적 변동 추이를 쫓던 그로선, 슈미트의 이와 같은 시대진단을 그냥 간단하게 지나칠 수 없었을 것이다. 슈미트에 따르면, 인쇄술, 라디오, 영화와 같은 일련의 기술적 발명들은 개인 및 언론의 자유를 무한대로 확장하는 데 기여했고, 그것은 궁극에 라디오방송의 독점 및 영화검열의 필요성을 강화하는 것으로 이어진다. 말하자면 기술적인 것은 괴물과도 같은 막강한 대중지배의 도구가 될지언정, 자유 혹은 예속을 결정할 심급은 결코 아니며, 오히려 그와 같은 결정은 모든 삶의 영역을 전면적으로 정치화할 수 있는 주권자의 정치적 결단에 좌우될 뿐이다.

이로써 정치 권력화에 봉사하는 기술의 도구화 기능이 노골화되고 있다. 주지하다시피 기술적인 것의 정치적 중립성은 슈미트 자신의 독창적 사유물이 아니라, 베버의 근대화론을 특징짓는 합리화 과정의 주요 계기다.[18] 다만 슈미트는 이에 한 발 더 나아가 가치중립성이 궁극에 탈정치화로 귀결되는 역사적 현황을 확인했을 뿐이다. 벤야민의 고민은 여기에서 시작된다. 그에게 관건은 슈미트가 확고하게 탈정치적이라 단정한 기술적인 것이 대중을 상대하는 혁신성에 기반을 두고 정치적 의미를 확보할 수 있는가이다. 여기에서 "기술적 사건"은 기술결정론적 강철의 논리가 아니라 "인간적 사건으로 전환"될 필요가 있다. 이 전환을 모색하는 과정에서 벤야민은 또 다른 방향에서 불거진 미학 논쟁과 관련해 에스테틱에서 아이스테시스로의 시각 전환을 꾀한다. 이

---

[18] 벤야민이 슈미트의 입장을 참조하고 있는 글은 뢰비트(Karl Löwith)의 「막스 베버와 그 후예들(Max Weber und seine Nachfolger)」이다(같은 곳). 이 글에서 뢰비트는 근대화 과정을 초월적이고 마법적인 힘으로부터의 해방, 곧 합리화 과정으로 설명한 베버의 추론을 넘어서 실제 역사에서 비이성과 야만으로 귀결된 유럽 모더니티의 현주소를 들여다보고 있다.

때 연대의 대상으로 삼은 것은 대중 일반이 아니라, "위기 속의 인간", "라디오에서, 영화관에서 배제된 인간", 새로운 매체형식의 "기술차량에 매달린 다섯 번째 바퀴"로서, 그야말로 "축소되고 차갑게 내동댕이쳐진 인간"이며,[19] 이들이 사회적 통제력을 상실한 현대기술로 여전히 시험대에 올라 감정(鑑定)을 받아야 할 때 영혼의 예외상태 속에서 이미 상실해 버린 인간다움이 다시금 회복될 수 있는가가 정치적인 것의 과제로 떠오른다.

3. 표현주의 논쟁: 에스테틱에서 안에스테틱으로

본격적으로 『파사주』 작업에 돌입했을 당시 벤야민은 『독일 비애극』 연구의 주된 관심사였던 문예사조 하나가 파시즘의 등장과 더불어 정치적 착종을 일으키는 정황에 맞닥뜨리게 되는데, 일찍이 우리에게 리얼리즘 논쟁으로 알려진 표현주의 논쟁이 바로 그것이다.[20] 표현주의를 루카치(Georg Lukács)의 주장대로 파시즘의 선행자로 볼 것인지, 아니면 그와 견해를 달리한 다른 서구 지성인들의 반박처럼 반(反)파시즘 운동의 시발점으로 규정할 수 있을지, 이를 둘러싼 당대 논란은 익히 알려진 바대로 전후(戰後) 유럽에서 '사회주의 리얼리즘'이 뿌리를 내리게 된 계기였다.[21] 다만 논쟁의 참여자로 루카치를 비롯해 블로흐(Ernst Bloch), 브레히트(Berthold Brecht)와 아이슬러(Hanns Eisler) 더 나아가 칸

---

19 GS II/2, p. 775; 발터 벤야민 2021, 27-28쪽.
20 벤야민은 바로크 드라마의 현재성을 독일 의고전주의의 붕괴 이후 유럽에서 불현듯 출현한 표현주의에서 찾았다(GS I/1, pp. 234-237; 발터 벤야민 2009, 74-79쪽).
21 이와 관련된 논쟁 자료로는 Hans-Jürgen Schmitt 1978.

딘스키(Wassily Kandinsky)와 클레(Paul Klee) 등이 호명되었을지언정, 정작 동시대인으로서 누구보다 먼저 표현주의의 현재성을 간파한 벤야민은 아예 언급조차 없었다는 점은 참으로 놀라울 따름이다. 표현주의를 둘러싼 논란은 1936/37년부터 주로 모스크바 망명 문인들이 발행한 『말(Das Wort)』지에서 벌어졌는데, 벤야민은 「기술복제시대」를 싣고자 부단히 애썼으나 결국에는 발간을 거부당한 이 잡지를 통해 논쟁을 접했던 것으로 보인다. 벤야민이 표현주의와 파시즘과의 상관관계에 주목한 범위는 기존에 우리가 인지하고 있던 것보다 훨씬 더 폭넓다. 새로운 차원으로 표면화된 벤야민의 문제의식은 당대 마르크스주의자들의 논지를 뛰어넘어 오늘날의 포스트모던 담론을 선취하고 있다는 점에서도 무척 흥미롭다.

벤야민이 보기에 루카치가 지적한 표현주의와 파시즘 간의 내밀한 연관을 면밀하게 따져보려면 표현주의에서 맨 먼저 표출된 쟁점 하나를 간과해선 안 되는데, "의학 특유의 니힐리즘"이 바로 그것이다. 동시대 담론장에서 포착 가능한 이 니힐리즘의 형세는 벤(Gottfried Benn), 셀린느(Louis-Ferdinand Céline)와 같은 보수성향의 문인들 외에도, 집단 무의식 가설을 내세웠다는 점에서 프로이트(Sigmund Freud)와 결을 달리하는 융(Carl Gustav Jung)의 정신분석학을 포괄한다. 이들의 공통점은 무엇보다 의사경력이 있다는 사실이며, 담론에 있어서는 과학기술 발달에 따른 서구 문명화에 적대적으로 반응한 현대성 비판이 특징적이다.

'의학 특유'라 함은 의술과 관련된 것인데, 그렇다고 왜 니힐리즘일까? 이 니힐리즘은 육신의 내장이 그것을 다루는 자에게 준 충격에서 생겨났다.[22] 인간 육신의 내부를 훤히 들여다보는 일은 보통 사람의 경우 정상적 상황에서 접하기 어려울뿐더러, 설령 불가피하게 육안으로 직접 마주하게 되더라도 그로부터 받게 될 충격이란 가히 상상조차 어렵다. 이 같은 극단의 체험을 전문가적 자기통제기술로 견뎌내야 하는 자가 바로 의사라면, 그와 같은 기술의 훈련을 촉발한 제반 사건들은 현대 에피스테메의 기폭제로 파악될 수 있을 것이다. 그런데 벤야민의 고찰방식을 따라 그 경험의 측면, 곧 예기치 않은 충격체험에 집중해 본다면, 지식사적 맥락을 뛰어넘는 혼탁한 이면이 드러난다. 벤야민 자신이 다른 지면을 참고하길 바란 기록을 따라가 보면, 거기엔 앞서 언급한 충격체험이 과학지식계의 문제이면서도 동시에 심미적 체험의 문제로 다루어진 언술들이 발견된다. 하위징아의 『중세의 가을』에서 인용된 다음과 같은 대목은 "여성과 미"와 관련해 "몸의 내면"을 다음과 같이 서술하고 있다.

> 신체의 아름다움은 오로지 피부에 있다. 왜냐하면 보이오티아의 시라소니가 내부를 들여다볼 수 있는 투시력을 갖고 있다고 말하는 것처럼 인간이 피부 아래 있는 것을 볼 수 있다면, 여자들을 보기만 해도 구역질이 날 것이다. 여성의 우아함은 점액과 피, 체액과 담즙으로 이루어졌다. 콧구멍 속에, 목구멍과 뱃속에 과연 무엇이 숨겨져 있는지 생각해 보라, 똥물투성이가 아니겠는가?! 그런데 우리 자신이 손가락으로 점액이나 오물을 만질 수 없다면, 어떻게 똥주머니 자체를 팔 안에 껴안고 싶겠는가?[23]

여기에서 서술된 인간 육신의 내부는 앞서 언급한 충격체험의 연장

22 GS V/1, p. 590쪽 [N 8a, 1]; 발터 벤야민 2005, 1074-1075쪽.
23 같은 책, p. 507 [K 7a, 4]; 같은 책, 933쪽.

선상에 있을 법도 하지만, 놀랍게도 그것이 심미적으로, '아름다움에 대한 미학'의 논의로 옮겨감으로써 그 시각적 충격이 불러일으킬 경악의 강도가 그저 완화되는 정도가 아니라, 오히려 예술의 가능 조건을 규정하는 담론의 양상을 띠게 된다. 말하자면 추하고 불결하며 혐오감을 불러일으키는 물질계에서 미학은 불가능하며, 따라서 그와 같은 물질의 측면들을 초월하여 표면에만 머물길 권하는 이른바 '표면의 미학'[24]이 제시되고 있다. 니힐리즘의 허무가 바로 여기에서 비롯되며, 그 허무를 딛고 솟아오르는 힘에서 아름다움을 추구하는 예술의 혼이 발원한다.

이와 같은 반전은 한 발 더 나아간다. 벤야민은 동일한 맥락의 충격 체험에서 강렬한 리비도적 에너지를 자극하는 또 다른 담론양상을 포착하고 있는데, 그 기원은 계보상 빠르면 15세기까지로도 소급되는 바로크의 죽음문화로 거슬러 올라간다.

15세기는 … 주검이나 두개골, 해골이 파렴치하게도 인기를 끌던 시대였다. 회화, 조각, 문학, 연극에서 죽음의 춤(la Danse Macabre)이 범람했다. 15세기 예술가에게 잘 처리된 죽음의 매혹은 오늘날의 멋진 '섹스어필'과 마찬가지로 인기를 얻기 위한 확실한 비결이었다.[25]

우리가 바로크의 알레고리에서 흔히 볼 수 있는 잔혹한 이미지들은 예술의 경지에 이르러 교묘한 기법을 통해 전쟁과 참혹한 기아로 점철

---

[24] 반드시 일러둘 점은 표면의 미학이 파시즘 혹은 그에 조응하는 보수적 예술운동 조류의 전유물이 아니라는 사실이다. 오히려 그것은 소비에트 건설 및 그 권력의 관철 과정에서도 막강한 효력을 발휘한 전체주의 시대의 특징이라는 사실이다. 이에 대해 간결하면서도 명쾌한 분석으로는 수잔 벅 모스 2008, 188-201쪽 참조.
[25] GS V/1, p. 507 [K 7a, 3]; 발터 벤야민 2005, 932-933쪽.

된 어두운 시대 배경을 뒤로 하고 오히려 죽음에 대한 멋들어진 호소와 유혹으로 반전을 이룬다. 죽음충동을 연상시키는 이와 같은 리비도가 바로 오늘날 우리가 섹스어필이라 부르는 성적 충동문화의 구성요소라는 점은 그리 어렵지 않게 짐작할 수 있다.

어떻게 이와 같은 반전이 가능한 것일까? 이에 마르크스주의 개념으로 살아 있는 것을 죽은 물건처럼 취급하는 태도, 곧 (사)물화현상이나 아니면 원시종교에서 유래하는 페티시즘과 결부시켜 분석하는 것도 유의미하겠지만, 그 선행조건으로 로고스 우위의 논리적 분석 프레임이 지배하는 기존의 연구관행을 재고해볼 필요가 있다. 과연 인간 육신 내부는 단순한 물질덩어리에 불과한 것일까? 시체라 해도 그것을 한때 살아 움직였던 생명체의 궁극적 흔적이라 여긴다면, 결코 그것을 물질의 속성으로 남김없이 환원시킬 수 없음을 우리는 경험적으로 알고 있다. 하지만 표면의 미학은 세계의 물질계를 미와 추의 범주로 취급함으로써 미와 대립하는 물질의 악마적 측면을 극복하려 한다. 그 극복의 태도에 안에스테틱(Anästhetik)이 효력을 갖는다.[26] 말하자면, 외부세계의 시각적 충격에서 비롯된 무감각은 혐오감과 공포, 불안과 외부자극의 감각적 지각을 자기방어적으로 밀봉한 결과물이다. 그로부터 확보된 마취의 효과를 발판 삼아 심미성 고취가 가능해진다. 감당하기 어려운 외부의 자극과 고통에 대응하기 위한 지각력의 밀봉은 마취술의 현대의학기술이 발달하기 이전에 무관심과 무감동의 스토아적 마음수련기술인 아파테이아(apatheia)에서 볼 수 있듯이 인간의 자연력에 기댄

---

[26] 매체미학을 감각적 지각론으로 본다면, 인간 지각의 역사적 변동성을 포괄해 그 반대극은 안에스테틱, 곧 무감각으로 규정될 수 있다. 필자는 현대미학론의 연장선상에서 안에스테틱의 문제를 마셜 맥루언 및 벤야민을 통해 논한 바 있다(고지현 2022).

극기 훈련으로 이루어졌을 것이다. 역사적 정황이야 어찌됐든 어떤 특정 계기로 기억구조 안에 단단하게 묶였던 봉인이 해제되면, 감춰진 적나라함이 충격적 모습을 드러내면서 베일로 현상했던 아름다움의 아우라는 순식간에 사라질 것이다.

파시즘의 등장으로 불거진 표현주의 논쟁을 계기로 의학적 니힐리즘이라는 현상이 대두될 때, 그것이 극한의 예외상태에서 겪게 되는 충격에서 비롯되었다는 점에서 아름다움의 추구를 목표로 한 표면의 미학은 실로 문제적이다. 여기에서 미학을 아름다움의 학문에서 감각적 지각, 곧 아이스테시스론으로 전환한 것은 의미심장하다. 벤야민이 의학적 니힐리즘을 이른바 "인간학적 니힐리즘"이라 재정의한 데에는[27] 이미 안에스테틱(무감각)의 문제가 인간학적 유물론의 역사적 지평 안에 편입된 것이며, 그와 동시에 파시즘 및 전체주의 시대를 배경으로 인간(친화적) 감각의 문제가 정치적인 것의 사유대상으로 포착됨을 뜻한다.

4. 매체미학과 의학 메타포

복제기술을 중심으로 전개된 매체미학이 후기 벤야민 사유의 정점을 이룰 때, 미에 대한 논의에서 아이스테시스로 옮겨가는 길목에는 정치적인 것에 대한 구상이 매복해 있다. 흥미롭게도 그 어귀에서 우리는 감각생리학, 신경학, 약조제법 등과 같은 건강/질병과 관련된 다수의 의학 메타포를 발견하게 된다. 여기에 복제기술의 가공할 만한 위력을 발판 삼아 정치무대에 전면 등장한 대중이라는 괴물을 상대로 정치적

---

27 같은 곳 [K 7a, 2].

인 것의 개입을 모색한 벤야민의 고군분투가 흔적을 남기고 있다.

「기술복제시대」를 집필하기 훨씬 이전부터 벤야민은 제의가치를 중심으로 구축된 예술작품의 사회적 기능이 점차 전시가치로 확장됨을 간파하고, 그에 걸맞은 공공성 강화를 위해 사소한 형태라 해도 대중을 유인하는 전시공간에 계몽의 과제를 부여했다. 전시공간은 얼핏 보아 시각매체에만 의존하는 것처럼 보이지만, 광고, 예시(例示, Veranschaulichng), 몽타주와 같은 신기술이 매체로서 온전한 효력을 발휘하려면 직관과 문자와의 상호작용, 감각과 사유의 연동이 긴밀하게 작동해야 하듯이 시각성에만 한정될 필요가 없다. 벤야민은 사진과 영화와 같은 시각매체론가이기 전에 다년간 라디오 마이크 앞에서 대중과 직접 소통을 시도한 소리매체의 실천가이자 이론가였다.[28] 의학 메타포는 바로 이 라디오 작업에서 두드러지게 나타난다.

4.1. 라디오 작업에서 의학 메타포와 계몽구상

벤야민은 대중에 대해 그 어떤 낭만주의적 환상도, 엘리트주의적 배타성도 없었다. 다만 당대 막강한 대중동원의 구심점이었던 라디오 매체를 경험하며 더 이상 소비자 vs 대중, 가르침 vs 오락이라는 구태의연한 이분법적 대립관이 유지되기 어렵다는 것을 깨달았을 뿐이다. 라디오가 처음 등장했을 때 청취자는 우연히 모이지만 보이지 않기만 하는 대규모의 군집일 것이라고 보통 생각되었다. 하지만 그것은 잘못된 상상에 불과할 뿐, 청취자는 "개별자이며 수천 명을 상대한다고 가정해도

---

[28] 관련 논의로는 고지현 2018 참조.

늘 수천 명의 개별자"²⁹로 구성되는 것이다. 대중은 라디오를 청취할 때 싫건 좋건 간에 소비자의 태도를 취하며, 그래서 자극이 필요하다.

청취자는 오락을 원한다.³⁰
대중은 '가르침을 받길' 원치 않는다. 그들은 체험된 것을 내면에 강하게 못박아 놓는 조그마한 충격으로 지식을 자기 안에 받아들일 수 있을 뿐이다.³¹

대중을 유인하는 전시기법은 공공성의 계몽적 기능에 엄청난 기회이지만, 그와 동시에 그 역기능의 위험에 노출되기 십상이다. 너무 강하거나 너무 약한 자극은 외려 대중을 위험에 빠뜨리거나 아니면 우둔화를 낳는다.

전시기술이란 무엇인가? (…) 놀라움의 계기가 빠진 모든 직관은 우둔화로 작용할 것이다. 보이는 것은 결코 문자가 말하고자 하는 것과 동일하거나, 아니면 그저 그 이상 그 이하여서도 안 된다. 그것은 새로운 것, 원칙적으로 말로 이룰 수 없는 명증의 트릭이어야만 한다.³²

브레히트의 소격화(Verfremdungseffekt, 생소화, 낯설게 하기) 효과를 연상시키는 놀라움의 자극기술은 직관에 근거한 직증의 감각적 지각에 천

---

29 GS Bd IV/2, p. 761; 발터 벤야민 2021, 39-40쪽.
30 GS Bd IV/1, p. 548; 같은 책, 13쪽.
31 GS Bd IV/1, p. 528; 같은 책, 277쪽.
32 GS Bd IV/1, pp. 559-560; 같은 책, 292-294.

착한다. 익숙함에 젖어 관성으로 반응하는 태만한 태도에 생소한 느낌을 일깨워야 할 경우, 그 적절한 충격요법으로 집중력을 요하는 고도의 긴장감이 아니라, 오히려 정신분산효과가 가져올 느슨한 신경계의 가벼운 주의력과 흥을 돋우는 즐거움으로 성과지향적 강박에서는 벗어나지만, 대상에 대한 몰입은 허용하는 오락이 제격이다.

권태는 우둔하게 만들고, 심심풀이는 계몽한다.[33]

유희공간의 엄청난 확장의 잠재력을 지닌 복제기술은 오락형식에 유리한 조건을 제공하므로 프로그램 생산자의 측면에서 과감한 형식의 혁신을 요구한다. 이와 같은 혁신에 이른바 '작은' 충격, 그야말로 너무 강하지도 너무 약하지도 말아야 할 자극의 '황금비율'이 관건이다. 각본, 음악, 구두형식의 대화와 말 등등, 서로 상이한 구성요소들이 라디오 기술장치로 한데 수렴·매개되어 가히 종합예술에 가까운 제2의 창조물로 거듭나야 할 때, 그 복합작용의 원리는 주로 구성주의적 몽타주에 비유되지만,[34] 속성이 다른 요소들의 '절묘한 조합'을 벤야민은 '약사가 약을 조제하는 기술'에 빗대고 있다. 물론 약 조제에서 성분의 중

---

33 GS Bd IV/1, p. 561; 같은 책, 296쪽.
34 제대로 된 몽타주가 얼마나 명쾌한 명증성을 확보할 수 있는지 벤야민은 '술꾼의 분기소비'를 주제로 한 전시사례를 언급한다. 한 사람이 일정 기간에 얼마나 많은 양의 술을 마셨는지 보여줄 요량으로 통상 빈 와인병이나 소주병을 눈에 띄게 쭉 길게 늘어뜨려 설치하는 데 그치기 십상이지만, 이에 덧붙여 "표제가 달린 판자 옆에 여러 차례 구겨진 흔적이 있는 지저분한 쪽지 하나, 곧 와인 상인의 분기계산서를 올려놓은" 경우에는 관객으로 하여금 그냥 지나치지 못하도록 시선을 붙들어 맨다. "와인병은 텍스트를 조명한다 해도" 전자의 경우는 "그 자체로 변한 것이 별반 없는 반면, 계산서라는 증거자료는 돌연히 새롭게 조명된다." 쭉 늘어선 술병과 계산서와의 절묘한 조합은 "시각적 통제"를 이루어내며 낯설게 하기 효과를 극대화한다(같은 책, p. 560; 같은 책, 296쪽).

량이 중요하듯이 방송의 구성에서는 '분' 단위가 기술형식의 측량척도가 된다.[35]

벤야민의 의학 메타포는 단순한 우연으로 치부하기 어렵다. 특히 생리학 메타포가 출현하는 곳에는 정상성에서 벗어나 건강과 병리 사이를 위태롭게 줄타기하는 위기의 인간, 전통과 경험, 언어 모두를 상실한 채 그간의 인간적 특성이나 성향조차 제로상태에 놓인 비(非)인간, 남은 것이라곤 몸으로 겪어낸 벌거숭이 체험뿐인 텅 빈 내면의 대중이 있다. 언어의 소실점에서 오로지 상처투성이의 몸만이 기억하는 체험은 표현의 구제를 기다린다. 요컨대 러시아 혁명기의 문학과 관련해 벤야민이 서구 유럽인이 상상조차 할 수 없을 만큼 방대한 소재들이 출몰하고 있음을 주목할 때, 그것은 바로 이러한 구제, 말하자면 전쟁의 예외상태에서 정상화로 들어서는 길목에서 문학이 긴급하게 풀어야 할 과제를 적시한 것이다. 각 개개인뿐만 아니라 가족에서 군대와 인민 전체에 이르는 집단의 운명들, 이처럼 봇물 터지듯 쏟아진 온갖 이야기를 소화해야 할 러시아 문학의 과제를 벤야민은 인체의 생리적 물질대사로 인식하고 있다. 그것은 예외상태 속에서 겪을 수밖에 없었던 고통의 해소 작용을 기대함과 동시에 그 치유의 가능성을 모색한다.

오늘날의 러시아 문학은 소재, 체험, 섭리라는 과도한 짐에서 인민의 신체를 구제하는 생리학적 과제를 수행하고 있다고 말해도 좋을 것이다. 여기에서 바라보면 지금, 이 순간에 나타나는 러시아의 저술활동은 어마어마한 배설과정이다. 성향의 규준화는 정치적일 뿐만 아니라,

---

[35] GS Bd VII/1, p. 220.

가득 물먹은 스펀지처럼 자신의 고통으로 포화상태에 이른 인간이 성향의 소실선 안에서, 공산주의의 전망 속에서, 서로 소통만 할 수 있는 이러한 위생적, 치유적 의미가 있다.[36]

여기서 강조된 정치적 기능이란 혁명기에 흔히 전면적으로 노골화되는 제도 권력의 대중동원이라기보다는, 오히려 폐허 속에서 모색된 새로운 역사서술의 모색이다.

삶은 새로운 유형들, 무엇보다도 한 번쯤은 기록되고 그려지며 평가되길 원하는 새로운 상황들을 가득 창출했다. 거기에서 엄청난 회상문학이 우리 정치가와 군사령관의 저술활동과 비교될 수 있음을 과연 신인들 알았을까?![37]

4.2. 시각매체에서의 의학 메타포와 물화원리

매체미학과 관련된 의학 메타포는 「기술복제시대」에서 절정에 달한다. 사진 및 영화가 가져온 엄청난 변화 중 하나로 벤야민은 시각매체가 갖는 현실과의 관계를 언급하고 있다. 이때 회화에서의 화가를 영화에서의 카메라맨과 비교해보기 위해 마술사와 이른바 외과의사가 나란히 소환되는데, 이를 통해 환자를 대하는 양자의 태도에서 볼 수 있는 극단적 대조가 드러난다. 마술사가 손을 얹어 환자와 일정한 거리를 두고 치유하는 방식이 회화의 재현방식에 내재한 마법적 성격을 가리킨

---

36 GS Bd II/2, p. 761.
37 같은 책, p. 762.

다면, 그와는 정반대로 의사는 거리두기를 포기하고 환자를 수술할 때처럼 그 내부를 깊숙이 침투한다. 마술사의 태도는 환자에 대해 여전히 "권위"를 내세울 수 있지만, 외과의사가 인체에 직접 개입할 때 취하게 되는 태도는 그야말로 아우라 붕괴의 가장 단적인 사례로 볼 수 있다.

> 마술사와 달리 외과의사는 (…) 환자를 인간 대 인간으로 대하길 포기한다.[38]

이로써 손에 쥐어지는 세계의 이미지는 진정 너무나도 다르다. 화가는 하나의 총체적 그림을 내놓지만, 카메라맨은 대상의 조직을 깊숙하게 침투한 다양한 단편조각들의 이미지를 얻으며, 그 부분들은 새로운 법칙에 따라 얼마든지 재조립이 가능하다. 후자의 세계 이미지는 그저 단순하게 조작 혹은 왜곡된 것으로 치부할 수 있는 성질의 것이 아니다. 정반대로 클로즈업이나 고속촬영과 같은 카메라 기술은 이제껏 인간의 육안으로 다다르지 못했던 세계의 미세구조들을 열어 보이며, 그래서 "기계장치에 구속받지 않은 현실의 관점"이 역설적이게도 "기계장치와 강도 높은 현실의 침투를 기반으로" 획득될 수 있는 것이다.[39]

카메라의 고도기술이 "새로운 물질구조"의 가시화 영역을 개척했다는 것은 이제 우리에게 그리 새로울 것도 없으며, 놀랄 일도 더욱 아니다. 그리고 벤야민의 매체미학이 무엇보다도 이 사안에 주의를 환기시켰음은 익히 알려진 바이다. 복제기술이 사진에서 운동이미지를 구현해낸 필름으로 옮겨갈 때, 클로즈업 촬영을 통해 공간이 확대되고 고속

---

38 GS Bd VII/1, p. 374; 발터 벤야민 2007, 80쪽.
39 같은 책, p. 373; 같은 책, 79쪽.

촬영을 통해 움직임도 또한 연장된다. 물론 그것은 가시화된 시공간이지만, 익히 알려진 움직임의 모티브들만이 아니라, 이미 알려진 모티브들 속에서 전혀 알려지지 않은 모티브들, 다시 말해 "빠른 움직임을 천천히 진행시켜 보여주는 것이 아니라 미끄러지는 듯한, 공중에 떠 있는 듯한 혹은 세상 밖에 있는 듯한 움직임"을 보여준다.[40] 이와 같은 종류의 가시화는 벤야민이 프로이트의 정신분석학을 도입함으로써 인간의 무의식 범주를 영화의 운동이미지로 이전한 궤적들이다.

주지하다시피, 영화가 개척한 유희공간의 무한확장이 다름 아닌 집단대중의 무의식 영역을 가리키는 것이기도 하다. 이쯤해서 우리가 앞서 언급한 의학 메타포와 그것이 일으킬 파장력으로서 '표면의 미학'으로 되돌아가보면, 벤야민의 고찰사안들을 당연한 것으로 간주하기가 극히 어려워진다.

마술사와 외과의사의 관계는 화가와 카메라맨의 관계와 같다.[41]

그렇다, 외과의사가 수술대에 오른 환자의 외상치료를 위해 인간장기의 개입과 침습을 감행할 때처럼 카메라맨이 세계의 미세한 물질구조를 새롭게 드러내 보일 때에는 아우라 붕괴의 징후가 그러하듯이 거리감이 상실되고 가능한 한 최고로 밀착된 세계를 우리 눈앞에 펼쳐 보일 뿐만 아니라, 영화에서 배우를 상대할 때조차도 '인간 대 인간으로 대하길 포기'해야 한다. 물론 벤야민이 지적하듯이, 극단의 상황에 처할 필요가 없는 일반의사에게는 여전히 조금은 마법적인 측면이 남아 있

---

40 같은 책, p. 376; 같은 책, 83쪽.
41 같은 책, p. 374; 같은 책, 80쪽.

어 권위적인 태도로 실행성을 대체할 수 있다 하더라도, 이른바 실행자(Operateur ≒ 수술자, 촬영기사)가 기본적으로 취해야 할 이 같은 극단적 물화현상, 곧 영화에서든 의술에서든 대상화된 인간이 일종의 사물 혹은 물질로 취급되는 논리는 외려 복제기술이 이전 기술과 차별성을 보이는 강점이기도 한 것이다.

여기에서 우리는 표면 미학의 유혹으로부터 얼마나 자유로울 수 있을까? 또한 그것이 불러일으킬 니힐리즘의 위험에서 과연 완전하게 벗어날 수 있을까? 인간은 그저 단순한 물건, 물질에 불과하지 않은가? 표면의 미학이 던진 질문처럼 영화가 '아름다움'을 추구하는 예술이기 위해서는 반드시 인간의 추악한 면을 숨기고 그저 표면에 가시화되는 재현의 논리를 붙들어야 하며, 그래서 붕괴의 운명에 놓인 아우라를 안간힘을 다해 인위적으로라도 활성화하기 위해 스타숭배를, 대중 정치인의 마법적 카리스마를 창조할 필요가 있지 않은가? 벤야민의 성찰은 단번에 단정 짓기엔 다소 복잡해 보인다. 외과의사의 개입은 아무 때나가 아니라 "결정적인 순간"에 이루어지며, 장기에 접근하는 그의 손동작도 역시 그저 물건 다루듯 거칠게 움직이는 것이 아니라 매우 '조심스러워야'만 한다.[42] 여기에 비인간의 인간다움의 구제 가능성이 잔재하며, 매체미학적 정치성에 대한 고민이 시작된다.

---

42 같은 곳.

5. 대중과 대중예술의 정치적인 것

5.1. '단단한' 혹은 '느슨한' 대중의 양태

「기술복제시대」의 2판, 특히 숭배문화의 공격적 활성화를 통해 정치적 도구화에 취약한 대중으로 계급의식의 대체를 꾀하는 파시즘을 겨냥한 대목에는, 다른 판에서 미세한 흔적만 남았을 뿐 문단 전체가 사라져버린 정치적인 것에 대한 벤야민의 성찰이 존재한다. 얼핏 보면 여기에서의 성찰이 루카치를 비롯한 동시대 마르크스주의자의 주체 개념인 계급 '의식'에 의존한 듯 보이지만, 자세히 들여다보면 오히려 이 개념의 추상적 당위성에 이의를 제기하면서 계급의 모태인 대중을 기본 분석의 대상으로 삼아야 한다는 주장이 강력하게 피력되어 있다. 예컨대 프롤레타리아 계급은 "가장 명료한" 의식의 보유자라는 동시대 좌파 지식인의 인식틀을 전적으로 공유하는 듯이 보이지만, 그와 동시에 벤야민은 마치 그 주류 담론의 틈새를 겨냥하려는 듯 당대 전술 강령으로 크게 부각된 이른바 '소시민층의 지지획득'이라는 과제를 내세워 그 속에 '모호하게 자리 잡은 대중 개념'을 통렬하게 비판하고 있다. 그는 프롤레타리아 계급의식의 고양 조건으로 "집단 이성"을 기반으로 한 "행동"으로의 이행을 제시하는데, 이러한 대중구조의 근본적 변화를 초래하는 주요 계기로 단단한 대중 덩어리가 이른바 '느슨해지는' 순간이 적시되고 있다.[43] 여기서 주목할 점은 '단단함'과 '느슨함'의 구별 속에 포착된 대중의 양태로서, 르봉(Gustave Le Bon)의 대중심리학을 원용하는

---

[43] 같은 책, pp. 370-371; 같은 책, 74-75쪽.

가운데 구상된 대중의 '심신상태'가 아이스테시스 논리에 바탕을 두고 있다는 사실이다.

강력한 응집력, 조금의 차이도 허용치 않는 하나의 덩어리로 똘똘 뭉친 단단한 대중은 외부의 자극에 우발적이고 맹목적이며 "자동반사적인" 태도를 취하는 것이 특징이며, 이와 같은 단순 반응양태는 두려움과 패닉 상태에서 촉발되는 "자기보존본능"에서 비롯된다. 외부의 자극에 아무런 매개도 없이 즉각 표출되는 신경계의 반사작용은 천편일률적인 반응으로 분출한다. 단단한 대중은 불안과 공포의 감정이 가중되면 될수록, 외부와 이질적 요소에 대해 더욱 강력한 반발과 배타성을 노골적으로 드러내며, 결속과 아집으로 더더욱 침투하기 어려운 응집력을 발휘한다. 그래서 이들에게는 구성원의 획일성이 구심력을 이룬다. 이들은 문제해결을 위해 행동으로 옮겨가기보다는 심리적 압박감을 그야말로 맹목적 결집력으로 극복하고자 한다.

그런데 이와 차별성을 갖는 느슨한 대중에 대한 벤야민의 사유는 무척 흥미롭다. 무엇보다도 '개인과 집단의 단순 이분법의 극복'과 '연대'로 특징지어지는 느슨한 대중은 단단한 대중과 병렬적 혹은 그 반대편에 위치해 애초부터 존재하는 것이 아니라, 오히려 단단한 대중이 '느슨해지는 순간' 가시권에 들어온다. 벤야민의 말을 빌리자면, 행동으로 실행된 "계급투쟁은 프롤레타리아의 단단한 대중을 느슨하게"[44] 만들며, 그 속에서 느슨한 집단성과 연대의식이 싹튼다. 말하자면 단단함과 느슨함의 대립은 소시민 계층과 프롤레타리아 계급의 대립이 아니다. 느슨한 집단성은 단단한 대중을 전제하며, 소시민적/프롤레타리아

---

44 같은 곳; 같은 곳.

적 단단함의 양태변화인 것이다. 집단성이 느슨하다는 것은 전체주의적 단일체를 구축하기 위해 동일성을 구심으로 확대재생산하는 획일화에 매몰되지 않고, 개체와 집단 사이를 오고가는 유동성이 자율적으로 작동한다는 뜻이며, 이들이 연대 형태를 띤다는 것은 그 집단성이 개방적으로 열려 있고, 동시에 각 구성원이 타자와 이질성, 다양성에 대한 인지와 섬세한 감각을 보유하고 있다는 뜻이다.

물론 느슨한 대중은 집단 이성의 룰을 따른다. 그와 달리 단단한 대중은 히틀러의 카리스마 정치에서 볼 수 있듯이 우월하다 여겨지는 한 개인 지도자에 대한 숭배, 그 강력한 권력에 대한 두려움과 맹목적인 추종으로 결속력을 다진다. 거의 강박에 가까운 하나의 순수 단일체로의 결집 추구는 각 구성원들로 하여금 이질성과 타자에 대해 눈과 귀를 닫아걸게 하며, 무감각의 기계적이고 획일적인 반응에만 머물게 한다.

5.2. 채플린과 미키마우스

느슨함의 태도는 벤야민 매체미학이 모색한 정치적인 것의 정수를 보여준다. 특히 영화의 운동이미지 및 유희공간의 확장을 대중 무의식의 시공간 확장으로 파악한 대목은 다시 한 번 우리로 하여금 의학 메타포에 숨겨진 심층적 함의에 눈을 돌리게 한다. 앞서 논한 것처럼, 카메라맨은 이제 인간의 신체를 다루는 외과의사만이 아니라, 영혼의 치유라는 과제를 부여받은 정신분석학자의 자리에 들어선다. 프로이트의 수용이 그저 그런 종류의 정신분석학 일반이 아니라, "일상생활의 정신병리학"[45]이라는 점은 의미심장하다. 카메라를 통해 가시화된 이미지계가 육안으로 보는 것과 다른 성질의 것임은 분명하며, 더군다나 그것이

"의식이 작용하는 공간의 자리에 무의식이 작용하는 공간"이 들어선 것이라면, 일상에 밀착된 대중매체가 불러올 집단 무의식이 사회 전반에 미치는 영향력이란 가히 상상할 수 없을 만큼 막강할 것이다.

우리는 사람들의 걸음걸이에 대해 대충은 이야기할 수 있지만, 정작 발걸음을 내딛는 몇 초 동안의 자세가 정확하게 어떠한지에 대해서는 아무것도 모른다. 또 우리는 라이터나 숟가락을 잡으려 할 때 손동작에 대해서도 대충은 알지만, 손과 쇠붙이 사이에서 무슨 일이 일어나며 더구나 우리가 처한 그때그때의 기분에 따라 그것이 어떻게 다르게 되는지는 거의 알지 못한다. 여기에 카메라는 자기 보조수단, 즉 추락과 상승, 중단과 분리, 연장과 단축, 확대와 축소 등을 통해 개입한다. 우리는 정신분석학을 통해 충동의 무의식 세계를 알게 된 것처럼 카메라를 통해 비로소 시각적 무의식의 세계를 알게 된다.[46]

물론 이 막강한 무의식의 세계에 맞서 정신분석학자가 무의식 세계의 법칙성을 규명하고 또 해석을 내놓는 것처럼, 카메라맨도 역시 그저 단순하게 일상계의 이미지만을 펼쳐 보이는 것이 아니라, 동일한 이미지들을 대중 계몽의 일환으로 해석·규명하는 고도의 의식적 작업을 과제로 삼을 수도 있을 것이다. 다만 무한하게 가속화하는 영화이미지의 새로운 양산 속도를 과연 해석자가 얼마나 따라잡을 수 있을지는 문제다. 이제 판독의 과제를 짊어진 카메라맨(관찰자)의 자리에 대중 일반의 관객이 들어서면, 시각적 무의식을 양산하는 이미지는 기계장치를 매

---

45 GS Bd I/2, p. 498; 발터 벤야민 2007, 136쪽.
46 GS Bd VII/1, p. 376; 같은 책, 83-84쪽.

개로 제조되지만 그 이미지를 지각할 때에는 기술적 제조라는 전제가 사라지고 망각되는 반면, 매체상의 가시적 구조는 수용자의 신체에 길들여진다.

더 나아가 파편화된 영화이미지에 노출된 대중의 감각적 지각은 정상적 스펙트럼에서 벗어날 수밖에 없다. 영화에서 보통 펼쳐지는 일그러짐, 스테레오타입, 변신, 재난 등의 장면들은 정신이상, 환각, 꿈에서 나타나는 지각세계에 해당한다. 카메라의 고도기술은 관객의 집단적 지각이 정신병자나 꿈꾸는 사람의 개인적 지각 방식을 전유할 수 있도록 한다. 벤야민에 따르면, 대중매체의 수용은 정신분산에 입각한 충격으로 이루어진다. 영화관에서 충격체험을 소비하는 관객들은 꿈꾸는 집단, 더 나아가 정신병적 증후군을 앓고 있는 대중이다. 여기에서 당대 단연 손꼽히는 컬트영화로 '미키마우스'와 '채플린'[47]이 소환되고 있으며 그 정치적 함의가 다음과 같이 피력되고 있다.

―깨어 있는 자들은 자신들의 세계를 서로 공유하지만 잠자는 자들은 저마다 자신의 세계를 하나씩 갖고 있다. ― 이와 같은 헤라클레이토스적 옛 진리의 난관을 타개할 돌파구는 영화가 마련했다. 그것도 꿈 세계의 재현을 통해서라기보다는 지구 주위를 도는 미키마우스와 같은 집단적 꿈의 형상들을 창조함으로써 말이다.

기술화가 그 결과로 대중에게 얼마나 위험한 긴장상태들을 ― 이 긴장상태들은 위기의 단계에서 정신병적 성격을 띠는데 ― 양산해왔는지, 이에 대해 우리가 해명을 늘어놓자면, 그와 똑같은 기술화가 특정 영

---

47 미키마우스와 채플린에 대해서는 Burkhard Lindner, 2004 참조.

화를 통해 그와 같은 대중 이상심리에 맞서 심리적 예방접종의 가능성도 창출했다는 사실을 인식할 수 있을 것이다. 말하자면 특정 영화는 사디즘적 판타지나 마조히즘적 망상들의 과도한 전개를 보여줌으로써 대중들 안에서 그러한 전개가 자연적으로 또 위험하게 성숙하는 것을 막아줄 수 있다. 이와 같은 대중 이상심리가 미리 앞질러 위생적으로 분출하는 것이 집단적 홍소이다. (…) 미국의 괴기영화들이나 디즈니 영화들은 무의식의 심리치료적 폭파 효과가 있다. 그 선행자가 익살꾼이었다. 익살꾼은 영화를 통해 생겨난 새로운 유희공간에 최초로 거주했으며, 사실 임시 세입자였다. 이런 연관 속에서 채플린은 역사적 인물로 자리 잡고 있다.[48]

5.3. 예방접종의 정치적인 것 — 생쥐와 방랑자

영화에 내재한 정신병적 잠재성(사디즘/마조히즘)은 본질적으로 인간의 기계와의 만남, 일상생활 전반에 걸친 기술화, 기술화를 통해 구축된 대도시의 삶이 초래하는 위험 사회에 연원을 둔다. 인류와 사회제도가 인간 자신의 창조물인 기술을 통제할 만큼 여전히 성숙한 단계에 도달하지 못한 까닭에 인간은 기계화가 가져오는 위험과 파괴, 대도시를 중심으로 실체를 드러내는 위기 상황에 항시적으로 노출된다. 대중이 영화관에서 끊임없이 새로운 충격체험을 욕망하는 이유는 노동세계와 대도시 일상공간에서 기계에 종속되고 지배당하는 생활에 매몰되어 있기 때문이다.

---

[48] GS Bd VII/1, pp. 377-378; 발터 벤야민 2007, 84-86쪽.

그런데 벤야민의 분석이 시사하는 바는 병리화를 초래하는 동일한 기술이 위기와 위험으로 치닫는 정신 병리의 진행을 미리 예방하거나 치유할 수 있는 가능성을 함께 제공한다는 점이다. 지구 주위를 용감무쌍하게 날아다니는 미키마우스라는 피조물이 그러하고, 본래 배우의 의미에는 전혀 적절치 않은 채플린이 그러하다.

미키마우스와 채플린은 둘 다 운동적 감각의 코메디, 몸으로 표현된 개그에 우위를 두고 있다는 점에서 공통적 특징을 보인다. 그것은 전류의 흐름을 탄 운동이거나 채플린처럼 분절 동작으로 기계적 신경감응을 표출한다. 하지만 벤야민이 지적하고 있는 것처럼 이들 영화의 성공 요인은 표현의 형식이 기계주의여서가 아니라, 대중이 낮에 겪는 자신의 삶을 그곳에서 다시 알아보기 때문이다.[49] 대중의 자기 재인은 이들 영화가 구현하고 있는 캐릭터에서도 발견된다. 생쥐나 채플린의 방랑자는 특정 사회적 역할로서 판에 박힌 틀을 연기한다. 하지만 그 캐릭터는 전형성의 도식에서 벗어나 있다. 그들은 전형적이라기보다는 약간 비정상적이고, 약간은 비딱하며, 뭔가 늘 조금은 우울하다. 방랑자의 경우 사회적 귀속성이 불분명하며, 채플린의 경우에는 과연 남성인지 아니면 여성성을 구현하고 있는 것인지 그 정체성의 경계도 모호하다. 사회학적 관점에서 보자면, 특정 계층이나 계급 안에 묶일 수 없는, 말하자면 경계인이나 혹은 아웃사이더의 편에 속한다. 어떤 노숙자도 이같은 방식으로 떠돌아다니지는 않을 것이다. 미키마우스의 경우에는 채플린과 달리 떠돌이가 아니라, 전혀 새롭게 창조된 피조물, 곧 일종의 잡종이다.

---

49 GS Bd VI, p. 145; 벤야민 2007, 260쪽.

미키마우스는 피조물이 인간과 유사한 점 모두를 벗어 던져도 여전히 피조물에 머물러 있음을 표현하고 있다. 그것은 인간을 중심으로 구상된 피조물의 위계질서를 폭파한다.[50]

이는 인간이 더 이상 자연 착취의 최상 주인일 수 없는, 자연의 산물 모두가 신 앞에 평등한 창조상태로 소급된 시선에 맞닿아 있다. 아울러 생쥐 미키는 문명의 세계에서도, 전쟁의 상황에서도, 절대적 생존의지를 지닌 까닭에 아주 오래 오래 살아남는다. 그래서 이 형상은 문명 이후에도 살아남아 끝까지 지속될 인류의 미래 생명력을 대변한다.

이보다 우리가 주목할 것은 집단적 홍소(哄笑) 이론이다. 대중의 박장대소는 병든 환자의 자기 치유적 의미를 갖는데, 치유방식이 예방접종, 달리 말해 일부러 적정량의 독을 주입함으로써 면역력을 키우는 것이다. 전쟁의 와중에 독재자의 대중 동원 권력에 휘둘리지 않기 위한, 독재자의 카리스마에 감정이입할 필요가 없는, 조소와 조롱의 면역체계다. 히틀러의 지도자 숭배에만 맞대결하는 것이 아니라, 소비에트 스탈린의 권력에도 대항할 자력, 곧 전체주의 문화에 저항력을 보이는 대중의 자기면역력을 뜻한다. 접종을 한 만큼 대중은 약간 불온한 독에 물들어 있다. 영화관은 일종의 바이러스를 유포하는 사회문화적 장치다. 마치 전염병에 덫을 놓듯 집단적 꿈을 유포하는 그로테스크 영화는 그저 우스꽝스럽고 우울에서 잠깐 벗어나게 하는 기분 전환을 유도할 뿐만 아니라, 그 확산이 전면적일 경우에는 집단적 정신병도 일으킨다. 이때 미량의 독은 집단 병리화에 둑을 쌓는 대항마로서 대중을 '단단한'

---

50 같은 글, p. 144; 같은 책, 259-260쪽.

심신 메커니즘에서 살짝 풀어 놓는다.

집단적 홍소는 대중을 느슨하게 풀어놓는다.[51]

벤야민의 정치적인 것은 대중의 감각적 지각방식에 대한 탁월한 혜안에서 비롯된다. 이른바 브레히트식의 대중 계몽을 두고도, "사고를 촉발하는 데 웃음보다 더 좋은 방법은 없다"고 가르친다. 특히 사고하도록 하는 데는 영혼에 충격을 가하는 쇼크보다 횡격막의 진동(포복절도)이 더 좋은 기회를 제공한다. 따라서 서사극은 홍소를 유발하는 계기만큼은 조금도 인색해선 안 될 것이다.[52] 여기서 제시되고 있는 정치적인 것은 대중의 정치적 조직화로 단발에 해결될 수 있는 성질의 것이 아니다. 어떤 이슈나 구호 아래 일사분란하게 동원되는 선동적 행동주의나 조금의 이견도 허용치 않는 요지부동의 여론조성도 더욱 아니다. 예방접종으로 면역체계가 갖추어진 대중의 정치적인 것은 오늘날 예외상태가 정상화된 관점에서 본다면 오히려 일탈의 비딱함에서 시작되는 것으로 보인다.

---

51 GS Bd VI, p. 103.
52 GS Bd II/2, p. 699; 벤야민 2020, 393쪽.

참고문헌

고지현(2005), 「발터 벤야민의 초기 주저작 '독일 비애극의 기원'에서의 칼 슈미트의 비판적 수용」, 『사회와 철학』 제9호. 사회와철학연구회, 2005.
고지현(2018), 「발터 벤야민의 기술매체론: 라디오작업과 계몽구상」, 『인문과학』 제113집. 인문과학연구소, 2018.
고지현(2022), 「현대매체미학과 안에스테틱: 발터 벤야민의 보들레르 비평을 중심으로」, 『사회와 철학』 제44집, 사회와철학연구회 2022.
발터 벤야민(2005), 『아케이드 프로젝트 2』, 조형준 옮김. 새물결, 2005.
발터 벤야민(2007), 「기술복제시대의 예술작품」, in: 선집 2, 최성만 옮김. 도서출판 길, 2007.
발터 벤야민(2008), 「경험과 빈곤」, in: 선집 5, 최성만 옮김. 도서출판 길, 2008.
발터 벤야민(2008a), 「역사 개념에 대하여」, in: 선집 5, 최성만 옮김. 도서출판 길, 2008.
발터 벤야민(2009), 『독일 비애극의 원천』, 최성만/김유동 옮김. 한길사, 2009.
발터 벤야민(2020), 『브레히트와 유물론』, in: 선집 8, 윤미애/최성만 옮김, 도서출판 길, 2020.
발터 벤야민(2021), 『라디오와 매체』 라디오 벤야민 1, 고지현 옮김, 현실문화 2021.
수잔 벅 모스(2008), 『꿈의 세계와 파국. 대중 유토피아의 소멸』, 윤일성/김주영 옮김. 경성대학교 출판부, 2008.
최문규(1996), 『탈현대성과 문학이론의 이해』, 민음사, 1996.
Bedorf, Thomas/Kurt Röttgers(Hg., 2010), *Das Politische und die Politik*, Frankfurt a. M., 2010.
Benjamin, Walter(GS), *Gesammelte Schriften, Bd. I - VII*, hrsg. v. Rolf Tiedemann/Hermann Schweppenhäuser, Frankfurt a. M., 1991 ff.
Bröckling, Ulrich/Feustel, Robert(Hg., 2010), *Das Politische Denken. Zeitgenösische Positionen*, Bielefeld, 2010.
Kant, Immanuel(1990), *Kritik der reinen Vernunft* 1, hrsg. von Wilhelm Weischedel, Werkausgabe Bd. Ⅲ, Frankfurt a. M., 1990.
Lacoue-Labarthe, Philippe/Nancy, Jean-Luc(1981), "Ouverture", in: Etienne Balibar u.a., *Rejouer le politique*, Paris, 1981, 11-28쪽.
Lindner, Burkhard(2004), "Mickey Mouse und Charlie Chaplin. Benjamins Utopie der Massenkunst", in: Detlev Schöttker (Hg.), *Schrift Bilder Denken. Walter Benjamin und die Künste*, Suhrkamp, 2004, 144-155쪽.
Marchart, Oliver(2010), *Die politische Differenz. Zum Denken des Politischen bei Nancy, Lefort, Badiou, Laclau und Agamben*, Frankfurt a. M., 2010.

Schmitt, Hans-Jürgen(Hg., 1978), *Die Expressionismusdebatte. Materialien zu einer marxistischen Realismuskonzeption*, Frankfurt a. M, 1978.

Seel, Martin(1997), "Ästhetik und Aisthetik", in: Birgit Recki/Lambert Wiesing (Hrsg.), *Bild und Reflexion. Paradigmen und Perspektiven gegenwärtiger Ästhetik*, München, 1997.

Skrandies, Timo(2010), "Die Zäsur in der Denkbewegung. Das Politische und die Medialität der Geschichtsdarstellung bei Walter Benjamin", in: Thomas Bedorf/ Kurt Röttgers (Hg.), *Das Politische und die Politik*.

Welsch, Wolfgang(1990), *Ästhetisches Denken*, Stuttgart, 1990.

Welsch, Wolfgang(1997), "Erweiterung der Ästhetik. Eine Replik", in: Birgit Recki/ Lambert Wiesing(Hg.), *Bild und Reflexion. Paradigmen und Perspektiven gegenwärtiger Ästhetik*, München, 1997.

발터 벤야민에게서 폭력 '비판'과 예술 '비평'*

장 제 형

I. 들어가며: 폭력 '비판'과 예술 '비평'

발터 벤야민의 「폭력 비판을 위하여(Zur Kritik der Gewalt)」(이하 「폭력비판론」으로 약칭)에 대한 그간의 연구사는 1921년 출간된 후 상당 기간 주목의 대상이 되지 못했던 이 텍스트가 지닌 문제적 성격을 두드러지게 만들어 왔다. 이를 둘러싼 핵심적인 쟁점은 무엇보다 벤야민 해석의 중심축이기도 한 종교와 정치 간의 착종 관계, 그리고 법과 정의의 실현 간에 개재되는 긴장과 대립 관계라 할 것이다. 법의 정립과 유지라는 법 목적에 복무하는 신화적 폭력과 이를 제어하고 일소하는 "순수한 직접적"(II 199)[1]인 신적 폭력이라는 고유한 대립 구도는 벤야민의 텍스트를 세속화된 메시아주의의 한 버전으로 해석할 수 있는 주요한 근거를 제공해 왔다. 이때 양자 간의 외재적인 대립 구도를 고수할 때, 신적

---

* 이 글은 다음 논문을 수정하고 보완한 것이다. 장제형, 「발터 벤야민에게서 폭력 '비판'과 예술 '비평'」, 『독일어문화권연구』 제28호, 독일어문화권연구소, 2019.

폭력이란 "완전히 법 '바깥'에 그리고 법 '저편에' 자리하면서 그 자체로 법 정립적 폭력과 법 보존적 폭력의 변증법을 폭발시켜버릴 수 있는 폭력"(아감벤 2009, 105)으로 이해된다. 그러므로 신적 폭력의 발현으로 해석될 정의란 이렇게 "법 바깥"에 있으므로 "무법적(outlaw)"(제닝스 2018, 101)인 것으로 간주되며, 이 '무법적' 버전의 극단적인 사례로는 "'맹목적으로' 폭력을 휘두르면서 즉각적인 정의/복수를 요구하고 실행에 옮기는 것, (…) 빈민가의 군중들이 도심의 부유층 거리로 가서 슈퍼마켓을 마구 약탈하고 방화"(지젝 2011, 277f.)하는 것이 된다. 이러한 해석 경향들은 사법적 판결의 무한한 연기와 궁극적인 불가능성이라는 구도 하에 현존 법질서 자체를 전면적으로 거부(Vgl. Deleuze 2000)하는 일종의 '법 무용론' 내지 '법 허무주의'로 귀결되기에 이른다.

물론 「폭력비판론」의 연구사가 이러한 '근본주의'적 해석으로 점철되어 있는 것만은 아니다. 일찍이 데리다는 그의 법 비판 저작 『법의 힘』(영어판 1990, 독어판 1991, 불어판 1994)에서 법 제정과 창설의 언어 수행적(performativ) 성격을 지적한 바 있다. 이 책의 후반부에서 신적 폭력을 홀로코스트와 연결시키는 그의 해석은 적잖은 비판의 대상이 되었음에도 불구하고, 해체주의의 기치 아래 「폭력비판론」에 대한 위 종말론의 세속화된 판본들을 극복하고 내재적 법 비판을 가능케 하는 이론적인 자원을 제공한 그의 공적은 부인할 수 없을 것이다. 근자의 법 비판 작업의 흐름이란 "법의 자기반성"(Menke 2015, 164ff.)이라는 열쇳말로 요약할 수 있을 것이다. 여기에서 "자기반성적 법"이라는 이름 하에 이루어지는 시도는 위에서처럼 법의 철폐가 아니라 "법과 비법적인 것 간의

---

1   이후 본문에서 벤야민 텍스트 인용은 인용문 바로 뒤 괄호 안에 벤야민 전집의 권호(로마자)와 해당 쪽수를 기입하는 것으로 한다.

대립(…)을 법 안에서 반복"하는 것으로 이해됨으로써, 법과 그 질서에 대한 비판이란 바로 법 내재적 차원에서 이루어지게 된다. 그럼으로써 법은 자신을 구성하기 위해 배제시켜 왔던 법 외적 혹은 비법적 영역이라는 "자신의 타자를 자기 안에 포함"(Menke 2011, 69)하는 역설적 상황에 처하게 된다는 점에서 반성적(reflexiv)이 된다.[2] "법 안에서의 표현적 힘"에 주목하고 칸트의 『판단력 비판』에서의 반성적 판단력 개념에 의거하여 "법의 자기반성으로서 미학"의 구상을 법 비판에 도입함으로써 "반성적 법"을 정초하고자 하는 시도 또한 그간 법이 고려하지 못했던 영역을 법 사유에 적용한다는 점에서 동일한 내재적 법 비판의 흐름과 연결된다(Fischer-Lescano 2013).

그러나 법에 대한 초월적 비판 대 내재적 비판으로 요약될 수 있는 양 흐름은 적어도 「폭력비판론」 텍스트를 기준으로 놓고 보았을 때 공히 문제적이다. 전자의 경우 "프롤레타리아 총파업"이나 "신적 폭력" 등 벤야민 텍스트에 등장하는 제반 '급진적'이고 '근본주의적' 개념들이 산출되었던 당대 상황을 충분히 감안하지 않고 있기에, 이에 대한 비판적 거리를 충분히 확보하지 못하고 있다는 문제가 지적된다. 그럼으로써 저자의 급진 정치적 입장을 뒷받침하는 텍스트의 구절들을 강조하고 그 관점을 텍스트에 투영시킴으로써, 결과적으로 현실적이고 실천적인 대안과는 거리가 먼 일종의 '모험주의적' 오류를 범하게 된다. 이와는 반대로 후자의 경우, 법에 대한 내재적이고 자기반성적인 비판을 행하

---

2 그러므로 법의 자기반성적 프로그램으로서 "법을 탈정립(Entsetzung)한다는 것은 [기존의] 법을 항상 계속해서 적용하는 것도, 법을 궁극적으로 철폐하는 것도 아니며, 법을 반성적으로, 즉 **반대 의지와 함께**(*mit Widerwillen*) 집행하는 것"(Menke 2011, 11. 강조는 원문)을 의미하게 된다.

고 있다는 점에서 앞서와는 달리 현실적합적 타당성을 지닌다는 장점이 있으나, 동시에 벤야민 텍스트로부터 직접적으로 제공되는 내재적 근거에 대한 검토를 체계적으로 행하지 못하는 한계를 지닌다. 즉, 이러한 법의 자기반성이란 결론을 내세우는 데 「폭력비판론」이 주요한 근거가 되었음에도 불구하고, 실제 그 결론의 내용이란 벤야민에 대한 내재적 독해에 의거하고 있다기보다는 도리어 상이한 출처와 이론적 전제에 더욱 크게 빚지게 됨으로써 벤야민 텍스트의 본원적 전언은 상대화된다.

그러므로 「폭력비판론」에 대한 양 독법은, 상이한 방향이기는 하지만 궁극적으로 공통적인 지반을 공유한다. 다시 말해, 벤야민을 주요하게 인용함으로써 내려진 결론의 근거가 기실 그 텍스트 내부에 존재한다기보다는 도리어 외부로부터의 입장을 투영하거나 몇몇 구절들에 대한 편의적인 취사선택에 의거한 것이 됨으로써, 벤야민 텍스트는 특정한 결론을 도출하기 위해 제공된 일종의 수단에 불과한 지위에 머물러 있을 수밖에 없다. 물론 여기에는 무엇보다 미완으로 남아 있는 일련의 정치론 연작 내의 한 일부로서 「폭력비판론」이 자리하고 있으며, 이들 중 집필된 작업 일부조차 소실됨으로 말미암아 정치론 구상의 전모를 파악하기에 부족하다는 사정이 크게 작용한다.[3] 그러므로 이 텍스트를 그 자체로서 완결된 것으로 간주하기에는 여러 난점이 결부되어 있

---

[3] 전체 3부로 기획된 벤야민의 정치론 연작은 "참된 정치가(Der wahre Politiker)"(1부), "폭력의 철폐(Abbau der Gewalt)"와 "최종 목적 없는 목적론(Teleologie ohne Endzweck)"의 두 장으로 이루어진 2부, 그리고 파울 셰어바르트의 "레사벤디오에 대한 철학적 비평(philosophische Kritik des Lésabendio)"(3부)으로 이루어진다. 여기에서 「폭력비판론」은 2부의 첫 장이고, 나머지는 미작성되거나 소실된 것으로 추정된다. 벤야민은 3부 원고를 코르시카 여행 중 분실했다고 언급하고 있다(Vgl. II 943).

기에, 이에 대한 전체적인 '온전한' 이해를 도모하는 데 현실적인 제약 요인이 존재하고 있다는 점을 감안하지 않을 수 없다. 그렇다면 벤야민 텍스트의 해석을 둘러싼 기존의 양 편향을 넘어, 텍스트 내재적인 차원에서 해석을 완결시킬 수 있는 방안은 어떻게 찾을 수 있을 것인가?

물론 소실되거나 완결된 작업에 대해 좀 더 과감한 재구성 시도가 가능할 수도 있겠으나, 결국 이러한 해석의 타당성을 뒷받침하는 근거란 바로 현존하는 벤야민의 텍스트 자체에 존재할 수밖에 없다는 점을 부인할 수 없다. 이러한 측면을 염두에 둔다면, 「폭력비판론」에 대한 '내재적' 해석에 대한 근거를 마련하는 작업은 이 텍스트와 더불어 그와 관련된 텍스트에 대한 총괄적인 검토를 통해 이루어질 수밖에 없다. 이러한 측면을 고려할 때, 1920년 말부터 1921년 초에 걸치는 시기에 행해졌던 「폭력비판론」 저술 작업에서 폭력 '비판'의 방법론적 측면과 관련하여 벤야민의 또 다른 작업이 의미심장하게 다가온다. 이는 1919년 4월 베른 대학에서 통과되고, 1920년 출간된 그의 박사학위 논문 『독일 낭만주의에서 예술비평의 개념(*Der Begriff der Kunstkritik in der deutschen Romantik*)』이다. 주지하다시피 독일어 'Kritik'은 비판과 비평의 의미 모두를 포괄한다. 그렇다면 인접한 시기에 산출된 두 비판/비평 작업의 방법론을 비교, 분석함으로써 폭력 '비판'과 예술(작품)의 '비평' 간에 모종의 방법론적 공통분모를 도출할 가능성을 마련할 기대를 품을 수 있다. 이렇게 반성 개념에 의거하여 정초된 벤야민의 비평 개념은 (몇몇 개념 구도와 구상의 수정에도 불구하고) 그의 초기 작업뿐만 아니라 후기 저작에 이르기까지 벤야민 사유의 주된 골격을 이루게 된다.

본고에서는 무엇보다 반성 이론에 의거하여 정초된 예술 '비평(Kritik)' 개념을 구성하는 핵심적인 특성들을 중심으로 고찰하고 예술 '비평'과 폭력 '비판(Kritik)' 간에 성립하는 이론적 친화성을 상호 조명함으로써, 이러한 상호 관계가 「폭력비판론」에 대해 지니는 함의를 드러내고자 한다. 이를 위해 먼저 비도구적 힘/폭력(Gewalt)과 예술 작품에 내재한 경향 간의 개념적 유사성에 대한 비교로부터 출발하여(II장), 이러한 잠재적 힘을 자기목적적으로 발현시키는 행위로서 정립과 자기반성 개념이 지니는 상호 간의 공통점과 차이점을 지적하고(III장), 이러한 반성행위로서의 비평이 지니는 개별성, 선차성, 절대적인 것과의 매개적 관계를 도출한 후(IV장), 법의 정립(Setzung)과 탈정립(Entsetzung)이라는 「폭력비판론」의 고유한 구도가 또한 낭만주의 비평론의 자기제한 및 자기파괴를 통한 자기구축이라는 이중적 구도로부터 설명될 수 있음을 보여주고자 한다(V장).

II. 비도구적 힘/폭력과 작품의 내재적 경향

「폭력비판론」에서 벤야민이 핵심적으로 문제 삼는 요목은 바로 폭력을 법 제정이나 법 유지의 목적을 위해 도구화시키는 데 있다. "수단으로서의 모든 폭력이란 법 정립적이거나 법 유지적이다(Alle Gewalt ist als Mittel entweder rechtsetzend oder rechtserhaltend). 이 둘 중 어디에도 해당되지 않는 폭력이란 그 효력(Geltung)을 포기하는 것이나 다름없다" (II 190). 여기에서 폭력은 법의 정립이나 법의 유지라는 법 목적(Rechtszweck)을 충족시킴으로써 비로소 자신의 "효력"을 확인하게 되는 수단적 지위에 놓여 있게 된다. 그러므로 이제 벤야민에게 폭력 '비판'의 과제란 이러한 법 목적 아래 수단으로서 종속된 힘/폭력이 이를 넘어 내재적이고도 자기완결적 차원에서 발현될 가능성과 방도를 타진하는 것이 된다. 그는 법 목적, 즉 법의 정립과 유지를 위한 목적에 종속되는 도구적 폭력을 신화적 폭력이라는 말로 총칭한다. 그런데 이러한 "폭력의 신화적 현현"으로서 "법 폭력(Rechtsgewalt)"이란 자기보존의 질서 속에서 필연적으로 "그 역사적 기능의 타락"이라는 상황에 처하게 된다. 그 귀결로 "최종 심급에서 신화적 폭력을 정지시킬 수 있는 순수한 직접적 폭력에 대한 물음(die Frage nach einer reinen unmittelbaren Gewalt)"이 제기되고, 이에 대한 해답으로 벤야민은 이러한 신화적인 "법을 절멸시키는(rechtsvernichtend)"(II 199) 폭력으로서 바로 신적 폭력을 제시한다. 그럼으로써 정의에 귀속되는 신적 폭력 대 세속적 권력에 결부되는 신화적 법이라는 대립 구도가 선연히 제시된다.

벤야민은 신화적 폭력과 신적 폭력 간의 대립에 상응하는 여러 다른 대립 구도를 제시하고 있다. (법 정립 대 탈정립[Entsetzung], 법 정립적 혹은 법 유지적 폭력 대 법 절멸적 폭력, "직접적 폭력의 신화적 현현" 대 "순수한 직접적 폭력"[II 199] 등 벤야민은 신화적 폭력과 신적 폭력 간의 차이를 다양한 방식으로 표현하고 있다.) 그러나 표현상으로는 신적 폭력에 "순수한"이라는 수식어를 부가하는 것 외에 다른 개념적인 차원에서 양자의 차이를 규정하는 기준을 찾기 힘들기에, 기존의 연구사에서는 이 대립 관계를 규정하기 위해 여타 다양한 해석들을 제출해 왔다. 그리고 대개 이러한 대립에 기반하여 신화적 폭력을 "절멸"시키는 단절적이고 초월적인 차원에 신적 폭력을 위치 지어온 것이 상례였다. 그런데 이미 앞서 강조하며 지적했듯 이런 식으로 신적 폭력을 위치 지을 경우, 「폭력비판론」은 카를 슈미트 류의 세속화된 정치신학적 판본 이상이 아니게 된다(Vgl. Schmitt 1922). 다시 말해 여기에서 개별적인 법 제정 및 유지를 위한 목적에 종속되는 수단적 폭력을 해방시키는 방도는 법의 영역을 넘어서, 법 초월적이고 외재적인 신적 폭력의 차원에 속해 있는 것으로 이해된다. 그렇다면 도구적 폭력 비판이라는 과제에 대한 반메시아주의적이고 '현실적'인 해결이란 신적 폭력을 신화적 폭력 피안의 영역에 단절적, 비연속적으로 위치 짓는 것이 아니라, 이를 신화적 폭력과 긴밀히 결부되며 그 자체에 내재한 계기로 사고하는 데에서 실마리를 찾을 수 있을 것이다. 그렇다면 이와는 달리 어떠한 폭력 '비판'의 방법을 통해 신적 폭력은 신화적 폭력의 내재적 기준 및 행위와 결부됨으로써 도출될 수 있겠는가?

이 질문에 대한 해답을 위해서는 예술작품의 내재적 자기반성의 행위 속에서 개별 예술작품과 예술의 이념 간에 형성되는 상호 침투의 매개적 관계를 바로 예술 '비평'의 개념을 통해 정립하고자 하는 벤야민의 낭만주의 논문에서 전개된 논의로부터 주요한 실마리를 얻을 수 있다. 낭만주의에서 예술 비평이란 작품 외적인 규범 시학을 개별 작품에 앞서 부여하는 예술 법관의 태도(계몽주의)도 아니고, 천재적 직관의 산물로서의 예술작품에 대한 일체의 판단 중지를 요청하는 태도(질풍노도)도 아니다. 다시 말해 비평이란 개별자를 보편자 아래로 포섭하는 것도, 개별자의 자기 권리를 보편자 없이 무매개적으로 관철시키는 것도 아니다. 이와는 달리 비평이란 개별 작품에 잠재된 힘을 "완결, 완성, 체계화(Vollendung, Ergänzung, Systematisierung)"(I 78)시킴으로써 이 개별자와 보편자 간의 직접적 상호침투를 달성하는 행위―혹은 다르게 표현하자면―개별자와 보편자의 통일을 바로 개별자 안에서 이루는 행위이다. 벤야민의 표현을 빌리자면, 비평 행위란 개별 "작품의 내재적 기준에 의거하여 작품을 판단(die Beurteilung der Werke an ihren immanenten Kriterien)"(I 72)하는 것이며, 이렇게 이루어지는 작품의 내재적(=자기반성적) 비평이란 개별 "작품이 다른 작품들 및 궁극적으로 예술의 이념과 맺는 관계를 서술(Darstellung seiner[=des Werkes] Relationen zu allen übrigen Werken und endlich zu der Idee der Kunst)"(I 78)하는 데 그 본질이 놓여 있다. 그러므로 비평이란 다음의 세 가지 핵심적인 계기를 구성 요소로 삼아 이루어진다.

(1) 개별 작품에 내재한 잠재적 힘(이에 대해 벤야민은 "작품의 내재적 기준"[I 72]과 "내재적 척도"[I 78], 작품 "그 자신의 경향[seinen eigenen Tendenzen]"[I 77], "내재적 경향[immanente Tendenz]"[I 77], "내재적 척도"[I 78], "작품에 내재적인 반성의 씨앗[den ihm[=dem Werk] immanenten Keim derselben[=der Reflexion]]"[I 78], "객관적 의도의 힘 [Kraft der objektiven Intentionen]"[I 81], "객관적 법칙성[objektive Gesetzlichkeit]"[I 83], "작품에서의 객관적 계기[ein objektives Moment am Werke]"[I 84] 등 다양한 방식으로 표현하고 있다)
(2) 작품의 궁극적인 절대적 차원으로서 예술의 이념, 그리고
(3) 개별 작품이 절대적 예술의 이념과 접속하며 상호 침투를 가능케 하는 작품 내재적인 자기반성의 행위.

이러한 자기반성의 행위가 바로 비평이며, 이 비평의 행위 속에서 세 가지 계기는 선후 혹은 인과 관계가 아니라, 동시적인 순간에 이루어지는 하나의 '사건(Ereignis)'이 된다. 왜냐하면 비평이란 개별자와 보편자의 상호침투가 바로 다름 아닌 개별자 자신의 자기반성 속에서 일어나는 행위를 지칭하는 것에 다름 아니기 때문이다. 그러므로 바로 이러한 자기반성 행위 속에서 작품 내재적인 잠재력은 개별 작품을 형성하기

위한 수단이 될 수 없으며, 마찬가지로 개별 작품 또한 절대자를 구성하기 위한 도구가 될 수 없다.

그렇다면 이제 앞으로의 과제는 이 예술작품의 '비평(Kritik)' 개념이 폭력 '비판(Kritik)' 개념에 어떠한 시사점을 줄 수 있는지 고찰하는 것이다. 이를 통해 비도구적 폭력의 구상을 법 내재적 차원 속에서 확보하게끔 만들어 주는 개념적 얼개를 예측할 수 있을 것이다. 즉, 법 목적을 위해 도구적 차원으로 잠재하고 있는 폭력은 바로 법의 자기반성이라는 행위 속에서 비로소 비도구적=순수한 직접적=자기목적적 폭력이 될 가능성을 확보하고, 그럼으로써 또한 신적 폭력과 직접적으로 매개될 수 있게 되는 것이다. 그러므로 법 비판이란 법의 지양이나 철폐가 아니라 법의 다시 쓰기 작업이며, 이 안에서 법 언어의 힘/폭력은 법 목적을 넘어서 자신의 비도구적=직접적 힘/폭력을 스스로 현현시킨다.

보론: 예술 비평과 폭력 비판의 적용, 법과 폭력 비판에 관하여

먼저 벤야민의 낭만주의 박사논문에서 개진된 반성 이론에 의해 정초된 비평 개념의 핵심 전언은 앞서 언급했듯, 바로 예술작품이라는 개별적 단위와 예술 및 예술의 이념이라는 보편적 차원이 상호 직접적이고도 동등한 관련을 맺고 있다는 점이다. 보편자는 개별자를 포섭할 수 없으며, 개별자는 보편자를 초월할 수 없다. 양자는 상하, 선후, 수단-목적 관계로 환원될 수 없으며, 부단히 상호 침투하는 무한한 관계의 맥락 속에 놓여 있다. 이러한 관계 맥락을 형성하는 것이 바로 개별자의 반성 행위이며, 이 반성을 통해 개별자와 개별자, 개별자와 보편자 간에는 상호 매개적 관계가 성립한다. 비평이란 바로 이러한 매개적 관계를 형성하는 반성에 상응하는 행위이며, 낭만주의 비평론이란 바로 이러한 측면에서 반성 이론에 의거하게 되는 것이다. 낭만주의 논문에서 빈번히 등장하는 핵심어인 반성의 매개체(Reflexionsmedium)란 바로 이러한 상호 매개적 성격을 지니는 개별과 개별, 그리고 개별과 보편 간의 관계를 집약적으로 드러내는 개념에 다름 아니다. 그러므로 반성 이론의 맥락 속에서 예술 및 예술의 이념은 물론, 작품과 비평 등 모든 것은 서로에 대해 바로 매개체가 된다. 벤야민은 "예술의 매개체(Medium der Kunst)"(I 68, 69, 73), "매개체로서 예술의 이념(Idee der Kunst als eines Mediums)"(I 77, 78) 등의 표현에서 드러나듯 이 매개체 개념을 예술과 그 이념과 결부해 중점적으로 사용한다. "비평의 매개체(Medium der Kritik)"(I 80)에서 그러하듯, 비평 또한 매개체가 되므로 "작품의 비평(Kritik des Werkes)"(I 78) 속에서 작품 또한 매개적 성격을 지니게 된다.

이렇게 '비평'을 통한 매개적 맥락 형성의 구도는 「폭력비판론」에서 법과 폭력에 대한 '비판'에도 해당된다. 물론 제목에서부터 이미 명확하게 드러나는 것처럼 벤야민이 법 이전에 '폭력' 비판을 주요 목적으로 내세웠다는 점은 자명하다. 그러나 이 비판이 폭력뿐만 아니라 법에도 해당된다는 것은 바로 그가 이 폭력과 법 간의 비도구적=직접적=매개적 관계를 성립시키기 위한 취지로 바로 폭력 비판을 행했다는 점을 고려할 때 분명하게 된다. 「폭력비판론」에서 폭력 비판이 동시에 법 비판과도 연결될 수밖에 없는 불가피성은 이 글의 여러 구절들을 통해서도 뒷받침된다. 가령 벤야민은 현행 실정법에 대한 자연법의 입장이란 "그것[=현행 실정법]의 목적에 대한 비판(Kritik seiner Zwecke)"인 반면, 형성되는 법에 대한 실정법론의 시각은 "그것[=형성되는 법]의 수단에 대한 비판(Kritik seiner Mittel)"(II 198)이라 정식화시킴으로써, 비판이란 폭력뿐 아니라 법 자체에도—그것이 실정법이든 자연법이든 간에—해당되는 사안이라는 것을 분명히 하고 있다. 또한 법이란 "법 폭력(Rechtsgewalten)"(II 182) 및 "법 목적(Rechtszwecke)"(II 182, 183)과 분리해 사고할 수 없으므로, 이 '폭력'과 '목적'에 대한 비판이란 결국 법 비판의 영역까지를 포괄할 수밖에 없다. 즉, "모든 법 폭력에 대한 비판"(II 187)이나 "법 제정적 폭력과 법 유지적 폭력 비판"(II 188)이라는 표현에서 분명히 드러나듯, 폭력 비판은 법 비판으로 이어질 수밖에 없는 필연성을 지니게 된다. 그러므로 폭력 비판의 궁극적인 목적이 법과 폭력 간의 비도구적=직접적=매개적 관계를 도출하는 데 그 요체가 있다면, 이러한 구도가 반성 이론에 근거한 낭만주의 비평 개념으로부터 비롯되었다는 전제를 부정하기란 힘들 것이다.[4]

---

[4] 벤야민의「폭력비판론」텍스트 자체만 놓고 볼 때는 법 발화의 자기반성적 성격이 명확히 드러나지 않는 것으로 보인다. 그렇기에 이러한 측면을 드러내기 위해서는 하나의 우회로가 필요하다. 이 조망을 가능케 하는 작업으로 앞서 I장에서 언급했던 데리다의『법의 힘』을 꼽지 않을 수 없다. 여기에서 그는 법 제도의 창설을 바로 수행적인 것과 연결시키고, 이러한 개별적인 법 발화가 지니는 규칙의 정지, 결정불가능성, 그리고 돌발성과 긴급성, 우발성과 같은 특성을 정의의 조건과 연결 짓는다(Vgl. 데리다 2004, 49ff.; Derrida 1991, 46ff.). 데리다는『법의 힘』1부에서 제시했던 이러한 개별 법 발화가 지니는 수행적 성격을 2부에까지 일관되게 적용하고 관철시키지 않았기에, 벤야민의 신적 폭력을 바로 홀로코스트라는 '최종해결책'과 연결시키는 우를 범하게 될 수밖에 없었던 것으로 보인다. 이러한 문제는 바로 법 발화의 수행성을 다름 아닌 벤야민 텍스트의 분석과 재구성을 통해 확인함으로써 해결될 수 있으나, 본고에서는 지면의 제약으로 말미암아 단지 이러한 문제 설정을 제시하는 선에서 만족할 수밖에 없다. 이와 관련한 연구로는 다음을 참고하라. Vgl. 졸고 2019.

III. 자기반성과 무한성

III.1. 정립과 자기반성

낭만주의 박사논문에서 반성 이론에 근거한 예술비평 이론을 정초하기 위해 출발점이 되는 것은 바로 피히테의 정립(Setzung) 개념이다. 이 정립이라는 말은 「폭력비판론」에서 법 정립(Rechtsetzung) 개념 속에서 다시 등장한다. '법 정립'은 통상 입법(Gesetzgebung)이라는 말로 통용된다. 그럼에도 불구하고 벤야민은 이를 굳이 '법 정립'이라고 칭했을까?[5] 이에 대한 해답의 실마리는 예술 '비평(Kritik)'의 맥락에서 형성된 정립 개념과 폭력 '비판(Kritik)'의 맥락에서 제기된 법 정립 개념을 비교함으로써 주어질 수 있을 것이다. 그렇다면 먼저 낭만주의 비평 이론을 형성하기 위해 전제가 되는 피히테의 정립 개념에 대한 고찰이 필수적이다.

벤야민에게 프리드리히 슐레겔과 노발리스를 주축으로 한 초기 낭만주의 예술비평 구상의 핵심으로 자리하고 있는 것은 바로 예술(작품)의 자기반성(Selbstreflexion) 개념이다. 자기반성이란 자아(=자기)라는 '1차성' 혹은 '근원성'을 형성하고 인식하는 데에 대한 자아 외부의 '2차성' 혹은 타자적 영역이 지니는 필연적 연관(=반성)이라는 구도로 범박하게나마 요약할 수 있을 것이다. 즉, 자아의 정립이란 자아와 타자, '1차성'과 '2차성' 간의 **차이**와 더불어 양자 간의 필연적 **관계**에 대한 인식이며,

---

[5] 데리다는 법 제정과 창설을 자기정립적 화행(Sprechakt)의 차원에서 설명하고 있다는 점에서 넓은 의미에서 이 맥락과 연결된다고 볼 수 있다. 그는 몽테뉴와 파스칼을 인용하여 법이 지닌 "자기권위 부여(auto-autorisation)"(데리다 2004, 34)의 구조를 지적하고 있다. 그러나 데리다가 이를 벤야민의 낭만주의론에 의거하여 도출하고 있는 것은 물론 아니다.

양자의 차이를 바로 자기 자신 안에 포괄하는 행위이다.[6] 인식론의 맥락에서 정식화하자면, 대상에 대한 인식의 근거란 그 대상의 경험적 소여도 추상적 공리도 아니며, 도리어 그 대상을 인식 가능케 하는 조건에 대한 인식이라는 점에서 인식의 인식, 의식의 의식, 즉 반성적 인식, 내지 의식이라 할 것이다.

그러므로 이러한 맥락에서 인식의 직접성(Unmittebarkeit)이란 대상을 인식 가능케 하는 대상 초월적 조건을 바로 그 인식에 재차 결부시킴으로써 얻어지는 성격의 것이다. 다시 말해, 대상의 인식 근거란 대상 그 자체에 귀속된 경험적 감각성이나 인식 주체의 선험성에 소급할 수 있는 것이 아니라, 인식 주체와 그 인식 대상 간의 관계를 재차 그 주체가 관찰하는 행위 속에 복귀(=재기입 re-entry)시킴으로써 비로소 마련된다는 점에서 자기반성적이다. "문제는 직관을 통한 대상의 인식이 아니라 하나의 방법, 하나의 형식적인 것에 대한 자기인식이다"(I 21). 즉, 대상에 대한 '직접적' 인식이란 흔히 상정하듯 인식 주체와 대상 간의 무매개적 관계로부터가 아니라 그 인식에 대한 인식, 의식의 의식이라는 두 층위의 인식 형태 간의 상호 관계로부터 도출되는 것이다. 그럼으로써 인식의 '직접성'이란 자신의 인식 가능성의 조건까지를 동시에 포괄하는 자기반성적 매개 작용을 통해 얻어질 수 있는 것이며, 그런 점에서 모든 '직접성'이란 역설적으로 형식에 의해 **매개된 직접성**이 된다.

---

6 루만의 표현을 빌리자면, 인식이란 관찰하는 주체와 관찰되는 대상 간의 구분을 관찰자의 시각 속으로 재기입(re-entry)함으로써 일어나는 것인데, 이러한 2차질서의 관찰이라는 반성적 시각 하에서 인식 주체와 그 대상이란 각각 자기준거(Selbstreferenz)와 타자준거(Fremdreferenz)로 나타나게 된다. Vgl. Luhmann 1995. 벤야민의 낭만주의 논문에 대한 루만적인 관점에서의 재구성에 대해서는—비록 본격적이지는 않고 선행적 시도에 불과할지라도—이미 선행 작업들이 존재한다. Vgl. Menninghaus 1987; Roberts 1992.

그러므로 반성적 인식의 매개 작용 없는 '순수한' 직접성이란 도리어 자신의 매개성을 부정하는 추상적인 인식의 차원에 머물러 있는 데에 불과한 것이다. 바로 이러한 직접적 인식의 활동이 피히테에게는 정립(Setzen)의 행위로, 그를 비판적으로 수용한 초기 낭만주의에서는 (자기)반성 개념으로 요약된다.

그렇다면 매개된 직접성을 산출하는 이러한 정립과 반성 개념이 예술비평에 대해 지니는 의미는 무엇인가? 직접적 인식이 정립된 혹은 반성적 행위 속에서 이루어진다는 점을 공유하고 있다는 점에서 피히테와 낭만주의는 공통점을 지니지만, 이후 반성 행위의 무한성이라는 측면에서 양자는 갈라서게 된다. 양자가 지니는 차이와 그 귀결은 낭만주의 예술비평 개념의 정초는 물론, 신화적 폭력과 신적 폭력 간의 내재적 관련을 궁구하기 위해서도 결정적인 중요성을 지니게 되므로 이에 대한 선행 검토는 필수적이다.

III.2. 반성 맥락의 무한성, 체계의 절대성

대상에 대한 직접적 인식이란 대상의 내용과 관련되는 것이 아니라, 대상을 포착하는 형식(직관 = 1차 관찰의 질서)을 재차 새로운 형식 속에서 포착(형식의 형식[Form der Form] = 2차 관찰의 질서)함으로써 이루어진다. 그럼으로써 내용이란 기실 형식의 형식 속에서, 즉 이 대상을 포착하는 형식이 바로 자기 자신(=형식) 안에서 반성(=형식의 형식)됨으로써 산출되는 매개적 성질의 것이다. 이러한 반성적 2차 질서 속에서 획득된 인식의 (매개된) 직접성이란 바로 이러한 형식의 형식이라는, "반성의 범례적 형식(die kanonische Form der Reflexion)"이자 반성의 "原형식(Urform)"

(I 30) 속에서 비로소 마련되는 것인데, 이러한 구도는 바로 피히테와 초기 낭만주의자들이 공유하고 있는 사항이기도 하다.

그러나 이러한 사유의 사유, 의식의 의식으로부터 도출된 인식과 사유의 직접성이라는 구도를 공유하는 양자는 이제 이 반성의 무한성 여부를 놓고 갈라서게 된다. 낭만주의에서는 형식의 형식이라는 반성의 原형식이 동시에 '형식의 형식의 형식…'이라는 무한한 반성의 행위로도 나아가게 될 가능성을 열어놓고 있는 반면, 피히테에게서 이러한 반성이란 절대적 자아의 활동으로부터 파생된 것이기에 반성의 근거란 결국 그 '원천'으로 소급됨으로써 확보될 수밖에 없는 것으로 이해된다. "피히테는 반성을 原정립이나 原존재로 소급시킬 수 있다고 생각한 반면, 정립에 부여된 특별한 존재론적 규정은 낭만주의자들에게서 기각된다. 낭만주의적 사유는 존재와 정립을 반성 속에서 지양한다(Sein und Setzung hebt das romantische Denken in der Reflexion auf)"(I 29).

피히테는 반성 개념 속에서 주체의 근원성을 더욱 도드라지게 만들지만, 낭만주의자들의 반성 개념 속에선 이 반성이 소급할 수 있는 근원적 주체란 존재하지 않는다. 그렇기에 낭만주의자들에게 반성과 그 계기들이 맺는 관계란 선후, 우열, 인과 등이 아닌, 단지 상대적인 차이에 놓여 있게 된다. 달리 표현하자면, 피히테에게 반성의 주체는 (非자아[Nicht-Ich]를 결국 자아 안으로 포괄하는) 절대적 자아인 반면, 낭만주의자들에게 반성의 '주체'(혹은 더 정확히 표현하자면 매개체)는 이러한 자아가 아니라 반성의 무한한 **체계**가 된다. 혹은, 피히테에게 타자(非자아)란 결국 절대적이고 근원적인 자아로 소급되는 반면, 낭만주의자들에게 자아란 자아와 타자 간에 이루어지는 관계로부터 산출된다는 점에서 무한하다. 그럼으로써 반성의 **직접성**과 더불어 또한 낭만주의에서 고유한 반성의 **무한성**(*Unendlichkeit*)이라는 두 계기를 모두 포괄한 반성 개념을 통해 바로 낭만주의 비평 개념의 핵심 토대가 마련된다. 즉 예술작품의 내재적 자기반성이 지니는 비도구적인 매개적 직접성과 더불어 낭만주의 예술 비평을 구성하는 핵심 개념은 바로 무한성이다.[7]

선형적 진보에 대한 관념이 지배적일 경우, 무한성이란 과정의 무한성으로 이해되기 십상이다. 그러나 벤야민은 이에 대해 오해의 여지 없이 분명한 입장을 표명하고 있다. "슐레겔과 노발리스에게 반성의 무한성이란 무엇보다 과정의 무한성이 아니라, 맥락의 무한성이다(nicht eine Unendlichkeit des Fortgangs, sondern eine Unendlichkeit des Zusammenhanges)"(I 26). 다르게 표현하자면 "반성이란 공허한 무한성으로 나아가는 것이 아니라, 자기 자신 안에서 실재적이며 충만한 것이다(daß die Reflexion nicht in eine leere Unendlichkeit verlaufe, sondern in sich selbst substanziell und erfüllt sei)"(I 31).[8] 이렇게 낭만주의에서는 무한성이란 자기충족적이며 자기완결적인 맥락과 체계의 무한성이다. 이를 예술비평의 맥락으로 옮겨 표현하자면, 궁극적 차원으로서 이념의 절대적 차원이란 바로 이러한 이 무한한 체계를 지칭하는 바에 다름 아니게 된다. 그러므로 낭만주의에서는 "이 절대적인 것을 체계적으로 파악하지 않고, 도리

---

7 매개체적 성격으로서 직접성이라는 "언어 이론의 근본문제"(II 143)와 더불어 무한성은 "언어 마법"을 이루는 양 계기이다. 이러한 점은 벤야민의 1916년의 언어논고에 이미 특징적으로 드러난다. Vgl. Menninghaus 1987, 42f.

8 이러한 과정이 아닌 맥락의 무한성이란 이후 벤야민이 자신의 마지막 저술인 「역사의 개념에 대하여」(1940)에서 논한 "동질적이고 공허한 시간"(I 704)으로서의 선형적 진보 개념에 대한 비판을 이미 개념적으로 선취하고 있다 할 수 있다. 이에 대한 그의 대항 개념은 "정지의 변증법"으로 집약된다. 낭만주의 박사논문의 견지에서 보자면, 이 정지의 변증법이란 또한 개별적 반성 행위를 통해 찰나적으로 포착되는 절대적인 것의 체계라는 "신비주의적"(I 48, 86, 106) 순간을 변증법의 이름 하에 정식화한 것이라고 이해할 수 있을 것이다.

어 그와는 반대로 체계를 절대적으로 파악(dies Absolute nicht systematisch, sondern vielmehr umgekehrt das System absolut zu erfassen)"(I 45)하고자 했다. 이러한 "체계의 절대적인 파악이라는 이념(Idee absoluten Erfassens des Systems)"(I 46) 하에서 시초적 "原반성"과 무한성으로서 절대적 반성 단계는 "단지 상대적(nur relativ)"인 차이만을 지닐 뿐이며, 단지 "명료함의 단계들(Deutlichkeitsstufen)"(I 31)로만 구분될 따름이다. 즉, 개별자와 보편자 간에 맺어지는 (매개적) 관계는 항시 직접적이며, 이들 간의 차이는 단지 '상대적'인 데 불과하다.[9]

그렇다면 이러한 체계로서의 무한성이 「폭력비판론」에서 법과 정의 간의 내재적 관계를 설정하는 데 지니는 의미는 무엇인가? 일단 반성 행위의 근거를 하나의 궁극적인 '원천'으로 소급하는 피히테와 무한성 안에서 해소시키는 낭만주의 간의 차이는 법 제정과 그 유지에 대한 이해를 둘러싸고 상이한 결과를 산출한다. 가령 피히테적 시각을 수호한다면, 제정된 법에 대해 해석, 집행, 판결 등을 포함하는 법질서의 유지가 지니는 지위란 궁극적으로 제정된 법의 추상적 규범성이라는 '원천'이 지니는 효력과 권위로부터 파생되는 이차적인 것이므로, 그 유지 근거란 추상적인 법이라는 '근원' 자체로 소급될 수밖에 없다. 반면 후자의 관점에 의거한다면, 법의 해석이라는 개별적인 행위는 이미 사전에 정립된 법의 추상성에 종속되는 것이 아니라, 이와 동등하거나 혹은 도리어 이 '근원성'을 확장시키고 완결시키는 적극적인 기능을 지니는 것

[9] 반성 행위를 계기로 하여 형성되는 개별적인 것과 보편적인 것 간에 이루어지는 역동적 통일과 무한한 맥락 형성이라는 구도가 예술 및 비평과 갖는 관련에 대해 벤야민은 낭만주의 논문에서 다양한 사례를 들고 있다. 그는 전진적 보편시문학(progressive Universalpoesie)과 초월시문학(Transzendentalpoesie) 같은 낭만주의 문학의 대표적인 개념을 비롯해, 위트, 소설, 산문, 비평 개념 등을 바로 반성 이론의 견지 하에서 위치 짓고 있다.

으로 간주된다. 또한 바로 이를 통해 궁극적인 의미에서 정의의 가능성이란 법 초월적 영역에 위치하는 것이 아니라, 바로 다름 아닌 구체적이고 개별적인 법 해석과 판단/판결(Urteil)이라는 법의 무한한 화행 속에서 이루어지는 것으로 이해할 수 있는 길이 열리게 된다.

그러나 이러한 해석은 반성 맥락의 무한성이 「폭력비판론」을 포함하여 법과 정의라는 좀 더 포괄적인 논의 맥락 속에서 어떠한 의미를 지니는지에 대한 논의를 위해 단지 실마리를 제공한 데 불과하다. 추상적 법의 언어와 이에 대한 개별화된 발화로서 해석 및 판단, 그리고 자기 목적적인 언어의 힘 간의 긴장과 상호침투 관계라는 맥락 속에서 이루어지는 정의의 이념이라는 구도를 좀 더 구체적으로 이해하기 위해서는 반성 이론의 관점에서 추가적인 고찰이 필요하다.

IV. 반성 행위의 개별성과 선차성, 절대적인 것의 매개성

이러한 비선형적-비과정적 반성의 무한한 맥락 체계가 개별적 반성 행위와 지니는 관계란 무엇일까? 앞서 인용문에서 주목할 만한 곳은 바로 반성이 다름 아닌 "자기 자신 안에서(in sich selbst)" 실재적으로 충족되고 있다고 서술된 대목이다. 즉, 개별적인 반성 행위가 절대적인 것을 매개체로 형성하는 것처럼, 절대성이란 흔히 그러하듯 개별 행위에 선행하고 그 외부에 속하면서 개별자를 그 아래로 포섭(규정적 판단)하는 모종의 실재적인 것으로 이해될 수 없다. 그러므로 반성이란 사전에 주어진 내용을 재현하기 위한 부차적이고 파생적인 역할을 하는 데 그치는 것도 아니고, 사전에 주어진 목적을 충족시키기 위한 수단적 차원에 머무르는 것도 아니며, 또한 개별자로서 보편자나 절대적인 것 아래 포섭되는 종속적인 지위를 지니는 것도 아니다. 만약 그렇게 된다면, 반성이란 개별 사유나 작품에 내재한 자율적이고 직접적 행위로서 '자기' 반성의 지위를 확보하지 못하게 될 것이다. 반대로 절대성이란 개별 반성 행위를 자신의 필수적인 구성 요소로 삼기에, 절대자란 바로 그 반성 행위의 내에서, 그리고 그를 통해서만이 개별자와 동시적으로 존립하는 것으로 이해된다(반성적 판단). 피히테와 초기 낭만주의 사유를 산출시켰던 주요한 영감의 원천이 되는 칸트의 반성적 판단력 개념 속에 이미 선취되고 있고, 20세기 후반부의 체계 이론 속에서 재차 확인되고 있는 이러한 개념 구도 속에서, 절대적인 것이란 개별자들이 자유로이 관여하면서 형성되는 역동적인 무한한 체계 자체를 지칭함에 다름 아니게 되는 까닭에 이는 바로 "충족된 맥락의 무한성으로 이해(als eine erfüllte Unendlichkeit des Zusammenhanges verstanden)"(I 26)된다.

그렇다면 "논리적으로 첫 번째 것(logisch das erste)"(I 39)으로서 이러한 개별적 반성 행위란 무한한 체계로서 절대적인 것에 대해 선차적이고 구성적인 역할을 하게 된다. 벤야민은 반성을 이미 "절대적으로 창조적이며 내용적으로 충족된(absolut schöpferisch, inhaltlich erfüllt)"(I 63) 것으로서 "모든 정신적인 것이 그러한 것처럼 예술에서도 근원적이고 구성적인 것(das Ursprüngliche und Aufbauende)"(I 65)으로 서술하고 있다. 비도구적인 직접적, 내재적, 자기목적적 행위로서의 반성이란 슐레겔이 언급했듯 가히 "無로부터 산출된(aus dem Nichts entspringt)"(I 39, 63) 것이라 표현할 수 있는 것이다.

그러므로 반성이란 선행하는 절대적인 것을 사후적으로 반복, 재현하는 데 그치는 것이 아니다. 이와는 반대로 "반성은 절대적인 것을 하나의 매개체로서 구성한다(Reflexion konstituiert das Absolute, und sie konstituiert es als ein Medium)"(I 37). 즉, 반성 이론의 맥락에서 절대자란 근원이나 최종 목적으로 설정되는 것이 아니라, 바로 개별적인 반성 행위 그 자체가 절대자를 형성하는 데 관여하는 직접적인 계기로 설정된다. 그런 의미에서 절대적인 것은 시초적 "原반성"과 궁극적인 "절대적 반성" 사이의 형성되는 무한한 관계 맥락 속 어딘가의 "중간(Mitte)"(I 43)에 위치하고 있다는 점에서 "매개체(Medium)"로 파악된다. 그럼으로써 "반성과 매체성의 통일(Einheit von Reflexion und Medialität)"(I 38)이란 맥락 속에서 개별적 행위의 선차성, 혹은—낭만주의 논문에서 인용된 빈델반트의 표현을 빌리자면—"자기의식의 도출 불가능하고 설명할 수 없는 행위"(I 39)로서의 반성은 바로 고래의 존재론이 지닌 본질-현상, 보편-개별 간의 위계를 전복시킨다. 이렇게 개별적 반성 행위는 절대성을 형성함과 동시에, 이렇게 형성된 절대적인 것은 개별적인 제반 반성 행위들을 또한 연결(=매개)시켜주고 이들에 "영향을 미침(wirkt)"(I 39)으로써, 궁극적으로 반성이란 역동적 체계와 관계 형성의 근거가 된다.

이렇게 반성 이론의 맥락에서 정초된 절대적인 것에 대한 개별적인 것의 자기형성적인 역할이라는 구도를 통해 앞서 문제시된 법과 정의 간의 관계는 좀 더 분명한 윤곽을 얻게 될 것이다. 즉, 여기에서 법의 발화라는 반성 행위의 직접성으로부터 동시에 도출되는 그 맥락의 무한성과 절대성은 바로 법의 이념으로서 정의에 상응하는 지위를 점하게 된다. 그렇다면 이로부터 법과 정의, 그리고 이에 상응하여 신적 폭력과 신화적 폭력 간의 관계에 대해서도 양 특징적인 측면을 이끌어낼 수 있을 것이다. 한편으로 정의란 법 너머의 영역에 위치하면서 법에 대립하여 충족될 수 있는 법 초월적 지위를 지니는 것이 아니라, 법의 내재적 자기반성이라는 맥락을 필연적으로 요청한다. 데리다가 주장하듯, "법은 정의의 이름으로 실행된다고 주장하고, 정의는 작동되어야 하는 법 안에 자기 자신을 설립할 것을 요구받고 있다"(데리다 2004, 48). 다른 한편으로 이러한 법의 내재적 자기비판이라는 맥락 속에 놓여 있는 정의란, 반성의 무한성이 그러하듯 무한한 맥락 속에 놓여 있다. 그러므로 "무한한 '정의의 이념'"이란 어떤 도달되어야 하는 상태로서 모종의 실체적 지위를 지니는 것이 아니라, 법의 창출 및 유지와 관련해 일종의 규제적 이념처럼 바로 "법 안에서, 법의 역사 안에서, 정치적 역사와 역사 일반 안에서 작동 중"(데리다 2004, 54)인 운동 자체로 파악된다. 반성 이론의 맥락에서 보자면, 법 안에서 그 힘/폭력의 비도구적, 직접적 발현 그 자체가 바로 정의의 한 계기, 아니 정의 그 자체가 된다. 그렇다면 힘/폭력이 법 목적을 충족시키기 위한 도구로 존재하고, 다시 이 법이란 정의를 실현하기 위한 경로가 된다는 식의 일련의 목적-수단의 연쇄망은 반성 이론의 견지에서 이미 그 유효성을 상실하게 된다는 점은 자명하다. 즉, 반성의 무한한 맥락 속에서 힘/폭력의 직접적 발현으로서의 법의 발화 그 자체의 무한한 맥락이야말로 동시에 정의의 현현으로 파악될 수 있게 되는 것이다.

V. 정립과 탈정립: 법의 내재적 자기해체와 정의

이제까지 법 언어에 내재한 힘/폭력의 비도구적=직접적 발현 그 자체를 정의, 혹은 적어도 그 실현의 조건으로 파악함으로써 법과 정의 간의 상호 밀접한 내적 관계를 도출하고자 시도했다. 그런데 이러한 구도만으로 법과 정의 간의 관계가 남김없이 모두 서술되었다 할 수 있을까? 가령 벤야민은 법 폭력의 "역사적 기능의 타락에 대한 확실성"은 법 폭력의 이러한 "기능을 절멸시키는 것을 과제"(II 199)로 삼게 된다고 언급하고 있다. 그리고 바로 이러한 법 제도를 정립하고 유지하는 법 폭력으로서 신화적 폭력을 "절멸시키는(vernichtend)"(II 200), 또 다른 직접적이면서 동시에 "순수한(rein)" 폭력으로서 신적 폭력이 대두된다. 이렇게 신적 폭력이 지니는 '법 절멸적' 기능이 대두되어 부각될 때, 앞에서처럼 법과 정의, 개별성과 절대성 간에 상정되었던 연속적인 차원이란 정의의 가능성을 온전히 제시하는 데 한계를 드러내는 것으로 보인다. 반대로 이러한 신적 폭력을 앞서 서술한 반성의 무한한 맥락 형성이라는 차원을 고려하면서 통합적으로 고찰하지 않고 단절적으로 위치 지을 경우, 이러한 신적 폭력이란 앞서 누차 지적했듯 현존 법체계 일반과는 무관한 채 이에 초월적인 정치신학이나 혁명론의 연장선상에 계속 놓여 있을 수밖에 없다. 그렇다면 이러한 법 '절멸적'이고 법 '파괴적'인 계기를 법 피안에 위치시킴으로써 일종의 법 허무주의로 쉽사리 빠져버리지 않기 위해서는, 발본적인 법 비판의 계기로서 이러한 측면을 법체계 내적으로 '재도입'할 가능성을 타진해야만 하지 않을까? 그럼으로써 정의의 또 다른 이름으로서의 신적 폭력이란 법의 피안이 아니라 바로 "법 속에서 법을 중지시키는 것"이자 "법 속에 있는 비법적인 심급/순간"(데리다 2004, 84)으로서, 현존하는 법 해석을 지배해 왔던 기존 "독해 질서의 총파업"(Vismann 1992, 254)으로 파악될 수 있는 것이 아닐까?

앞서 법 초월적 해석의 가능성을 반박하기 위해 폭력 '비판'의 과제를 예술 '비평'이라는 이론적 구도로부터 도출했듯, 법 비판의 내재적 계기를 안출하기 위해서도 또한 동일한 이론적 구성물로부터 그 실마리를 얻을 수 있을 것이다. 즉, 반성 이론에 의해 정초된 비평 개념 내에서도 자기비판과 더불어 그 파괴란 바로 반성의 맥락을 형성하기 위한 필수적인 계기로 상정되고 있다. 피히테와 낭만주의 반성 개념이 분기하는 지점에 대해 설명하며 벤야민은 양자의 차이를 다음과 같이 정식화한다. "두 번째 단계의 반성이 지닌 엄밀한 原형식은 세 번째 단계에서의 이중적 의미에 의해(durch die Doppeldeutigkeit im dritten [Grad]) 동요되고 공격받는다. 그러나 이러한 이중적 의미는 이어지는 각각의 단계에서 항시 더욱 다층적인 다의성으로 전개될 것이다(Diese aber würde zu einer immer vielfacheren Mehrdeutigkeit auf jeder folgenden Stufe sich entfalten)"(I 31). 즉, 양자가 공유했던 '형식의 형식'이라는 반성의 "原형식"은 낭만주의에서는 더욱 진전된 단계인 '형식의 형식의 형식'으로 나아감으로써 본래 반성의 原형태('형식의 형식')는 반성의 주체―(형식의 형식)의 형식―이자 동시에 반성의 대상―형식의 (형식의 형식)―이 됨으로써 "동요되고 공격받는다(erschüttert und angegriffen)". 그리고 반성의 무한한 운동과 그 역동적인 맥락 형성 속에서 이러한 동요와 파괴의 계기가 전체 체계에 내재적이고 항시적이라는 점은 자명하다.

그러므로 자기제한과 자기파괴란 일련의 반성 행위에 내재한 기본적인 속성이며, 또한 동시에 체계의 무한한 자기운동의 특성이자 조건이기도 하다. 이를 낭만주의자들은 다양한 방식으로 표현하고 있다. 가령 노발리스의 경우 "자기제한의 가능성은 모든 종합, 모든 기적의 가능성(Möglichkeit der Selbstbegrenzung ist die Möglichkeit aller Synthesis, alles Wunders)"(I 35)이 되며 슐레겔에게 "자기창조와 자기파괴(Selbstschöpfung und Selbstvernichtung)"(I 74; Schlegel 1967, L 37)는 상호침투의 맥락 속에 놓여 있는 동시적인 행위이다. 이렇게 자기반성의 체계 맥락을 형성하는 데 필수적인 제한과 확장, 파괴와 구축이라는 양가적 측면은 예술

작품과 그 내재적 비평의 맥락에서 구체적 표현을 얻게 된다. 즉, 작품에서 "더 고도의 형식이란 반성의 자기제한(Die höhere Form ist die Selbstbeschränkung der Reflexion)"(I 74)이기에, "예술가에게나 인간에게 가장 필연적이고 최상의 것인 자기제한의 가치와 (…) 존엄(Wert und (…) Würde der Selbstbeschränkung)"(I 74; Schlegel 1967, L 37)이 확보되는 곳에서 작품은 "모든 곳에서 날카롭게 제한되지만 [또한 동시에] 그 제한 안에서 무제한적으로(überall scharf begrenzt, innerhalb der Grenzen aber grenzenlos)"(I 76; Schlegel 1967, A 297) 확장된다. 다시 말해, 이러한 작품의 형식 내 자기제한이 또한 동시에 그 확장을 위한 필수적인 조건이자 계기가 될 때, 개별자의 자의성과 필연성이 지니는 제한적 성격이란 동시에 "근본적으로 필연적인, 즉 불가피한 우연성(eine prinzipiell notwendige, d.h. unvermeidliche [Zufälligkeit])"(I 73)으로 간주된다. 동시에 자신의 반성 행위의 소산인 예술의 매개에 의해 "근원적인 반성은 더 고도의 반성 단계 속에서 해소되고, 이런 식으로 계속 이어진다(die ursprüngliche Reflexion in einer höheren auflöst und so fortfährt)"(Ibid.).[10] 개별 작품 내 반성이

---

[10] 이러한 반성이 지니는 제한성을 놓고 볼 때에도 피히테와 낭만주의자 양자 간의 차이는 두드러진다. 피히테에게서 자아의 정립에 대한 반정립의 계기로서 비자아(Nicht-Ich)란 의식적인 것이 아니라 상상력의 소산이다. "자아는 자기 자신을 정립하고, 상상력 속에서 자기 자신에 대해 비자아를 반정립한다"(I 22). 이와는 반대로 낭만주의자들에게 자아의 제한은 무의식적인 상상력의 소산이 아니라, "의식적"(I 35)인 것이다. "제한성이란 한갓 자아의 흐릿한 반영이 아니라 실제적 자아다. 非자아(Nicht-Ich)가 아니라 反자아(Gegen-Ich), 너(Du)이다"(I 36). 자기반영의 활동을 제한하는 계기가 피히테의 비자아가 아니라 이렇게 反자아가 된다는 점은 단지 표현의 차이에만 국한되는 것이 결코 아니다. 이는 피히테처럼 악무한을 방지한다는 미명 하에 반정립의 계기를 궁극적으로 절대적 주체로의 정립으로 환원시키는 것이 아니라, 그로 전적으로 환원되지 않는 또 다른 독립적이고 자율적인 계기를 反자아의 이름으로 귀속시키기 위함이다. 그럼으로써 이 反자아는 절대적 자아로 소급될 수 없다는 의미에서 절대적 타자로서, '나'의 인식과 의지 하에 포섭할 수 없는 타자로서 맞서 있는 '너'로서 존립하게 되는 것이다. 그러므로 이 反자아로서의 '너'라는 제한성의 계기는 "한갓 자아의 흐릿한 반영"으로서 상상의 산물

도달하는 최대강령으로서 예술의 이념이란 바로 이러한 역동적이며 무한한 반성 맥락의 형성 그 자체를 지칭하는 것 이상이 아니다.[11]

이렇게 반성 이론의 차원에서 형성된 내재적이고 무한한 맥락이란 동시에 그 파괴의 내재성까지를 인정하고 포괄하는 운동이다. 이를 법의 맥락으로 옮겨 정식화하자면, 법의 힘으로서 직접적 폭력의 발현이란 (1) 바로 법의 발화라는 형식(과 더불어 그 반복 가능성)에 의해 매개된 직접성이며, (2) 이 직접적이고 비도구적, 자기 완결적 법의 발화와 동시에 그 무한한 반성의 행위란 바로 법의 궁극적 이념으로서 정의를 구성하는 계기, 아니 정의의 실현 그 자체와 동일시된다. 그러나 (3) 이러한 자기완결적 법 발화가 지니는 가상은 바로 그 무한한 반성의 체계 형성에 내재적인 자기제한과 자기파괴의 계기를 또한 체계의 확장 운동을 수행하는 불가결한 조건으로서 필연적으로 포함하게 됨으로써 극복된다. 그럼으로써 신화적 폭력의 법 정립(Setzung) 행위가 동시에 "새로운 역사적 시대"를 개시하고 또한 "신화적 법 형태의 주박 속에 놓여 있는 이러한 질주를 중단시키는 (…) 탈정립(Entsetzung)"(II 202)에 정초되어 있다고 「폭력비판론」의 저자가 정식화한 것처럼, 이러한 자기완결적인 수행성(das Performative)은 동시에 자기비판적인 탈수행적(afformativ) 계기를 동반하게 됨으로써(Vgl. Hamacher 1994), 자기 확장과 완결로 나아가는 무한한 맥락을 더욱 발전, 심화시킨다.[12]

도, 무의식적인 활동의 소산도 아닌, "의식적"이라는 점에서 또 다른 "하나의 실제적 자아(ein reelles Ich)"(I 36)인 것이다.

11 벤야민은 이러한 제한과 확장의 이중적 운동을 낭만주의 아이러니 개념을 통해 제시한다. 작가의 주관적 태도의 소산이 아니라 작품 형식의 내재적 운동이라는 "객관적 계기"로 파악되는 아이러니란 "형상에서 파괴를 통해 구축하고, 작품이 그 안에서 이념과 맺는 관계를 드러내는 역설적 시도를 의미"(I 87)하게 되는 것이다.

12 신적 폭력의 정립을 수행성 개념으로 해석하는 데리다를 따라 하마허는 탈수행적 개념

VI. 나가며

본고에서 「폭력비판론」으로 약칭한 이 글의 원제는 「폭력 비판을 위하여」이다. 영어본에서는 빠져 있는 이 목적을 지시하는 전치사 '위하여(Zu)'는 본디 공간적인 지향이나 도래할 미래의 시간을 지시하는 '향하여(Zu)'로도 해석할 수 있다. 적어도 양자의 공통점은 그의 작업의 주제인 '폭력 비판'이라는 것이 종결되거나 완료된 것이 아니라, 향후의 시공간적 방향이나 목적으로 나아가야 하는 일종의 당위를 나타낸다는 점에서 벤야민의 폭력론은 일종의 시론으로 간주될 수 있다. 제목에서 이미 암시되는 이러한 시론적 성격을 놓고 본다면, 그가 계획한 일련의 정치론이 지닌 미완성 상태가 개별 단위에서 그대로 재현되고 있는 것으로도 보인다. 그런데 이러한 열려 있는 측면은 낭만주의 반성이론의 특성과 결부지어 볼 때, 일종의 우연이라기보다는 도리어 벤야민 텍스트가 지닌 필연성으로도 받아들여질 수 있다. 왜냐하면 예술작품의 자기반성으로서의 비평이란 완결된 상태의 이념을 상정하는 것이 아니라, 이러한 절대적 이념을 '향하고(zu)' 또한 이를 '위해(zu)' 행해지는 무한한 행위이기 때문이다. 그렇다면 예술작품에 내재한 발전 경향을 현실화시키는 이 자기반성적 '비평'이라는 발화 행위가 직접적으로

을 통해 반박하며 발전시킨다(Vgl. Hamacher 1994). 그러나 정립-탈정립 구도에 상응한 하마허의 수행적-탈수행적 대립의 구도가 지니는 유효성을 인정하더라도, 그것이 지닌 한계는 다음과 같은 두 가지 점을 두고 지적할 수 있다. 첫째, 그는 이 탈수행성을 벤야민의 순수 수단의 개념과 연결시킴으로써, 폭력 '비판'의 계기로서 탈수행성적인 것을 결과적으로 배제하게 된다. 둘째, 탈수행성을 수행성에 내재적이고 필수적인 계기가 아닌, 그 피안에 놓인 외재적인 것으로 파악함으로써 신적 폭력을 신화적 폭력에 초월적인 것으로 파악하는 기존의 입장을 궁극적으로 반복하고 있는 문제를 지닌다. 이 점을 또한 동일하게 지적하고 있는 연구로는 다음을 참고하라. Vgl. Klinger 2011.

예술의 이념이라는 차원과 연결되듯, 이러한 견지에서 조망한 폭력 '비판'의 작업 또한 법 언어의 비도구적 발화 행위 속에서 현현하는 수행적 힘/폭력이 정의의 이념과 직접적으로 접속되는 사태를 지시한다고 할 수 있는 것이다. 그렇다면 벤야민의 폭력 '비판'이란 예술 '비평'이 그러하듯 언어의 내재적 발화를 통한 맥락과 체계 형성의 무한성을 의미한다는 점에서 그 이념을 '향[向]'하고, 그를 '위[爲]'하는 부단한 행위이자 운동이라 할 것이다. 이 점에서 벤야민의 「폭력 비판을 위하여」는 폭력 비판에 대해(über) 서술하는 이론적 텍스트이자 동시에 그 안(in)에서 폭력 비판을 스스로 행하고 있는 수행적 텍스트로도 볼 수 있을 것이다. 이 점에서 벤야민의 텍스트는 다루고 있는 주제에 대한 진술일 뿐만 아니라, 그 진술을 수행의 행위 그 자체로서 스스로 보여주고(sich zeigen) 있는(비트겐슈타인) 텍스트로도 파악할 수 있을 것이다. 이러한 벤야민의 「폭력비판론」 텍스트가 지닌 고유성을 그의 다른 텍스트 일반에까지 확장하여 적용하는 것이 가능할는지 여부는 별도의 과제로 남아 있다.

참고문헌

데리다, 자크(2004): 『법의 힘』(진태원 역). 문학과지성사.
아감벤, 조르조(2009): 『예외상태』(김항 역). 새물결.
장제형(2019): 「법의 수행성과 자기해체 - 벤야민과 데리다의 법과 폭력 비판」. 『人文學研究』 32, 83-114.
제닝스, 테드 W.(2018): 『무법적 정의 - 바울의 메시아 정치』(박성훈 역). 길.
지젝, 슬라보예(2011): 『폭력이란 무엇인가. 폭력에 대한 6가지 삐딱한 성찰』(이현우·김희진·정일권 역). 난장이.
Benjamin, Walter(1974): Der Begriff der Kunstkritik in der deutschen Romantik[1920]. In: Ders.: Walter Benjamin. Gesammelte Schriften I-1, Ffm, 7-122.
Benjamin, Walter(1974): Ursprung des deutschen Trauerspiels[1928]. In: Ders.: Walter Benjamin. Gesammelte Schriften I-1, Ffm, 203-430.
Benjamin, Walter(1974): Über den Begriff der Geschichte[1940]. In: Ders.: Walter Benjamin. Gesammelte Schriften I-2, Ffm, 691-704.
Benjamin, Walter(1977): Über Sprache überhaupt und über die Sprache des Menschen[1916]. In: Ders.: Walter Benjamin. Gesammelte Schriften II-1, Ffm, 140-157.
Benjamin, Walter(1977): Zur Kritik der Gewalt[1921]. In: Ders.: Walter Benjamin. Gesammelte Schriften II-1, Ffm, 179-203.
Deleuze, Gilles(2000): Schluss mit dem Gericht. In: Ders.: Kritik und Klinik. Ffm, 171-183.
Derrida, Jacques(1991): Gesetzeskraft. Der "mystische Grund der Autorität". Ffm.
Fischer-Lescano, Andreas(2013): Rechtskraft. Berlin.
Hamacher, Werner(1994): Afformativ, Streik. In: Ch. L. H. Nibbrig(Hg.): Was heißt "Darstellen"?. Ffm, 340-371.
Klinger, Florian: Urteilen. Zürich/Berlin.
Luhmann, Niklas(1995): Die Kunst der Gesellschaft. Ffm.
Menninghaus, Winfried(1987): Unendliche Verdopplung. Die frühromantische Grundlegung der Kunsttheorie im Begriff absoluter Selbstreflexion. Ffm.
Menke, Christoph(2011): Recht und Gewalt. Berlin.
Menke, Christoph(2015): Kritik des Rechts. Ffm.
Roberts, David(1992): The paradox of form: Literature and self-reference. In: Poetics 21, 75-91.
Schlegel, Friedrich(1967): Kritische Fragmente[1797-98]. In: Hans Eichner(Hg.): Kritische Friedrich-Schlegel-Ausgabe. Zweiter Band. Charakteristiken und Kri-

tiken I (1796-1801). Paderborn/München/Wien, 147-283.
Schmitt, Carl(1922): Politische Theologie. Berlin.
Vismann, Cornelia(1992): Das Gesetz "DER Dekonstruktion". In: Dieter Simon (Hg.): Rechtshistorisches Journal 11. Ffm, 250-264.

아도르노 미학에서 미적 진리의 문제:
예술 비평과 진리 인식[*]

곽영윤

I. 들어가며

테오도어 W. 아도르노가 그의 미학에서 탐구하는 주된 대상은 현대의 '자율적 예술(autonome Kunst)'이다. 『본보기 없이: 작은 미학(*Ohne Leitbild: Parva Aesthetica*)』(1967)과 『미학 이론(*Ästhetische Theorie*)』(1970)을 비롯한 그의 여러 미학 저술과 강의는 현대 예술의 자율성을 규명하기 위한 일련의 노력이다. 19세기 중반 유럽에서 부르주아 시민 사회의 정치·경제적 세계관과 가치관에 반발하며 등장한 '현대 예술(moderne Kunst)'은 예술이 사회에서 유용성과 실용성을 가져야 한다는 시각에 반대했다. 현대 예술의 자율성에 대한 이론적 토대는 18세기 후반의 초기 부르주아 시민 사회에서 이미 발견할 수 있다.[1] 이에 대해 아도르노는 현대 건축의 미학을 논한 「오늘날의 기능주의」(1966)에서 다음과 같이 말

---

[*] 이 글은 다음 논문을 수정하고 보완한 것이다. 곽영윤, 「아도르노 미학에서 미적 진리의 문제 II: 예술 비평과 진리 인식」, 『미학예술학연구』 제70집, 한국미학예술학회, 2023.

한다.

부르주아 시대 초기부터 모든 자율적 예술의 존재 이유는 오직 쓸모 없는 것만이 과거에 쓸모가 있었던 것을 대신하는 것, 행복한 사용, 유용과 무용(無用)의 안티테제를 넘어 사물들과 접촉하는 것에 있다. 그것은 더 나은 것을 원하는 사람들이 실용적인 것에 저항하게 만든다.[2]

인용문에서 아도르노는 자율적 예술이 세상에 존재하는 이유를 예술의 쓸모와 관련지어 설명한다. 예술의 존재 이유에 관한 물음은 인간이 무엇을 위해 예술을 만드는가에 대한 물음으로 바꿀 수 있다. 그런데 아도르노는 자율적 예술이 존재하는 이유가 그러한 물음 자체를 비판하는 데 있다고 본다. 그것은 세속화된 부르주아 시민 사회 이후 예술의 목적에 대한 물음이 예술 작품의 교환 가치에 대한 물음이 되었기 때문이다.[3] 아도르노가 보기에 교환 가치를 거부하는 것이 바로 현대

---

[1] 초기 부르주아 시민 사회에서 예술의 자율성 문제에 대해서는 페터 뷔르거, 『아방가르드의 이론』, 최성만 옮김, 지식을만드는지식, 2009, pp. 81-90 참조. 여기서 페터 뷔르거(Peter Bürger, 1936-2017)는 임마누엘 칸트(Immanuel Kant, 1724-1804)의 『판단력 비판』(1790)과 프리드리히 실러(Friedrich Schiller, 1759-1805)의 『인간의 미적 교육에 관한 편지』(1795)를 초기 부르주아 시민 사회에서 예술의 자율성 문제가 본격적으로 논의된 저작으로 본다. 뷔르거에 따르면 칸트 미학에서 "미적인 것은 모든 생활영역을 지배하는 이윤 극대화의 원칙에서 벗어나 있는 영역으로 구상된 것"(p. 83)이며, 실러 미학에서 "예술은 바로 그것이 현실에 대한 어떠한 직접적 개입도 단념하기 때문에 인간의 총체성을 재건하는 데 적합하다"(p. 88).

[2] Theodor W. Adorno, "Funktionalismus heute", in: *Gesammelte Schriften* (= GS), vol. 10.1, ed. Rolf Tiedemann (Frankfurt am Main: Suhrkamp 2003), p. 392.

[3] Adorno, *Ästhetik* (1958/59), in: *Nachgelassene Schriften* (= NS), vol. IV.3, ed. Eberhard Ortland (Frankfurt am Main: Suhrkamp 2009), p. 248 참조. 여기서 아도르노는 현대의 대중들이 예술 작품의 감상에 시간과 노력을 바치는 대가로 마치 현금을 되돌려 받는 것과 같이 '향유'와 '내면생활의 풍부함'을 얻으려 한다는 점을 비판한다. 예술에 대한 이러

예술이다. 즉 도구적 합리성에 의해 인간과 다른 존재자들이 이윤 추구의 수단으로 전락한 현실에 저항하는 것이 예술이다. 그러한 예술은 인간과 다른 존재자들이 상품 생산의 수단으로 불행하게 사용되는 것에 항의하며, 노동력과 재료가 작품 생산에 행복하게 사용되는 것을 추구하고, 자본주의적 관점에서 유용한 것과 무용한 것으로 구별되는 것을 거부한다. 유용성만을 추구하는 사회에서 자율적 예술은 아무런 쓸모가 없지만 "유용의 목적-수단-합리성"을 거부함으로써 그 너머에 존재할 "해방된 사회"를 암시한다.[4] 그리하여 "예술 작품은 더 이상 교환에 의해 훼손되지 않은 사물들, 이윤과—존엄을 잃은 인류의—허위 욕구에 의해 망가지지 않은 것의 대리자"가 된다.[5]

아도르노는 자율적 예술의 존재 이유를 작품에 내재한 사회·역사적 진리에서 찾는다.[6] 그러나 그러한 진리는 인간이 예술 작품을 만드는 목적이 아니며, 예술 작품도 진리를 인식하기 위한 수단이 아니다. 왜냐하면 작품의 진리는 예술가가 애초에 의도하거나 계획한 것이 아니라, 비합리적인 미메시스 계기들의 합리적이고 정합적인 조직에 의해 사후적으로 생겨나는 것이기 때문이다. 그래서 아도르노는 예술 작품의 미적 진리가 "모든 시대가 실행하고 있는 의식하지 못하고 말하자면 눈에 보이지 않는 역사 서술"이라는 뜻에서 진리라고 말한다.[7] 다시 말해 "예술 작품들은 그 시대에 대한 자기 자신도 의식하지 못하는 역사 서술"

한 태도는 직접적인 경제적 교환은 아니어도 예술 감상을 통해 다른 무엇을 얻으려 한다는 점에서 '교환 사유(Tauschgedanken)'와 다름없다.
4 Adorno, *Ästhetische Theorie* (= ÄT), in: GS 7, p. 338.
5 ÄT, 337.
6 Adorno, *Ästhetik* (1958/59), p. 249 참조.
7 Adorno, *Ästhetik*, pp. 256-257.

이며,[8] 그러한 의미에서 작품들은 그것들이 만들어진 사회와 역사에 대한 진리 내용을 갖고 있다. 그렇다면 예술 작품의 무의식적이고 비가시적인 진리 내용은 어떻게 알 수 있을까? 이에 대한 답변을 위해 나는 본 논문에서 아도르노의 역사철학과 예술 비평론을 중심으로 미적 진리의 인식에 관해 논할 것이다.[9]

II. 아도르노 철학에서 역사와 진리

아도르노가 말하는 예술 작품의 역사 서술이란 어떤 것인가? 이를 이해하기 위해 우리는 먼저 그가 인간의 역사를 어떻게 바라보는지 살펴보아야 한다. 그는 『신음악의 철학』(1949) 「서문」에서 헤겔의 『미학 강의 III』 마지막 단락에 나오는 구절을 다음과 같은 짧은 제사(題詞)로 인용한다.

---

[8] ÄT, 272; 페터 뷔르거, 『미학 이론과 문예학 방법론』, 김경연 옮김, 문학과지성사, 1987, pp. 92-95 참조. 여기서 뷔르거는 아도르노가 말하는 "무의식적인 역사 서술"이 예술가가 사회와 직접 대결하는 것이 아니라 예술의 재료(Material)와 대결함으로써 이루어진다는 점을 지적한다.

[9] 아도르노의 예술 비평론에 관한 연구는 음악 비평과 관련된 것이 주를 이룬다. 국내외 주요 연구는 다음과 같다. 정우진, 「아도르노와 베토벤: 내재적 음악분석을 위하여」, 『미학』 58집, 2009, pp. 79-112; Raymond Geuss, "Art and Criticism in Adorno's Aesthetitics", in: *Outside Ethics* (Princeton: Princeton Univ. Press 2005), pp. 161-183; Eberhard Ortland, "Rätselcharakter, Kommentar, Kritik. Kunstwerk und ästhetische Reflexion bei Adorno", in: *Journal of the Faculty of Letters, The Univ. of Tokyo, Aesthetics*, vol. 35 (2010), pp. 55-69; Guido Kreis, "Die philosophische Kritik musikalischer Werke", in: *Adorno Handbuch*, eds. Richard Klein, Johann Kreuzer, Stefan Müller-Doohm (Stuttgart: Metzler 2011), pp. 74-85; Espen Hammer, *Adorno's Modernism: Art, Experience, and Catastrophe* (Cambridge: Cambridge Univ. Press 2015), pp. 121-131; Max Paddison, "Riddle-Character, Interpretation, and Dialectical Image: Adorno's Philosophy and the Case of Musical Performance", in: *New German Critique*, no. 129 (2016), pp. 139-154.

왜냐하면 예술에서 우리는 그저 즐겁거나 유용한 연주 장치가 아니라 (…) 진리의 전개에 관계하기 때문이다.[10]

인용문에서 아도르노가 말줄임표를 사용하여 생략한 부분은 단순히 길거나 중요하지 않아서 없앤 부분으로 보이지 않는다. 왜냐하면 중략된 부분은 헤겔 미학의 기본 성격을 결정짓는 내용을 담고 있기 때문이다. 인용문에서 빠진 부분을 다시 채워 넣으면 다음과 같다.

왜냐하면 예술에서 우리는 그저 즐겁거나 유용한 연주 장치가 아니라 유한성의 내용과 형식들로부터 정신의 해방, 감각적인 것과 현상하는 것에서 절대자의 현현과 화해, 자연사로 소진되지 않고, 세계사로 나타나는 진리의 전개에 관계하기 때문인데, 예술 그 자체가 세계사의 가장 아름다운 측면을 만들고, 현실의 힘든 노동과 인식의 고된 노력에 대한 최고의 보상을 이룬다.[11]

헤겔의 『미학 강의』가 비록 그의 제자인 하인리히 구스타프 호토(Heinrich Gustav Hotho)에 의해 책으로 편집되면서 임의로 변형되었다고 할지라도, 책에 수록된 문장이 헤겔의 사유를 담고 있음을 부인하기는 어렵다. 헤겔의 미학은 그의 철학 체계의 일부를 이루며, 그 체계는 유한과 무한의 대립, 감성과 지성의 분열을 극복하기 위해 구상되었기

10　Adorno, *Philosophie der neuen Musik*, in: GS 12, p. 13.
11　Georg Wilhelm Friedrich Hegel, *Vorlesungen über die Ästhetik* Ⅲ, in: *Werke in 20 Bänden*, vol. 15, eds. Eva Moldenhauer & Karl Markus Michel (Frankfurt am Main: Suhrkamp 1986), p. 573.

때문이다. 위 문장에서 헤겔은 예술이 정신의 해방, 절대자의 현현, 진리의 전개에 관계하는데, 진리는 '자연사(Naturgeschichte)'가 아니라 '세계사(Weltgeschichte)'로 나타난다고 말한다. 이에 대해 아도르노는 『신음악의 철학』의 제사에서 헤겔의 『미학 강의』 끝부분에 나오는 이러한 내용을 생략하면서 헤겔의 역사관을 우회적으로 비판한 것으로 보인다. 왜냐하면 아도르노의 역사철학은 헤겔과 반대로 세계사가 아니라 자연사의 이념을 바탕으로 하기 때문이다.

아도르노의 1932년 강연문인 「자연사의 이념」에는 그의 프랑크푸르트 대학교 『역사와 자유에 관한 이론』(1964/65) 강의와 그의 철학적 주저인 『부정 변증법』(1966)을 관통하는 역사관이 담겨 있다. 그에게 '자연사(Naturgeschichte)'는 인간의 역사가 자연과 분리할 수 없이 서로 엮여 있음을 의미하는 철학 개념이다. 그는 「자연사의 이념」에서 게오르크 루카치의 『소설의 이론』(1916)에 나오는 '제2의 자연(zweite Natur)' 개념과 발터 벤야민의 『독일 비애극의 원천』(1928)에 나오는 '무상함(Vergänglichkeit)' 개념을 원용하여 자연과 역사의 변증법적 관계를 논했다.[12] '제2의 자연'은 부르주아 시민 사회에서 개인들에게 일방적으로 주어진 관습 세계가 마치 물리법칙이 지배하는 '제1의 자연'처럼 강제력을 발휘하는 것을 말한다. 반면에 '무상함'은 인간이 만들어 낸 것들이 마치 썩어 없어지는 과일처럼 시간의 경과와 함께 퇴락하고 소멸한다는 의미를 담고 있다.

아도르노는 호르크하이머와 함께 쓴 『계몽의 변증법』(1947)에서 인류 문명의 역사를 자연 지배의 역사로 보았다. 그리하여 그는 이후 『부

---

[12] Adorno, *Die Idee der Naturgeschichte*, in: GS 1, pp. 355-365 참조.

정 변증법』에서 인류사를 "야만인에서 휴머니티로" 발전한 진보의 역사가 아니라, "투석기에서 원자 폭탄"으로 발전한 재앙의 "보편사(Universalgeschichte)"로 특징지었다.[13] 이는 물론 아도르노가 인류사의 어두운 측면을 과장해서 표현한 것이지만, 그가 인류의 역사를 "자유 의식 속의 진보"로 본 헤겔의 역사관,[14] 그리고 그것을 추종한 역사주의 계열의 역사가들을 비판할 의도로 과장한 것임에는 틀림없다. 아도르노는 역사를 자연의 타자인 정신의 진보로 보는 헤겔의 보편사 이론에 근본적으로 반대한다.[15] 따라서 아도르노가 헤겔의 주장을 받아들여 예술이 '진리의 전개(Entfaltung von Wahrheit)'라고 했을 때, 이 표현에는 헤겔의 역사철학을 비판하는 시각이 들어 있다고 할 수 있다. 즉 아도르노는 진리가 초월적인 것이 아니라 시간에 따라 변화하는 것이라는 헤겔의 관점을 수용하지만, 역사에 이성적인 것이 근본적인 추동력으로 내재한다는 관점을 거부한다. 아도르노는 이처럼 헤겔의 사변적 역사철학에 반대하고 벤야민에게서 '시간의 핵(Zeitkern)'이라는 개념을 가져온다. 벤야민은 『파사주』 작업에서 다음과 같이 썼다.

'영원한 진리'라는 개념으로부터 결정적으로 전향하는 것이 필요하다. 하지만 진리는 마르크스주의가 주장하듯, 인식의 시간적 기능이 아니

---

[13] Adorno, *Negative Dialektik*, in: GS 6, p. 314.
[14] Hegel, *Die Vernunft in der Geschichte*, ed. Johannes Hoffmeister (Hamburg: Meiner 1955), p. 63.
[15] 헤겔은 『역사철학 강의』에서 "철학이 가져오는 단 하나의 사유는 이성이라는 단순한 사유, 즉 이성이 세계를 지배하고, 그리하여 세계사도 이성적으로 진행되었다는 것"이라고 말한다. Hegel, *Vorlesungen über die Philosophie der Geschichte*, in: *Werke in 20 Bänden*, vol. 12, p. 20. 헤겔의 역사철학과 그에 대한 비판적 고찰은 나종석, 「헤겔 역사철학의 근본주장 및 그 의미에 대하여」, 『헤겔연구』 21호, 2007, pp. 11-44 참조.

라, 인식되는 것과 인식하는 자가 그 속에 같이 들어 있는 어떤 시간의 핵에 묶여 있다. 어쨌든 영원한 것이 어떤 이념이기보다는 원피스 드레스에 붙은 하나의 주름 장식이라는 사실이 진정한 진리다.[16]

여기서 벤야민은 진리가 시간의 경과와 무관하게 자기 동일성을 유지하는 어떤 것이 아니라 '시간의 핵'에 묶여 있는 어떤 것이라고 말한다. 벤야민의 이러한 비유적 표현을 명확히 이해하기는 어렵다. 그러나 분명한 것은 벤야민이 역사적 진리를 헤겔주의와 마르크스주의에서 주장하듯 어떤 이념의 실현으로 보지 않는다는 사실이다. 벤야민은 인류의 역사가 어떤 목표를 향해 일관되게 나아가는 것이라는 시각에 반대한다. 그래서 그는 "인류의 진보"라는 관념을 부정한다.[17] 오히려 그는 "원피스 드레스에 붙은 하나의 주름 장식(eine Rüsche am Kleid)"과 같이 그때그때 유행에 따라 생겨났다 덧없이 사라지는 사소한 물건에서 역사적 진리를 발견한다.

벤야민의 이러한 진리관을 수용한 아도르노는 한편으로 플라톤과 칸트로 대변되는 항구적 진리관을 부정하고,[18] 다른 한편으로 헤겔과 마

---

[16] Walter Bemjamin, *Das Passagen-Werk*, in: *Gesammelte Schriften*, vol. V.1, ed. Rolf Tiedemann (Frankfurt am Main: Suhrkamp 1991), p. 578, [N 3,2].

[17] 벤야민에 따르면 "역사에서의 인류의 진보라는 생각은 역사가 균질하고 공허한 시간을 관통하여 진행해 나간다는 생각과 분리될 수 없다. 이러한 진행에 대한 비판이 진보에 대한 생각 일반에 대한 비판의 토대를 형성한다." 발터 벤야민, 「역사의 개념에 대하여」, 『역사의 개념에 대하여, 폭력비판을 위하여, 초현실주의 외』, 최성만 옮김, 길, 2008, pp. 344-345.

[18] Adorno, *Einführung in die Dialektik* (1958), in: NS, vol. IV.2, ed. Christoph Ziermann (Berlin: Suhrkamp 2010), p. 26-27. 여기서 아도르노는 '시간의 핵' 개념을 다음과 같이 설명한다. "진리라는 이념은 플라톤 시대부터 칸트에 이르기까지 영원하고 전적으로 유효한 것에 대한 이념과 같은 것이었습니다. 칸트의 '아프리오리(Apiori)' 개념을 생각해 보십시오. 그것은 필연적이고 보편적인 것이 절대로 변하지 않고 항구적인 것, 즉 모든

르크스로 대변되는 진보적 역사관에 반대한다.[19] 아도르노에게 진리는 시간의 경과에 따라 연속성을 가지고 변화하는 것이 아니라, 개별적이고 순간적이며 무상한 것이다. 그런 의미에서 진리 속에는 생성과 소멸의 계기인 시간이 들어 있다. 이와 관련하여 아도르노는 예술 작품 속에 있는 시간의 핵에 대해 다음과 같이 말한다.

아마도 오늘날 요구되는 작품들은 그것들의 시간의 핵으로 자기 자신을 불태우고, 진리가 나타나는 순간에 자신의 생명을 바치고, 그 생명을 조금도 줄이지 않은 채 흔적도 없이 사라지는 것들일 것이다.[20]

III. 예술 작품의 고등 비평

아도르노에 따르면 예술 작품에 내재한 미적 진리를 인식하는 것은 예술 비평을 통해 가능하다. 그는 1957년 여름에 크라니히슈타인(Kranichstein)에서 강연한 「신음악의 판정 기준」에서 음악 비평의 과제를 작품

가능한 판단의 조건인 것과 동일해야 함을 의미합니다. 변증법의 궁극적으로 결정적인 요구는 진리가 시간 속에서 또는 현재 속에서 찾을 수 있는 것이 아니라, 진리 자체가 어떤 시간의 핵을 가진다는 것이며, 우리는 그것을 진리 속에 시간이 있다고도 말할 수 있습니다."

19 Adorno, *Zur Lehre von der Geschichte und von der Freiheit* (1964/65), in: NS, vol. IV.13, ed. Rolf Tiedemann (Frankfurt am Main: Suhrkamp 2006), pp. 131-145 참조. 아도르노와 호르크하이머의 비판 이론에서 '진리의 시간의 핵' 개념의 다양한 함의에 대해서는 Gerhard Gamm, "Vom 'Zeitkern der Wahrheit': Anmerkungen zu Geschichte und Wahrheit in der Kritischen Theorie", in: *Angesichts objektiver Verblendung: Über die Paradoxien Kritischer Theorie*, ed. Gerhard Gamm (Tübingen: Konkursbuchverlag 1985), pp. 229-251 참조.
20 ÄT, 265. 여기서 아도르노는 파블로 피카소가 1949년에 전등 불빛으로 허공에 그린 '빛 그림(Lichtmalerei)'을 "자기 자신을 불태우고 (…) 흔적도 없이 사라지는", 즉 작품의 물질적 지속성을 지양하는 작품의 예로 든다.

의 두 가지 측면에 대한 비평, 즉 "내재적 연관(Immanenzzusammenhang)"의 분석과 사회적 진리 내용의 판별로 나누고, 후자를 "고등 비평(höhere Kritik)"이라고 불렀다.[21] 고등 비평은 아도르노가 음악 작품의 진리 인식의 문제를 구체화하기 위해 19세기 독일 문헌학과 역사학에서 도입한 개념이다.[22] 이에 대해 그는 「신음악의 판정 기준」에서 베토벤 음악을 예로 들며 다음과 같이 말한다.

음악의 감각적 현존의 계기들이 그것들의 연관을 통해 자기 자신 너머를 지시하는지의 여부는 판정 기준으로 충분하지 않고, 이러한 지시의 내용에 대한 판정이 비로소 기준이 된다. 이를테면 베토벤의 경우에 오늘날 인간애의 이념 아래에서 전체가 개별 계기들보다 우위에 있다고 여기고, 그 개별 계기들의 충동으로부터 일종의 이성의 책략으로 자신을 형성한다고 생각할 수 있다. 이와 마찬가지로 인류가 개인들 속에 존재함에도 불구하고, 인류는 그저 대자적으로만 존재하는 개인들보다 우위에 있다. 이러한 음악적 의미 규정은 역사학의 기능 전환된 용어를 사용하면 내용의 진리에 대한 '고등 비평'을 포함한다. 베토벤의 형식에서 주장되는 전체의 우위, 그리고 하나의 전체 속에서 모든 개별자의 영구적 부정은 부르주아 시민 사회 전반의 억압적 계기를 증언하며, 베토벤의 특성은 절대로 그것과 무관하지 않다. 그의 여러 서곡들에서 홀로 남은 팀파니 소리는, 밖에서 들을 때, 알아듣기

---

21 Adorno, "Kriterien der neuen Musik", in: GS 16, p. 190. 귀도 크라이스에 따르면 음악의 "내재적 비평과 고등 비평은 실제로 나누어진 단계들이 아니라, 하나의 전 과정에서 방법적으로 분리될 수 있는 계기들이다. 두 가지 비평은 서로 얽혀 있다." Guido Kreis, "Die philosophische Kritik musikalischer Werke", p. 74.
22 Kreis, "Die philosophische Kritik musikalischer Werke", pp. 80-81 참조.

어려웠던 어떤 것을 드러낸다.[23]

여기서 아도르노는 음악 작품의 '의미(Sinn)'가 순전히 음(音)들의 형식적 구성만으로 생겨나는 것이 아니라, 그러한 구성이 가리키는 작품의 내용과도 관련된다고 말한다. 이때 작품의 내용은 작품 밖에 존재하면서 그것의 생산을 가능하게 한 특정 사회에 대한 것이다. 예컨대 베토벤의 교향곡들은 19세기 초 독일의 시민 사회에서 작곡되었으며, 작품들의 의미는 부르주아 사회의 '인간애(Humanität) 이념'과 관련지어 파악할 수 있다. 아도르노는 인간의 존엄성을 최고의 가치로 여기는 인도주의 이념이 개인들에 대한 인류 전체의 우위를 전제하며, 이러한 보편의 우위가 베토벤 작품의 형식 법칙이 되었다고 본다. 그래서 아도르노는 베토벤의 서곡들에서 다른 악기들을 압도하며 요란하게 울리는 팀파니 소리가 개별자를 부정하는 작품의 "억압적 계기(das repressive Moment)"로 작용하며, 그러한 계기가 부르주아 사회의 강압적이고 권위주의적인 환경에서 비롯된 것이라고 본다.[24] 아도르노에 따르면 베토벤의 서곡들에서 팀파니 소리의 억압적 계기, 즉 다른 악기들의 소리를 제압하는 팀파니 소리의 지배적 계기는 연주회장 밖에서 들을 때 뚜렷이 드러난다. 우리는 그 전형적인 사례를 베토벤의 〈레오노레 서곡

---

23 Adorno, "Kriterien der neuen Musik", in: GS 16, pp. 190-191.
24 Adorno, "Kriterien der neuen Musik", p. 191. 아도르노는 『음악사회학 입문』(1962)에서 베토벤 음악이 부르주아 사회와 어떻게 매개되어 있는지를 다음과 같이 설명한다. "베토벤의 위대한 교향곡의 몇몇 악장들에서 반복부의 긍정적(affirmativ) 제스처가 억압적 가해자의 폭력과 권위주의적으로 '그런 거다(So ist es)'라고 말하는 폭력을 받아들이고 제스처로 장식하며 음악적 사건을 넘어서는 것은 지속적 부자유 아래에서 일찍이 자유를 의미했던 최상의 음악마저 빠져드는 이데올로기적 존재에 대한 베토벤의 강요된 칭송이다." Adorno, Einleitung in die Musiksoziologie, in: GS 14, p. 412.

3번〉 작품 번호 72b에서 발견할 수 있다.[25] 아도르노는 이처럼 베토벤 작품에 비가시적으로 내재하는 "내용의 진리(Wahrheit des Gehalts)"를 명시적으로 밝히려면 작품의 내재적 분석뿐 아니라 '고등 비평'도 필요하다고 주장한다.[26]

고등 비평은 원래 문헌학자 프리드리히 아우구스트 볼프(Friedrich August Wolf)와 역사학자 요한 구스타프 드로이젠(Johann Gustav Droysen)이 발전시킨 연구 방법론이다. 볼프는 『고고학 백과전서 강의』(1831)에서 역사 서술에 필요한 사료의 진위를 가리는 작업을 '비평(Kritik)'이라고 불렀다. 그것은 사료에 '권위(auctoritas)'를 부여하는 작업이다. 볼프는 진본과 위작을 판별하는 근거를 문서 밖에 있는 것과 문서 안에 있는 것으로 나누고, 전자에 따른 비평을 '고문서학 비평(diplomatische Kritik)', 후자에 따른 비평을 '고등 비평'이라고 불렀다. 볼프는 고등 비평을 고문서학 비평보다 더 어렵고 정밀한 작업으로 간주했다.[27] 드로이

---

[25] 아도르노는 팀파니 소리와 함께 시작되는 이 곡의 서주부를 다음과 같이 표현한다. "레오노레 서곡 3번의 시작은 마치 바다가 지하 감옥의 바닥에 다다른 것처럼 들린다." Adorno, *Beethoven: Philosophie der Musik*, in NS, vol. Ⅰ.1, ed. Rolf Tiedemann (Frankfurt a. M.: Suhrkamp 1999), p. 73.

[26] 베토벤 음악에 대한 내재적 비평의 한 예는 정우진, 「아도르노와 베토벤: 내재적 음악분석을 위하여」, pp. 98-103 참조. 여기서 정우진은 아도르노가 「음악 분석의 문제에 관하여」에서 베토벤의 제3번 교향곡 〈영웅〉의 제1악장 제1주제를 내재적으로 분석한 예를 소개한다.

[27] Friedrich August Wolf, *Vorlesung über die Encyclopädie der Alterthumswissenschaft* (Leipzig: Lehnhold 1831), p. 338 참조. 여기서 볼프는 문서의 진위를 가리는 비평 방법에 대해 이렇게 말한다. "이것은 역사 비평이 우리에게 가르치는 바이다. 그것은 책의 아우텐티아(α υθεντία, 매우 좋은 표현), 라틴어로는 아욱토리타스(auctoritas)에 의문을 제기한다. 한 권의 책은 고문서학 검증이 유사한 근거들을 가지고 문서에 덧붙여진 저자를 책에 귀속시킬 수 있을 때 진본이다. 진본성을 입증하려면 근거들을 제시해야 한다. 그러한 것들은 **내적** 근거들과 **외적** 근거들이다. 외적 근거들이 출발점이며 더 쉽다. 사람들이 **고등** 비평이라고 부르는 내적 근거들에서는 통찰력이 가장 미묘한 부분까지 발휘될 수 있다. 그러한 탐지는 공상이 아니라 증거에 근거해야 한다. 외적 근거들은 모두를 충족시켜야 하고,

젠은 『역사학 개요』(1868)에서 전승된 사본들의 진위성은 오직 고등 비평을 통해서만 판별될 수 있다고 보았다. 그것은 고문서학 비평에 적용되는 외적 기준들 자체가 위조되었을 가능성이 있기 때문이다. 그러므로 고문서학 비평의 한계를 극복하기 위해서는 문서의 내적 기준들에 의한 고등 비평이 수행되어야 한다.[28]

아도르노는 이렇게 문서의 내적 기준들에 따라 그것의 진위를 판정하는 고등 비평의 방법을 음악 비평뿐 아니라 예술 비평 전반에 적용한다. 그래서 그에게 예술의 고등 비평은 작품 속에 들어 있는 내용이 그것이 만들어질 당시의 사회적 현실에 얼마나 부합하는지를 탐색하는 작업이 된다. 하나의 예술 작품은 그 속에 비가시적으로 들어 있는 진리가 내재적 비평과 고등 비평을 통해 명시적으로 드러날 때 '진정한(authentisch)' 예술 작품으로 판정된다. 아도르노는 『미학 이론』의 「초기 서문」에서 철학적 미학의 궁극적 과제를 예술 작품의 비평으로 보고 그에 대해 다음과 같이 말한다.

어떠한 예술 작품도 자기 내부의 긴장을 완전히 해소할 수 없고, 역사는 궁극적으로 그러한 해소의 이념을 공격하기 때문에 미학 이론은 기존의 예술 작품들과 그것들의 개념에 대한 해석에 만족할 수 없다. 내적 근거들은 더 많은 통찰력과 심오함을 요구한다."

[28] 이에 대해 드로이젠은 다음과 같이 말한다. "여기에는 이제 가짜 증서들이 득실거린다. 그중 많은 것들은 경박한 인증서(Vidimus)에 기여하기 위해, 그리하여 그렇게 인증된 복사물로 사용되기 위해 위조되었다. 적지 않은 전승사본들(traditiones)에서 매우 많은 것들이 지극히 미심쩍은 성격을 지니고 있다. 물론 여기서 고문서학 비평을 통해서는 아무 것도 시작될 수 없다. 사람들은 기록물이 주장하는 바가 맞는지를 오직 내적 이유들로부터 결정할 수 있을 뿐이다. 이것이 소위 고등 비평이다." 요한 구스타프 드로이젠, 『역사학』, 이상신 옮김, 나남, 2010, p. 212. 번역문의 일부는 필자가 수정.

예술 작품들이 자신의 진리 내용으로 향한다는 사실은 철학으로서의 미학 이론을 작품들 너머로 밀어낸다. 예술 작품들의 진리에 대한 의식은 정확히 철학적 의식이며, 그것은 외견상 미적 반성의 가장 덧없는 형식인 선언문과 상통한다. 방법론적 원칙은 빛이 가장 최근 현상들에서 모든 예술로—그 반대 방향 대신에—내리비치는 것이며, 그 방법론은 아무것도 바꾸려고 하지 않는 부르주아 정신을 그 안에 지닌 역사학과 문헌학의 사용에 따른다. 새로운 것 중에서 최상의 것이 오래된 욕구에 부합한다는 발레리의 명제가 옳다면, 진정한 작품들은 과거의 작품들에 대한 비평(비판)이다. 미학은 그러한 비평(비판)을 명확히 표현함으로써 규범적인 것이 된다.[29]

인용문에서 아도르노는 '역사학과 문헌학'이 사회 변혁을 원치 않는 부르주아 정신의 산물이라고 말한다. 이러한 지적은 역사주의(Historismus)의 문제와 관련된다. 유럽의 제국주의 시대에 다양한 양상으로 전개된 역사주의를 간명하게 정의하기는 어렵지만, 예술 분야로 한정할 때, 그것은 새로움을 추구한 현대 예술과 반대되는 일련의 경향으로 이해할 수 있다. 역사주의를 대표하는 사학자는 드로이젠이다. 헤겔 역사철학의 강한 영향을 받은 드로이젠은 인류의 보편사를 '인륜성(Sittlichkeit)'의 실현으로 보았다.[30] 헤겔의 진보적 역사관에 반대하는 아도

---

29 ÄT, 533.
30 드로이젠이 보기에 "역사학적 방법의 영역은 인류세계의 우주이다. (…) 인류세계를 그 자체의 생성과 성장에 따라서, 그 운동의 연속관계에 따라서 파악하는 것은, 이 세계를 역사적으로 파악한다는 것을 의미한다." 드로이젠, 『역사학』, p. 553. 드로이젠의 역사주의에 대해서는 최성철, 「드로이젠과 역사주의」, 『한국사학사학보』 24집, 2011, pp. 127-163 참조.

르노가 보기에 드로이젠의 역사관은 19세기 부르주아 사회를 긍정하는 이데올로기에 지나지 않는다. 그래서 아도르노는 역사학과 문헌학의 방법론인 고등 비평을 예술 작품의 사회적 진리에 대한 비평으로 수용하면서도 역사학과 문헌학이 전제하는 역사주의에 대해서는 비판적 시각을 견지한다.

결국 아도르노에게 예술 비평은 작품의 진리 내용을 개념적으로 파악하는 행위다. 내재적 비평이 작품 내부에 있는 요소들의 정합성을 판정하는 형식적 측면의 비평이라면, 고등 비평은 작품과 그것이 생겨난 사회의 관계를 탐색하는 내용적 측면의 비평이라고 할 수 있다. 이 두 가지 비평은 동시에 진행되면서 작품 속에 은폐된 진리를 명시적으로 드러낸다.

Ⅳ. 사실 내용과 진리 내용

아도르노는 미적 진리에 관한 그의 이론과 관련하여 벤야민의 초기 문학 비평론도 적극적으로 수용한다. 벤야민은 자신의 비평 이론을 과거의 작품에 적용한 「괴테의 친화력」(1924)에서 다음과 같이 말한다.

> 요즈음 문학작품에 대한 문헌들을 보면 세세한 연구들을 비평적 관심에서보다 문헌학적 관심에서 추구하는 경향이 두드러짐을 알 수 있다. 그래서 다음에서 내가 시도할 괴테의 『친화력』에 대한—세부적 내용도 천착하게 될—서술은 그 의도가 오해될 소지가 있다. 즉 나의 서술은 주해(Kommentar)로 보일 수 있다는 말이다. 하지만 내 서술은 비평(Kritik, 비판)으로 의도된 것이다. 비평은 예술 작품의 진리 내용을 추

구하며, 주해는 작품의 사실 내용을 추구한다. (…) 왜냐하면 사실 내용이 눈에 띄게 드러난다면, 진리 내용은 언제나 은폐되어 있기 때문이다.[31]

인용된 구절은 아도르노 미학의 핵심 개념 중 하나인 '진리 내용'이 벤야민의 비평 이론에서 유래했음을 잘 보여준다. 벤야민은 문학 작품의 '주해(Kommentar)'와 '비평(Kritik)'을 서로 구별하면서, 전자는 '사실 내용(Sachgehalt)'을 추구하는 반면, 후자는 '진리 내용(Wahrheitsgehalt)'을 추구한다고 말한다.[32] 벤야민에 따르면 한 작품이 처음 등장했을 때, 그것의 사실 내용과 진리 내용은 서로 별개로 존재하는 것이 아니라, 보이지 않는 방식으로 결합해 있다. 그런데 시간이 흐르면서 작품을 수용하는 독자들이 달라지면 작품의 사실 내용은 서서히 사멸하지만, 그것에 가려져 은폐되어 있던 진리 내용은 가시적으로 드러나게 된다. 따라서 벤야민이 보기에 생명력이 강한 작품은 초기 수용에서는 보이지 않던 진리 내용이 오랜 시간이 흐른 뒤에 분명히 드러나는 작품이다.[33]

벤야민은 이러한 구별을 바탕으로 「괴테의 친화력」이 요한 볼프강 폰 괴테의 소설에 대한 주해가 아니라 비평임을 강조한다. 벤야민에 따르면 비평은 주해에서 시작하지만, 그 목적은 사실 내용이 아니라 진리

---

31 발터 벤야민, 『괴테의 친화력』, 최성만 옮김, 길, 2012, pp. 49-50.
32 벤야민의 '비평' 개념에 대해서는 최성만, 「발터 벤야민의 '비평' 개념」, 『뷔히너와 현대문학』 52호, 2019, pp. 181-216; 이용란, 「발터 벤야민의 예술비평 개념 연구: 미, 숭고, 진리」, 『미학』 88집, 2022, pp. 199-242 참조. 부르크하르트 린드너(Burkhardt Lindner, 1943-2015)에 따르면 벤야민의 비평론에서 "사실 내용은 설명을 요하는 역사적 현실의 산재한 풍부함뿐 아니라 작품의 대상적 소재를 의미한다." Burkhardt Lindner, "Goethes Wahlverwandtschaften", in: *Benjamin Handbuch*, ed. Burkhardt Lindner (Stuttgart: Metzler 2006), p. 476.
33 벤야민, 『괴테의 친화력』, p. 50.

내용을 밝히는 데 있다.³⁴ 그래서 벤야민은 괴테의 소설 『친화력』(1809)의 사실 내용이 작품의 신화적 내용이라고 보고, 그것이 파괴된 후에 나타나는 진리 내용을 추적한다. 아도르노는 비평에 대한 벤야민의 시각을 받아들여 프랑크푸르트 대학교 『미학 강의』(1958/59)에서 다음과 같이 말한다.

> 그러나 예술이 정말로 그 자신 속에 그러한 수수께끼 성격을 지닌다면 (…) 예술 작품들 자신이 전개되기 위해, 자기 고유의 삶을 위해, 당연히 주해와 비평이 필요합니다. 그리고 예술의 주해와 비평은 한편으로 예술의 자기 삶의 한 요소이지만, 다른 한편으로 중단될 수 없고, 계속 나아가고, 어떤 예술 이론, 그 속에서 마감해야 할 그러한 이론으로 가는 길에서 멈출 수 없습니다.³⁵

아도르노는 예술 작품이 "주해와 비평(Kommentar und Kritik)"을 통해 전개되는 "자기 고유의 삶"을 산다고 말한다. 이러한 관점은 벤야민의 「괴테의 친화력」뿐 아니라 그의 베른 대학교 박사 학위 논문인 「독일 낭만주의 예술 비평 개념」(1919)의 주요 내용을 반영한 것이다.³⁶ 벤야민은 프리드리히 슐레겔과 노발리스의 예술 비평 개념을 고찰한 이 논문에서 "예술은 반성 매체(Reflexionsmedium)의 한 규정"이고, "예술 비평

---

34 벤야민, 『괴테의 친화력』, p. 50.
35 Adorno, *Ästhetik*, p. 35.
36 아도르노의 『미학 강의』(1958/59)를 편집한 에버하르트 오르트란트(Eberhard Ortland)에 따르면 예술 작품의 수수께끼와 고유한 삶에 대한 아도르노의 생각은 벤야민의 초기 저작들과 프리드리히 슐레겔의 초기 낭만주의 철학에서 직접적인 영향을 받은 것이다. Eberhard Ortland, "Rätselcharakter, Kommentar, Kritik. Kunstwerk und ästhetische Reflexion bei Adorno", pp. 55-69 참조.

은 이러한 반성 매체 속의 대상 인식"이라고 말한다.[37] 여기서 벤야민은 예술 작품의 자율성과 객관성을 강조하며, 작품 자체의 진리가 비평을 매개로 전개된다고 주장한다. 그는 또한 슐레겔의 '낭만주의 포에지(romantische Poesie)' 개념에 주목한다. 벤야민이 보기에 낭만주의 포에지의 문제는 "시 형식들의 부단히 더 포괄적인 전개와 상승에 관한 문제다. 이 같은 과정이 일어나는 시간적 무한성 또한 매개적이고 질적이다."[38] 이러한 낭만주의 예술 비평론에 따르면 작품은 독자들에 의해 매번 새롭게 읽히면서 끊임없이 새로운 의미를 산출한다. 즉 작품은 독자들의 비평과 연결되어 자신에 내재한 진리 내용을 무한히 펼칠 수 있게 되는 것이다.

아도르노는 슐레겔과 벤야민의 이러한 생각을 받아들였다. 그래서 그는 비평을 작품에 부가된 비평가의 주관적 의견이 아니라 과정적 성격을 지닌 작품 자체에 속하는 것으로 본다. 아도르노에 따르면 "자신의 고유한 삶(Leben sui generis)"을 사는 "의미심장한 예술 작품들은 항상 새로운 층을 드러내고, 늙고, 식고, 죽는다."[39] 『미학 이론』에 나오는 다

---

[37] Walter Bemjamin, *Der Begriff der Kunstkritik in der deutschen Romantik*, in: *Gesammelte Schriften*, vol. Ⅰ.1, ed. Rolf Tiedemann (Frankfurt am Main: Suhrkamp 1991), p. 62.
[38] Bemjamin, *Der Begriff der Kunstkritik in der deutschen Romantik*, p. 92. 슐레겔은 「아테네움 단상」 116번에서 '낭만주의 포에지'를 다음과 같이 설명한다. "낭만주의 포에지는 가장 보편적이고 최고도로 형성해 낼 수 있는 능력을 가지고 있으며, 그것도 단지 내부로부터뿐 아니라, 외부에서부터 안으로까지도 그렇게 하는데, 이것은 자신의 산물들에서 전체가 되어야 할 각각의 것들과 유사하도록 모든 부분들을 조직함으로써 가능하게 된다. 그리고 이를 통해 무한히 성장하는 고전성의 전망이 낭만주의 포에지에서 열리게 된다. (…) 낭만주의 문학 장르는 여전히 생성 중에 있다. 즉 영원히 생성되고 있으며 결코 완성될 수 없다는 것이 낭만주의 문학 장르의 고유한 본질이다.", 프리드리히 슐레겔, 「아테네움 단상」, 필립 라쿠-라바르트, 장-뤽 낭시, 『문학적 절대. 독일 낭만주의 문학 이론』, 홍사현 옮김, 그린비, 2015, p. 166.
[39] ÄT, 14.

음 구절 역시 이러한 내용의 연장선 위에 있다.

작품들은 해석, 주해, 비평 같은 과정이 형식들 속에서 결정체가 되는 바로 그런 형식들을 참조하기를 요구한다. 그러한 형식들은 단순히 그것을 다루는 사람들이 작품으로 가져오는 것이 아니라, 작품들 자체의 역사적 운동의 무대이며, 따라서 독자적 권한을 가진 형식들이다. 그러한 형식들은 작품들의 경계를 넘어서는 것으로서의 진리 내용에 기여하고, 진리 내용을―비평의 과제인―허위 계기들과 구별한다. 형식들은 그 속에서 작품들의 전개가 성공하기 위해 자신을 철학으로까지 날카롭게 만들어야 한다.[40]

아도르노가 보기에 예술 작품은 오직 자율적 형식 법칙에 의해서만 작품 밖에 있는 현실에 대한 진리 내용을 담게 된다. 그는 이러한 예를 프랑스 작가 귀스타브 플로베르의 대표작 『마담 보바리』(1857)에서 발견한다. 이 소설의 사실 내용은 실제로 있었던 사건을 바탕으로 한 것이다. 그것은 "간통을 저지른 의사의 아내가 빚에 쫓겨 음독자살함으로써 노르망디 지방을 떠들썩하게 했던 들라마르 사건"이다.[41] 플로베르는 시골에서 일어난 이 범속한 사건을 소재로 택한 후 상상력을 발휘하여 작품을 창작했다. 그는 『마담 보바리』가 출간되자 "대중적이고 종교적인 도덕과 미풍양속에 대한 위반"의 혐의로 법원에 기소되었으나 재판에서 무죄 판결을 받았다.[42] 그런데 이 같은 재판은 그 시대에만 가능

---

40 ÄT, 289.
41 진인혜, 「해설: 사실주의 담장 너머 피어난 예술의 꽃, 『마담 보바리』」, 귀스타프 플로베르, 『마담 보바리』, 진인혜 옮김, 을유문화사, 2021, p. 547.

한 것이었다. 이후 "19세기 빅토리아 시대와 20세기 초에 넘쳐났던 간통 문학은 전성기 부르주아의 소가족이 해체되고 일부일처제가 약화되면서 더는 곧바로 공감할 수 없게 되었다."[43] 한때 플로베르를 법정에 서게 했던 소설의 사실 내용이 백 년 후에는 시대에 뒤떨어진 진부한 내용이 되어 쇠퇴하고 몰락한 것이다. 그러나 바로 그 때문에 "『마담 보바리』의 진정한 것(das Authentische)"이 드러나게 되었다.[44] 그것은 사실 내용에 가려져 있던 작품의 진리 내용이다.

『마담 보바리』에는 프랑스 제2제정기의 사회적이고 역사적인 진리가 담겨 있지만, 그것은 역사책에 적힌 것과는 다른 성격의 진리, 즉 미적 진리다. 그러한 예술 작품의 진리는 가시적으로 드러나지 않고, 언어의 형식적 구성에 비가시적으로 내재한다. 아도르노는 플로베르가 『마담 보바리』에서 "자신의 산문을 최대한 다듬고 의미와는 한참 동떨어진 음악적 순수함의 이상에 가까워지기 위해 감내했던 이루 말할 수 없는 망상 같은 노력"에 주목한다.[45] 그것은 평범하거나 속물스러운 시골 부르주아 시민들의 보잘것없는 일상을 자연주의적으로 냉정하면서도 극도로 순수한 음악적 언어로 표현하려는 노력이다. 이 같은 사실 내용과 음악성 간의 괴리감은 소설 속에서 보바리 부인이 겪는 삶의 "하찮음, 무의미함, 신으로부터 버림받음" 같은 부정적 계기들을 더욱 선명히 부각한다.[46]

---

42 진인혜, 「해설: 사실주의 담장 너머 피어난 예술의 꽃」, 『마담 보바리』, p. 546.
43 ÄT, 13.
44 ÄT, 13.
45 Adorno, *Ästhetik*, p. 250.
46 Adorno, *Ästhetik*, p. 250. 아도르노는 플로베르가 『마담 보바리』에서 추구한 순수한 언어가 그것이 지시하는 무의미한 삶과 극명하게 대조되는 점에 주목한다. 이에 대해서는 Adorno, "Standort des Erzählers im zeitgenössischen Roman"(1954), in: GS 11, *Noten*

이렇듯 19세기 중반 프랑스 부르주아 사회에 대한 플로베르의 비판은 소설의 사실 내용이 사멸한 후에 분명히 드러난다. 아도르노는 바로 이러한 의미에서 자율적 형식 법칙으로 구성된 작품만이 그 시대의 사회·역사적 진리 내용을 담을 수 있다고 주장한다. 그렇게 작품 속에 은폐된 진리를 명시적으로 드러낼 수 있는 것은 철학의 개념적 언어다. 다시 말해 정합적으로 구성된 참된 예술 작품만이 사회적 진리를 담은 진정한 예술 작품이며, 철학적 해석의 대상이 된다. 이에 대해 아도르노는 다음과 같이 말한다.

작품들의 진리 내용은 그것들이 의미하는 바가 아니라, 작품 자체가 참인지 거짓인지를 결정하는 것이다. 그리고 이러한 작품 자체의 진리만이 철학적 해석과 통약 가능하며, 어쨌든 이념에 따른다면, 철학적 진리와 일치한다. (…) 진정한 미적 경험은 철학이 되어야 하며, 만일 그렇지 않다면 미적 경험이란 전혀 존재하지 않는다.[47]

V. 나가며

끝으로 예술 비평을 통해 작품의 진리 인식이 가능하다는 아도르노의 관점으로 21세기 초반의 예술 현장을 바라보자. 포스트-진실의 시대로 불리는 오늘날, 동시대 미술에서는 진짜와 가짜가 무차별적으로 뒤섞이는 현실을 문제시하고 그것을 비판하는 작가들이 주목받고 있다. 대표적인 작가로 독일의 히토 슈타이얼(Hito Steyerl)이 있다. 그녀

zur Literatur, p. 45; Adorno, *Ästhetik*, pp. 117-119; ÄT, 17-18 참조.
[47] ÄT, 197.

는 2012년 비디오 작품 〈아도르노의 회색(Adorno's Grey)〉에서 아도르노가 1969년 4월에 프랑크푸르트 대학교 강의실에서 학생들과 충돌한 사건을 소환한다. 그리고 그것을 아도르노가 강의실 벽을 회색으로 칠하게 했다는 또 다른 일화와 병치하여 사건의 진실과 소문의 진위를 동시에 묻는다.[48] 이는 그동안 미적 진리의 문제와 무관하다고 여겨졌던 뉴미디어 아트에서도 진리의 문제가 새롭게 제기되고 있음을 보여주는 한 사례라고 할 수 있다. 그러나 이 작품에서 소재적 차원의 사실 내용과 구별되는 사회·역사적 진리 내용이 어떤 것인지는 아직 알 수 없다. 〈아도르노의 회색〉에 잠재되어 있는 진리를 인식하기 위해서는 작품의 형식에 대한 내재적 분석뿐 아니라 작품과 그것이 제작된 2012년 독일 사회의 관계에 대한 면밀한 분석이 필요할 것이다.

---

[48] 히토 슈타이얼의 비디오 작품 〈아도르노의 회색〉의 전반적 소개에 대해서는 김지훈, 「포스트-재현, 포스트-진실, 포스트인터넷: 히토 슈타이얼의 이론과 미술 프로젝트」, 『현대미술학 논문집』 21권, 2017, pp. 76-78 참조.

참고문헌

귀스타프 플로베르, 『마담 보바리』, 진인혜 옮김, 을유문화사, 2021.
김지훈, 「포스트-재현, 포스트-진실, 포스트인터넷: 히토 슈타이얼의 이론과 미술 프로젝트」, 『현대미술학 논문집』 21권, 2017, pp. 51-94.
나종석, 「헤겔 역사철학의 근본 주장 및 그 의미에 대하여」, 『헤겔연구』 21호, 2007, pp. 11-44.
발터 벤야민, 『역사의 개념에 대하여, 폭력비판을 위하여, 초현실주의 외』, 최성만 옮김, 길, 2008.
발터 벤야민, 『괴테의 친화력』, 최성만 옮김, 길, 2012.
요한 구스타프 드로이젠, 『역사학』, 이상신 옮김, 나남, 2010.
이용란, 「발터 벤야민의 예술비평 개념 연구: 미, 숭고, 진리」, 『미학』 88집, 2022, pp. 199-242.
정우진, 「아도르노와 베토벤: 내재적 음악분석을 위하여」, 『미학』 58집, 2009, pp. 79-112.
최성만, 「발터 벤야민의 '비평' 개념」, 『뷔히너와 현대문학』 52호, 2019, pp. 181-216.
최성철, 「드로이젠과 역사주의」, 『한국사학사학보』 24집, 2011, pp. 127-163.
페터 뷔르거, 『미학 이론과 문예학 방법론』, 김경연 옮김, 문학과지성사, 1987.
페터 뷔르거, 『아방가르드의 이론』, 최성만 옮김, 지식을만드는지식, 2009.
프리드리히 슐레겔, 「아테네움 단상」, 필립 라쿠-라바르트, 장-뤽 낭시, 『문학적 절대. 독일 낭만주의 문학 이론』, 홍사현 옮김, 그린비, 2015, pp. 145-263.
Adorno, Theodor W., *Gesammelte Schriften* (= GS), ed. Rolf Tiedemann, Frankfurt am Main: Suhrkamp 2003.
Adorno, Theodor W., *Beethoven: Philosophie der Musik, in Nachgelassene Schriften* (= NS), vol. I.1, ed. Rolf Tiedemann, Frankfurt a. M.: Suhrkamp 1999.
Adorno, Theodor W., *Einführung in die Dialektik* (1958), in NS, vol. IV.2, ed. Christoph Ziermann, Berlin: Suhrkamp 2010.
Adorno, Theodor W., *Ästhetik* (1958/59), in: NS, vol. IV.3, ed. Eberhard Ortland, Frankfurt am Main: Suhrkamp 2009.
Adorno, Theodor W., *Zur Lehre von der Geschichte und von der Freiheit* (1964/65), in: NS, vol. IV.13, ed. Rolf Tiedemann, Frankfurt am Main: Suhrkamp 2006.
Bemjamin, Walter, *Der Begriff der Kunstkritik in der deutschen Romantik*, in: *Gesammelte Schriften*, vol. I.1, ed. Rolf Tiedemann, Frankfurt am Main: Suhrkamp 1991.
Bemjamin, Walter, *Das Passagen-Werk*, in: *Gesammelte Schriften*, vol. V.1, ed. Rolf Tiedemann, Frankfurt am Main: Suhrkamp 1991.
Gamm, Gerhard, "Vom 'Zeitkern der Wahrheit': Anmerkungen zu Geschichte und

Wahrheit in der Kritischen Theorie", in: *Angesichts objektiver Verblendung: Über die Paradoxien Kritischer Theorie*, ed. Gerhard Gamm, Tübingen: Konkursbuchverlag 1985, pp. 229-251.

Geuss, Raymond, "Art and Criticism in Adorno's Aesthetitics", in: *Outside Ethics*, Princeton: Princeton Univ. Press 2005, pp. 161-183.

Hammer, Espen, *Adorno's Modernism: Art, Experience, and Catastrophe*, Cambridge: Cambridge Univ. Press 2015.

Hegel, Georg Wilhelm Friedrich, *Die Vernunft in der Geschichte*, ed. Johannes Hoffmeister, Hamburg: Meiner 1955.

Hegel, Georg Wilhelm Friedrich, *Vorlesungen über die Philosophie der Geschichte*, in: *Werke in 20 Bänden*, vol. 12, eds. Eva Moldenhauer, Karl Markus Michel, Frankfurt am Main: Suhrkamp 1986.

Hegel, Georg Wilhelm Friedrich, *Vorlesungen über die Ästhetik* III, in: *Werke in 20 Bänden*, vol. 15, eds. Eva Moldenhauer, Karl Markus Michel, Frankfurt am Main: Suhrkamp 1986.

Lindner, Burkhardt, "Goethes Wahlverwandtschaften", in: *Benjamin Handbuch*, ed. Burkhardt Lindner, Stuttgart: Metzler 2006, pp. 472-492.

Kreis, Guido, "Die philosophische Kritik musikalischer Werke", in: *Adorno Handbuch*, eds. Richard Klein, Johann Kreuzer, Stefan Müller-Doohm, Stuttgart: Metzler 2011, pp. 74-85.

Ortland, Eberhard, "Rätselcharakter, Kommentar, Kritik. Kunstwerk und ästhetische Reflexion bei Adorno", in: *Journal of the Faculty of Letters*, The Univ. of Tokyo, Aesthetics, vol. 35, 2010, pp. 55-69.

Paddison, Max, "Riddle-Character, Interpretation, and Dialectical Image: Adorno's Philosophy and the Case of Musical Performance", in: *New German Critique*, no. 129, 2016, pp. 139-154.

Wolf, Friedrich August, *Vorlesung über die Encyclopädie der Alterthumswissenschaft*, ed. Johann Daniel Gürtler, Leipzig: Lehnhold 1831.

크라카우어의 실존적 미학과 대중문화 이론에 관한 고찰: 키르케고르의 철학적 인간학과 『탐정소설』을 중심으로[*]

하 선 규

1. 들어가는 말

1966년 크라카우어가 세상을 떠난 직후 아도르노는 오랜 친구를 추모하며 에세이 「경이로운 현실주의자」를 쓴다. 아도르노는 글의 목적이 "크라카우어의 정신적 실체에 관한 객관적 이념"[1]을 개략적으로 스케치하는 데 있다고 말한다. 필자가 보기에 이 '객관적 이념'을 체계적으로 서술하는 일은 오늘날까지 해결되지 않은 과제로 남아 있다. 특히 크라카우어에 관한 국내 연구 상황을 볼 때, 그를 '독자적인 철학자'로서 명확히 파악하는 일은 앞으로 본격적으로 시도되어야 할 미완의 과제라 할 것이다.[2]

---

[*] 이 글은 다음 논문을 수정하고 보완한 것이다. 하선규, 「크라카우어의 실존적 미학과 대중문화 이론에 관한 고찰: 키에르케고어의 철학적 인간학과 『탐정소설』을 중심으로」, 『미학예술학연구』 제58집, 한국미학예술학회, 2019
[1] Th. Adorno, "Der wunderliche Realist", in: *Noten zur Literatur*, ed. R. Tiedemann, Frankfurt a. M., Suhrkamp, 1981, p. 388.

그런데 다행히도 이를 위한 단서를 찾기가 그리 어렵지는 않다. 자신의 미완성 유작이 된 『역사. 끝에서 두 번째 세계』의 「서론」에서[3] 크라카우어는 프랑크푸르트, 베를린, 파리, 마르세유, 뉴욕으로 이어진 파란만장한 지적 여정을 되돌아본다. 그는 겉보기에 연관성이 없어 보이는 자신의 여러 저술들의 바탕에 일관된 사유의 지향, 어떤 '규제적 이념'이 놓여 있음을 깨닫는다. 그것은 다름 아니라 눈에 잘 띄지 않는 "현실의 영역들", 그의 말을 빌리자면 여전히 "미지의 땅(terra incognita)"(W 4, 12)으로 남아 있는 경험 영역들을 사유의 노력을 통해 해명하고 구제하는 일이다. 실제로 우리는 초기 저작에서 후기 저작에 이르기까지, 이 '미지의 땅'이란 비유를 여러 곳에서 발견할 수 있다.[4] 이 비유는 내용적으로 『역사』의 부제인 "끝에서 두 번째 세계"란 말과 직접적으로 연결되어 있다.

중요한 것은 '미지의 땅'이란 비유에서 크라카우어 사상의 두 가지 핵심 특징을 읽어낼 수 있다는 점이다. 한편으로 그는 현대 주체가 경험하는 '세계(현실)' 가운데 아직 이론적으로 적절히 파악되고 평가되지

---

[2] 크라카우어에 관한 주목할 만한 국내 연구 성과로 다음을 들 수 있다. 윤미애, 「보이지 않는 도시의 서술 가능성. - 크라카우어와 모던 도시」, 『뷔히너와 현대문학』 31권, 한국뷔히너학회. 2007; 임홍배, 「물질적 구체성과 직관적 구성의 변증법 - 크라카우어의 비판적 문화이론」, 『독일어문화권연구』 23집, 서울대 독일어문화권연구소, 2014; 졸고, 「소외와 구제의 이미지 - 크라카우어의 영상철학에 대한 시론」, 『미학』 53집, 한국미학회, 2008. 크라카우어에 관한 주요 연구 성과는 코흐 책의 서지를 참조하면 된다. G. Koch, *Siegfried Kracauer*, 2.ed., Hamburg, Junius, 2011, pp. 174-178.

[3] 크라카우어의 저작은 기본적으로 전집(W)의 권수와 쪽수에 따라 인용한다. 다만 생전에 출간한 『군중의 장식(*Das Ornament der Masse*)』(OM)에 실린 에세이들과 『영화의 이론』(TF)은 각각 책의 약호와 쪽수에 따라 인용한다. 자세한 서지는 참고문헌을 볼 것.

[4] 「여행과 춤」(OM 41), 「칼리코 세계」(OM 271-278), 『사무원들』의 '미지의 영역'(W 1, 217-222), 『영화의 이론』에서는 "심리적-물질적 상응 관계를 지닌 질료적 현실" 개념이 중요하다(TF 389).

못한 '경험 영역'이 남아 있다고 생각한다. 만약 철학적 사유가 현대 세계와 현대 주체의 상태를 온전히 포괄하고자 한다면, 반드시 이 영역의 '존재론적 성격'과 그 인간학적이며 사회문화적인 의미를 깊이 성찰해야 한다. 다른 한편으로 크라카우어는 기존의 분과학문 체제로는 이 경험 영역에 대한 이론적 성찰이 제대로 이루어질 수 없다고 간주한다. 이 영역의 고유한 성격과 의미에 상응하는 '새로운 철학적 사유'가 필요한 것이다. 철학, 문학, 사회학, 심리학, 역사학, 경제학 등 기존의 세분화된 개별 학문으로는 이 영역에 적절히 다가갈 수 없고, 오히려 개별 학문들의 경계를 넘어서는 '탈-경계적이며 융합적인' 사유가 시도되어야 한다. 그렇다면 기존의 철학과 실증적 학문들이 간과해 온 '미지의 경험 영역'은 현실의 어떤 차원을 가리키며, 탈-경계적이며 융합적인 사유는 구체적으로 어떤 면모를 지닌 사유일까?

이제 본고는 이 두 가지 질문을 해명하기 위해 크라카우어가 1920년대 중반에 집필한 저작 『탐정소설』(W 1, 103-209)에[5] 각별히 주목하고자 한다. 그 이유는 세 가지다. 우선 크라카우어는 『탐정소설』을 1910년대의 사상적 모색의 시기를 거쳐 대중문화 현상에 대한 독자적인 문제의식과 철학적 비평의 관점을 정립한 시기에 썼다. 그러니까 『탐정소설』은 '미지의 경험 영역'과 '탈-경계적이며 융합적인 사유'의 의미를 해명하기 위한 이론적 단서들 내지 논점들을 다수 포함하고 있다. 두 번째로 『탐정소설』은 크라카우어의 저작 가운데 '철학적 색채'가 가장 짙은 텍스트이다. 이때 '철학적'이라는 말은 크라카우어가 탐정소설이라는 대중문학 장르를 논평하는 데 그치지 않고, 데카르트와 칸트로 대

---

[5] 크라카우어는 책의 부제를 '탐정소설에 대한 철학적 논고'라(W 1, 105) 붙였는데, 탐정소설의 '형이상학'이라는 부제도 진지하게 고려한 바 있다.

표되는 서구 근대철학 전통과 진지한 비판적 대결을 벌인다는 뜻이다. 곧 보겠지만, 크라카우어는 키르케고르의 철학적 인간학을 독자적인 방식으로 재전유하면서 탐정소설 형식의 이념과 구성 요소들을 역사철학적으로 분석, 평가하고 있다. 세 번째로 『탐정소설』은 예술과 대중문화에 대한 크라카우어의 독특한 미학적 관점을 가장 분명하게 보여주는 저작이다. 크라카우어는 책을 아도르노에게 헌정하였다. 그런데 그 배경에는 아도르노에 대한 존경과 함께 자신의 미학적 관점이 아도르노와 다르다는 것을 명시하려는 의지도 놓여 있다고 보인다.[6] 또한 크라카우어는 책을 집필할 당시 아도르노를 통해 벤야민의 실패한 교수자격 논문 『독일 비애극의 원천』을 읽었다. 그 때문에 『탐정소설』에는 그가 벤야민의 역사적 예술철학을 어떻게 수용했는가를 엿볼 수 있는 흥미로운 흔적들도 담겨 있다.[7]

본고는 『탐정소설』을 본격적으로 논의하기 전에, 크라카우어의 사상적 모색기에 해당되는 1910년대와 20년대 초반의 시기를 간략히 살펴보고자 한다. 이 시기의 몇몇 모티브에서 크라카우어가 초기부터 고유한 철학적 입장을 정립하기 위해 분투했음을 확인할 수 있기 때문이다. 이 예비적 고찰은 『탐정소설』이 어떤 사유의 노력을 배경으로 탄생한 저작인가를 이해하는 데도 도움이 될 것이다.

---

[6] 아도르노에 대한 헌정의 의미에 대해선, 졸저, 『지그프리트 크라카우어』, 서울, 컴북스, 2017, pp. 18-21.
[7] 크라카우어는 약 5년 후인 1928년에 벤야민의 『비애극서』와 『일방통행로』에 대한 서평 「벤야민의 저술에 대하여」를 쓴다(OM 249-255). U. Steiner, *Walter Benjamin*, Stuttgart, Metzler, 2004, p. 18 참조. 크라카우어와 벤야민의 역사철학을 세밀하게 비교, 논의하는 일은 다음 기회로 미룬다.

2. 크라카우어의 초기 철학적, 방법론적 모색: 『탐정소설』의 생성 배경

크라카우어의 사유의 여정은 크게 네 시기로 구별할 수 있다.[8] 첫째는 사회학적이며 '인식론적 관심'이 두드러진 1907년-1921년의 시기다. 이 시기에 그에게 중요했던 사상가는 칸트, 헤겔, 루카치, 라스크, 짐멜, 셸러 등이었다. 둘째 시기는 1921년-1924년 사이다. 이 시기에 크라카우어는 직업적으로 건축사의 길을 포기하고, 『프랑크푸르트 신문(FZ)』 문예란(Feuilleton)에 정기적으로 글을 쓰는 문필가의 삶을 선택한다. 또한 사상적으로는 키르케고르의 인간학과 프로이트의 정신분석을 철학적 성찰의 중요한 토대로 받아들인다. 그는 이미 이 시기에 사유 방법론과 비평적 문체에서 독자적인 '문화철학자'의 면모를 갖추게 된다. 셋째 시기는 1925년-1941년 사이다. 이 시기는 크라카우어가 영화비평가, 문화비평가로서 정력적으로 활동하다가 나치 독일에 쫓겨 프랑스의 마르세유와 파리에서 망명 생활을(1933-1941) 보낸 시기다. 불안과 궁핍으로 점철된 이 시기에 크라카우어는 아도르노, 뢰벤탈, 벤야민, 블로흐 등과 지적으로 교류하면서 자신의 고유한 비판적 유물론의 관점을 정립한다. 마지막으로 네 번째 시기는 1942년-1966년의 미국 정착기다. 불안정한 생활 여건과 사회과학 연구원이란 신분 탓에, 크라카우어의 저술은 거의 영화이론과 나치 독일의 이데올로기를 분석하는 데 집중된다. 네 가지 시기 가운데 첫째와 둘째 시기, 그러니까 1907년-1924년 사이가 사상적 모색기에 해당된다. 이 시기에 나타나는 여러 사유 모티브들 가운데 두 가지에 각별히 유념할 필요가 있다.

---

[8] H. Stalder, Siegfried Kracauer. Das jounalistische Werk in der *"Frankfurter Zeitung" 1921-1933*, Würzburg, Königshausen & Neumann, 2003, pp. 114-116 참조.

하나는 현실성 상실과 이념적 공허에 대한 진단이며, 다른 하나는 짐멜 철학의 충실하면서도 독창적인 수용이다. 이 두 가지 모티브를 짚어봄으로써, 우리는 크라카우어의 사상적 발전과 철학적 성찰의 방향성을 좀 더 분명하게 파악할 수 있다.

2. 1. 당대와 근대 주체에 대한 비판적 진단: 현실성 상실과 이념적 공허

벤야민과 마찬가지로 크라카우어의 지적 관심은 대학 시절부터 철저하게 '철학적' 문제들을 향해 있었다.[9] 그는 낭만주의를 포함한 독일 관념론 전통을 중심으로 니체, 짐멜, 베버, 라스크, 후설, 셸러 등의 저작을 탐독했는데, 그중에서도 칸트 철학과 상세하고 진지한 대결을 벌인다.[10] 그런데 크라카우어가 칸트 철학을 해석하는 시각은 당시 철학계의 주류였던 '신칸트학파'[11]와는 현저하게 달랐다. 그는 칸트 철학을 '과학적 인식'의 인식론적 토대로 삼거나 보편적이며 객관적인 '가치들의 철학'으로 재정립하는 일에 관심이 없었다. 오히려 그의 시선은 칸트 철학에서 '근대적 주체'의 운명을 비판적으로 읽어내는 일을 향해 있었다. 급변하는 현대 자본주의 세계에 직면하여, 칸트적인 선험적 주체가 여전히 역사적 현실성을 주장할 수 있는가? 칸트가 인식과 도덕의 원천으로 논구한 '선험적 주체'가 이 새로운 현대 세계에서 어떤 근본적인 한계와 변화를 겪을 수밖에 없는가? 이러한 질문들이 그의 중심

---

9 I. Belke & I. Renz, *Siegfried Kracauer 1889-1966*, Marbach a. N., Marbacher Magazin 47, 1986, pp. 1-5.
10 크라카우어는 1913/4년과 1916년에 칸트 윤리학의 현재적 의미와 가능성을 논구하는 두 편의 긴 논고를 쓴다. 「인격의 본질에 관하여」(W 9.1, 7-120)와 「정신적 삶의 인식 가능성에 관하여」(W 9.1, 121-168)가 그것이다.
11 신칸트학파의 역사와 사상적 특징에 대한 출중한 연구서로는, K. Ch. Köhnke, *Entstehung und Aufstieg des Neukantianismus*, Frankfurt a. M., Suhrkamp, 1989.

문제였다.

이미 여기서 크라카우어가 근대 철학을 해석하는 독특한 시각이 드러난다. 이 시각의 핵심은 '역사철학적' 관점과 당대 '현실에 대한 비판적' 관점으로 요약할 수 있다. 사상적 모색기에 두드러지는 두 가지 사유의 모티브는 바로 이들 관점을 바탕으로 하고 있다. 첫 번째 모티브는 현대 자본주의 세계를 근본적으로 '현실성 상실'과 '이념적 공허'의 세계로 진단하는 입장이며, 두 번째 모티브는 짐멜의 사유 방법론을 현대 세계의 유물론적 해명을 위한 방법론으로 변형시키려는 시도이다.

먼저 첫 번째 모티브를 보자. 이 모티브가 선명하게 표현되어 있는 글은 1922년의 에세이 「독일의 정신과 현실」(Bd.5,1, 363-372)이다. 크라카우어는 현대 세계의 상황을 중세 기독교 세계와 대비시킨다. 중세는 "계시된 신적 구원론"을 구심점으로 하여 하나의 "의미로 충만한 통일된 우주"가 널리 받아들여진 시기다. 반면, 현대 세계는 이 우주가 붕괴되면서 출현한 세계로서, 의미와 구원의 가능성이 사라진 세계, 혹은 '완전한 카오스'의 세계라 할 수 있다. 통일된 의미의 우주가 무너지면서 근대적 주체가 마주하게 된 현실은 "모든 것이 열려 있는 카오스" 상태와 다름없다. 또는 충만한 현실성을 상실한 허무주의적 세계라 할 수 있다.[12]

그런데 이 상태를 극복하기 위해 근대적 주체가 택한 길은 자기 자신을 '순수하고 추상적인 지성', 곧 칸트적인 '이론 이성'으로 협소화시키는 길이었다. 그 결과 '형식적인 사유'와 '순수한 학문들'이 보편적 인식

---

12 「형태와 해체」란 제목의 글도 중요하다(W 5,2, 283-288). 모더니티 세계와 우연성 및 현실성 해체의 연관성에 대해선, M. Makropoulos, *Modernität und Kontingenz*, München, Wilhelm Fink, 1997, 특히 101-115 참조.

의 중심을 차지하게 된다. 그러나 크라카우어가 보기에 이 관념론적인 길은 '파편화되고 카오스적 상태에 있는 현실'을 적절히 포착할 수 없다. 왜냐하면 관념론적인 길은 "규정성이 부재한 영혼의 자산"을 자극하고 활성화시킬 수 있을지는 모르지만, 결코 "규정된 현실성"이나 "실제 현실이 지니고 있는 고유한 가치"에 다가갈 수 없기 때문이다.[13]

크라카우어의 이러한 진단에서 우리는 1차 세계대전 직후의 보수주의적 문화비판 경향과 초기 루카치의 영향을 느낄 수 있다. 특히 루카치가 『소설의 이론』(1920)에서 개진한 '선험적 고향 상실성'의 영향이 분명하게 감지된다. 하지만 크라카우어가 이미 1914년에 '의미의 총체성과 공동체'의 상실을 언급하고 있음을 기억해야 한다.[14] 또한 1926년에도 그는 루카치가 마르크스주의를 참된 '현실성의 내용'으로 채우지 못하고 오히려 '관념론적 정신과 형이상학'과 결합시키고 있다고 비판한다(블로흐에게 보낸 편지, 1926. 5. 27). 아무튼 '현실성 상실'과 '이념적 공허'의 모티브는 1922년의 또 다른 중요한 에세이 「기다리는 자들」에도 분명하게 나타난다.

「기다리는 자들」(W 5.1, 383-394)[15]에서 크라카우어는 바이마르 공화국 초기, 독일인들의 '분열된 내면' 상태를 비판적으로 진단한다. 그는 당시 유행하던 다섯 가지 종교적-정신적 사조를 분별하면서, 사회역사적 현실을 고려할 때 이 사조들 모두 '역사적 정당성'을 확보할 수 없다

---

[13] W 5.1, 108-109 참조. 관념론 철학에 대한 이러한 비판적 시각은 가깝게는 짐멜과 니체, 좀 더 멀리는 키르케고르와 하만의 합리주의적이며 사변적인 철학 비판과 상통하는 지점이다. 『영화의 이론』에서도 현대 세계를 지배하는 사유를 '추상적 사유'로 비판한다 (TF 230, 특히 373-382 볼 것).
[14] 크라카우어는 '모든 것이 붕괴된' 현대적 상황을 언급한다(W 5.1, 89-90). 아울러 무너진 종교와 신학의 공허를 채우지 못하는 철학의 무능력도 비판한다(W 5.1, 282).
[15] 상세한 해설은 다음을 볼 것. H. Stalder, *Siegfried Kracauer*. 위의 책, pp. 126-135.

고 단언한다. 이들 모두 독일인의 내적 분열 상태를 극복하는 데 아무런 도움이 될 수 없는 비현실적 시도라는 것이다. 크라카우어는 이어, 이러한 사조들과 달리 윤리적으로 용인될 수 있는 세 가지 태도를 지적한다. 첫째는 다시금 신속하게 신앙의 세계를 향해 '내면적 결단'을 내리는 태도이며, 둘째는 현실의 변화와 질곡을 냉철하게 직시하면서 급진적인 '세속적 회의주의'를 견지하는 태도이다. 크라카우어는 이 두 번째 태도를 대표하는 사상가로 막스 베버를 언급한다. 마지막으로 세 번째는 어떤 '주저하면서도 열려 있는' 상태에서 무언가를 기다리는 태도이다.

크라카우어가 역사적으로 정당하다고 평가하며, 사실상 자기 자신과 동일시하고 있는 것은 세 번째 태도이다. 확정된 것은 아무것도 없지만 열린 태도로 무언가를 기다리는 것. 기다리는 자는 성급하게 어떤 종교적 분파나 신비주의 속으로 뛰어들지 않는다. 그렇다고 자신을 외부 세계로부터 고립시키거나 사유의 도약을 위한 모든 희망을 거두지는 않는다. 주저하기는 하지만, 기다리는 자는 새로운 사유의 가능성에 대해 항상 열려 있다. 기다리는 자는 바로 '살아 있는 현실성과 구체적인 경험 영역들'을 진정으로 포괄할 수 있는 새로운 사유의 출현을 기다리고 있는 것이다.

2. 2. 미출간 저서 『짐멜』: 독자적인 사유 방법론의 형성

사상적 모색기에 두드러진 두 번째 모티브는 사유 방법에 대한 고민이다. 이 고민 과정에서 젊은 크라카우어에게 가장 깊은 흔적을 남긴 이는 의심의 여지없이 짐멜이었다. 그는 짐멜의 강의를 직접 들었을 뿐 아니라 개인적으로 서신을 교환하면서 지적으로 활발히 교류하였다. 1918년 짐멜이 암으로 갑자기 세상을 뜨자, 그는 단숨에 단행본 저작

『짐멜』(1919)을 쓴다(W 9.2, 139-280). 크라카우어는 이 책을 생전에 출간하지는 못하지만, 책의 서론에 해당되는 텍스트를 1919년 철학 저널 『로고스』에 발표하고, 이 텍스트를 1963년 『군중의 장식』을 출간할 때 그 속에 포함시킨다.[16]

크라카우어에게 짐멜은 어떤 사상가였을까? 짐멜은 스피노자의 "하나이자 전체(hen kai pan)", 혹은 쇼펜하우어의 "형이상학적 의지"처럼 어떤 절대적인 원리, 절대적인 형이상학적 이념을 전제한 사상가가 아니다. 헤르더나 헤겔처럼 인류의 역사 전체를 총체적이며 거시적인 관점에서 조망하고 해석하려 하지도 않는다. 또한 짐멜은 경험론적 철학자처럼 마음의 내성적(introspective) 관찰을 통해 심리학적 기제나 법칙적 연관을 찾아내거나, 생리학, 생물학, 진화론과 같은 자연과학을 기반으로 인간 행위를 설명하는 일에도 관심이 없다.[17]

물론 현대의 다른 사상가들과 마찬가지로 짐멜 사유의 중심에는 언제나 '인간'이 있다. 그런데 짐멜의 인간은 생물학적 종으로서의 인간이나 '의식 주체'로서의 인간이 아니다. 오히려 그가 주목하는 인간은 구체적인 사회적, 문화적 현실 속에서 타인들과 수많은 관계를 맺으면서 살아가는 인간이다. 한마디로 '구체적 생활인'이라 할 수 있다.[18] 중요한 것은 짐멜이 '구체적 생활인'으로서 인간을 관찰할 때, 고립된 존재

---

16 짐멜과의 지적 교류에 대해선, M. Brodersen, *Siegfried Kracauer*, Hamburg, Rowohlt, 2001, pp. 36-46. 또한 크라카우어 전집 편집자의 후기도 볼 것(W 9.2, 303-304).
17 짐멜 사상 전반에 대한 충실한 소개서로는 김덕영, 『게오르그 짐멜의 모더니티 풍경 11가지』, 서울, 도서출판 길, 2007.
18 전통적인 철학이나 자연과학과는 다른 '사회 속의 인간'에 주목하게 된 것은, 짐멜이 남긴 저작이 보여주듯이, 쇼펜하우어, 니체, 괴테의 영향이 컸다고 할 수 있다. 이와 관련해서는 짐멜의 저작 가운데 특히 「쇼펜하우어와 니체」와 「칸트와 괴테」가 중요하다(G. Simmel, 『근대 세계관의 역사』, 김덕영 편역, 서울, 도서출판 길, 2007).

로서가 아니라 언제나 개인과 개인, 개인과 사회 사이의 '관계와 상호 작용'을 중시한다는 점이다. 크라카우어에 따르면, 이것이 바로 짐멜의 사유 전체를 관통하는 근본적인 모티브이다. 짐멜 사유의 '근원체험'인 것이다. "정신적 삶의 모든 표현들은 명명할 수 없을 만큼 많은 상호관계들 속에 놓여 있다. 이 표현들 가운데 어느 하나도 이 많은 상호관계로부터 분리시켜 독립시킬 수 없다."(OM 218)

그리고 이러한 근원체험으로부터 두 가지 방법론적인 지침 내지 발견술적인 원리가 도출된다. 하나는 겉보기에 상이한 현상들 사이에 어떤 심층적인 '공통적 귀속성'이 존재한다는 원리이며, 다른 하나는 상이한 현상들을 가로지르는 '유비적(Analogie) 관계성'을 찾아내야 한다는 원리이다. 물론 두 원리는 뗄 수 없이 맞물려 있다. 첫째 원리는 개별 현상들이 외적으로 보여주는 '대자적 독립성'을 깨뜨려야 한다는 요구이며, 둘째 원리는 이를 바탕으로 개별 현상들 사이에서 가능한 풍부하고 다양한 '유비적 관계성'을 발견해야 한다는 요청이기 때문이다. 결국 짐멜 사유의 방법론은 개별 현상들 사이의 '내밀한 연관성'을 발견하는 일과 다양한 현상들과 경험 영역들을 포괄하는 '총체적인 이념'을 파악하는 일로 귀결된다.

짐멜이 '구체적 생활인'의 삶에서 예민하게 주시하는 것은 어떤 현상들일까? 크라카우어는 짐멜이 추상적 개념도 아니고 순수하게 개별적인 것도 아닌, 그 사이에 존재하는 '중간 수준의 보편적 현상들'에 주목한다고 말한다. 왜냐하면 이 중간 수준의 보편적 현상들 속에서 개인과 개인, 개인과 사회의 긴밀한 관계와 상호작용이 명료한 형태로 드러나기 때문이다(OM 229). 짐멜이 논의하는 중간 수준의 현상들은 '화장', '사교성', '장신구', '손잡이', '식사', '유행', '돈' 등 대단히 다채롭다. 그는 방금 언급한 '내밀한 연관성과 총체성의 이념의 원리'에 따라 이들의 현상적 차원과 정신적 차원을 예리하게 분석하고, 이 두 차원의 복합적인 관계와 변증법적인 상호 작용을 세밀하게 밝혀낸다.

크라카우어는 근래의 철학사에서 짐멜만큼 다양한 현상들 사이의 연관성을 찾아내고자 노력한 이는 거의 없었다고 평가한다. 짐멜의 사유는 유연하고 민첩하다. 그는 인간과 사물, 개인과 사회, 횡단과 종단, 원격과 근접, 한 관계에서 다른 관계로 거침없이 움직인다. 아무 계획 없이 방랑하는 유목민적이며 '비체계적인 사상가'라 할 수 있지만, 눈에 잘 띄지 않는 연관성들을 찾아내고, 찾아낸 연관성들 사이에 다시 유비의 다리를 놓는 데는 어느 누구보다도 치밀하고 창의적이다. 독자는 짐멜의 성찰과 분석을 쫓아가면서 감성적 차원의 수많은 요소들이 마치 비밀스러운 별자리처럼 내밀하게 연결되어 있다는 느낌을 받는다. 크라카우어는 짐멜 사유의 의미심장한 성취를 최종적으로 이렇게 요약한다. "짐멜은 사유의 모든 재료를 늘 '내적 지각'으로 생생하게 직관하고 있다. 그는 이러한 직관적-대상적인 지각, 구체적인 체험적 예민함을 통해 다른 사람들이 쉽게 다가갈 수 없는 생생한 '삶의 현실성'에 다가가고 이를 섬세하게 감지할 수 있다. 짐멜의 모든 사유는 그 근본에 있어서 오직 시선을 대상을 향해 있으면서 대상을 포착하려는 시도이다. 그는 자신의 사유 노력을 통해서 항상 가장 단순한 현상이 지니고 있는 '상징적 함의'가 분명하게 부각되도록, 다시 말해 이 단순한 현상 속으로 세계의 다양한 연관과 충만함이 흘러 들어가도록 노력했던 것이다." (OM 247-248)

독자적인 철학적 방법론을 모색하는 크라카우어에게 짐멜의 섬세하고 유연한 사유가 끼친 영향은 지대했다. 살아 있는 사회적 현실성을 간과하거나 축약해선 안 된다는 문제의식, 구체적인 생활인, 곧 현실의 사회문화적 맥락에 초점을 맞추는 태도, '모든 것은 모든 것과 연관되어 있다'는 보편적 연결과 관계성의 사유, 다양하고 이질적인 현상들의 유사성을 찾아내고 이로부터 다시 유비적으로 사회의 포괄적 이념으로 상승하려는 시도 등 철학적 사유의 기본적인 태도와 방법론의 측면에서 짐멜은 전범적인 스승이었다. 가령 바이마르 시기, 크라카우어의 중요한 철학적 에세이라 할 「군중의 장식」 서두의 다음 언명은 짐멜을 충실하게 계승한 것임에 분명하다.[19] "우리는 한 시대가 역사의 진행과정에서 차지하는 위치를, 그 시대가 스스로 내리는 판단에서보다 눈에 거의 띄지 않는 표면상의 표현을 분석함으로써 훨씬 더 명확하게 규정할 수 있다. 시대가 자신에 대해 내리는 판단이란 시대적 경향성의 표현으로서 시대의 전체 상태에 대해 적확하게 증언해 주지 못한다. [반면] 표면상의 표현들의 경우에는, 이들이 지닌 무의식적 성격으로 인해 현존하는 것의 본질적 내용(Grundgehalt)에 직접적으로 다가갈 수 있는 것이다."(OM 50)[20]

그러나 크라카우어는 짐멜의 충실한 계승자에 머무르지 않았다. 그는 이미 초기부터, 미묘하지만 분명하게 짐멜과는 다른 일련의 사상적 지향을 품고 있었다. 첫째로 크라카우어는 짐멜이 분석 대상으로 삼은 '중간적 수준의 현상들'의 범위를 보다 넓게 확장시키고자 한다. 사회학

19 특히 짐멜의 에세이 「대도시와 정신적 삶」(1903, G. Simmel, 『짐멜의 모더니티 읽기』, 김덕영, 윤미애 역, 서울, 새물결, 2005, pp. 11-34)과 저서 『렘브란트』(1916)의 「서문」을 보라(G. Simmel, 『렘프란트』, 김덕영 역, 서울, 도서출판 길, 2016, pp. 21-28).
20 뮬더-바하는 크라카우어의 '표면적 현상 분석'이란 연구프로그램이 가진 고유한 사상적 지향점과 철학적 의미를 탁월하게 해설하고 있다(Inka Mülder-Bach, *Siegfried Kracauer, Grenzgänger zwischen Theorie und Literatur. Seine frühen Schriften 1913-1933*, Stuttgart, Metzler, 1985, pp. 86-95).

적, 생활세계적 현상들을 넘어서서 모든 대중문화 형식들과 체험들 전체를 포괄하고자 하는 것이다. 여기에는 물론 크라카우어의 천직이 된 신문 비평가의 삶이 결정적인 역할을 했을 것이다.[21] 둘째로 크라카우어는, 특히 후기로 갈수록 짐멜 사상의 중심으로 부상하는 '형이상학적 생철학'으로부터 분명하게 거리를 둔다. 크라카우어에게 "절대적인 생의 흐름" 혹은 "생은 언제나 생을 넘어서 있다."와 같은 철학적 원리는 구체적 현상들을 역사적-사회문화적으로 해명하고 비판한다는 목표에 비추어 볼 때 또 다른 절대주의나 비합리주의적 이념으로 회귀하는 일에 다름없었다.[22] 셋째로 마르크스의 유물론을 긍정적으로 수용한 크라카우어는 짐멜과 달리 자본주의 생산체제의 강압이 대중의 삶과 문화에 어떻게 영향을 미치고 있는가를 파악하고자 한다.[23] 짐멜이 도달한 '사회적 총체성의 이념'이 전체적으로 '정신주의적'이며 '생철학적'인 색채를 띤 개념인 반면, 크라카우어의 경우에는 자본주의 생산체제와 소유관계에 대한 비판적 관점, 다시 말해서 이 생산체제와 소유관계를 유지하고 강화하려는 '합리성(혹은 효율성)의 독재'와 '구조적 강압'을 폭로하려는 비판적 문제의식을 바탕으로 하고 있다. 넷째로 종교적, 신학적 운동에 대한 비판적 관심에서 드러나듯이, 개별 현상들을 서술하고 이해하는 것을 넘어서서 '역사철학적, 신학적으로 구제'하려는 지향이 짐멜과

---

21 질로크는 크라카우어 사유의 두 가지 특징으로 '시각적 차원'과 '생의 흐름'에 대한 섬세하고 강렬한 열정을 부각시킨다(G. Gilloch, *Siegfried Kracauer*, Cambridge, Polity Press, 2015, pp. 12-13).
22 당대 생(Leben)의 개념과 생철학의 부상에 대한 역사적이며 비판적 언급 참조(W 5.1, 101-102).
23 크라카우어의 신화 비판적 역사철학은 마르크스의 유물론적 역사철학, 특히 부르주아 계급의 정치 혁명에 대한 마르크스의 비판과 긴밀하게 연관되어 있다. 이에 대해선, I. Mülder-Bach, *Siegfried Kracauer*, 위의 책, pp. 65-67.

달리 매우 강력하게 나타난다. 이러한 네 가지 차이점은 『탐정소설』 속으로 흘러들어가 훨씬 더 명료한 이론적 형상을 획득하게 된다.

3. 『탐정소설』의 철학적 지향과 독창성: 실존적 미학과 대중문화에 대한 역사철학적 해명

3. 1. 『탐정소설』의 전체적인 특징과 구성

크라카우어는 『탐정소설』을 비평가로서 본격적으로 활동을 시작한 1922년에서 1925년 사이에 썼다. 이 책은 제목과 달리 대중 소설 장르에 대한 문예 이론적 저작이 아니다. 『탐정소설』에는 극히 일부를 제외하면, 대표적인 소설가나 작품에 대한 분석이 전혀 나오지 않는다. 반대로 『탐정소설』은, 부제인 '철학적 논고'가 암시하듯, 근본적으로 대중문학 장르를 역사철학적 및 예술철학적 관점에서 비판적으로 해명하려는 저작이다.

『탐정소설』은 전체적으로 「서론」에서 「결말」까지 총 10개의 장으로 구성되어 있다.[24] 이미 짤막한 「서론」이 통상적인 문예서와는 판이하게 다르다. 크라카우어는 「서론」에서 '탐정소설'이란 대중문학 장르의 철학적 의미와 이 장르의 저변에 놓여 있는 '합리적 사회의 이념'을 책 전체의 화두로 던져 놓는다. 더 흥미로운 것은 이어지는 9개의 장들이 일관된 논증이나 추론 관계로 연결되어 있는 것이 아니라, 각기 독립적인 철학적 단편(Fragment)의 형태로 병렬되어 있다는 점이다. 9개의 장은

---

24 서론과 9개 장의 제목은 다음과 같다. 「서론」, 「영역들」, 「심리학」, 「호텔 로비」, 「탐정」, 「경찰」, 「범죄자」, 「변신」, 「해명 과정」, 「결말」(이하 편의상 「영역들」부터 순서대로 장으로 부르기로 한다.)

이를테면, '탐정소설'이라는 대중문학 형식으로 들어갈 수 있는 9개의 서로 다른 진입로라 할 수 있다. 개개의 장들은 '탐정소설'에 나타나는 모티브 내지 인물 유형에 관한 완결된 에세이로 읽을 수 있다. 달리 말해서 각각의 장이 '사태의 핵심'으로부터 동등한 거리를 유지하고 있는 '비선형적'이며 '탈-중심적'인 텍스트 형식을 보여준다.[25]

문체 또한 이러한 독특한 형식에 상응한다. 『탐정소설』의 문체는 현상을 충실하게 관찰하고 기술하는 문체가 아니다. 반대로 그것은 분석 대상인 인물들, 이들의 특징과 연관성, 핵심 모티브들과 줄거리 구성을 철저하게 '주관적으로 압박하는' 문체라 할 수 있다. 독자들은 크라카우어가 탐정소설의 핵심 모티브와 인물 유형을 여러 측면에서 집요하게 심문한다는 인상을 받는다. 이것은 우연이 아니라 크라카우어의 명확한 문제의식에서 연유한 것이다. 즉 자본주의 사회의 합리성과 이 사회의 주체에 내재된 '위기와 초월의 가능성'을 진단하고자 하는 그의 '역사철학적 문제의식'이 낳은 결과이다. 그리고 이 문제의식의 저변에는 그가 독자적인 방식으로 수용한 키르케고르의 인간학이 놓여 있다.

3. 2. 키르케고르의 실존과 자유의 인간학

키르케고르는 마르크스, 니체와 함께 서구 현대철학의 향방에 가장 깊은 영향을 미친 사상가이자 문필가이다. 키르케고르는 자신을 '종교적 문필가'로 칭했지만, 그의 사상적 노력은 인간 존재의 구조와 가능성의 규명, 혹은 개별자의 실존적 자유와 그 위기를 심층적으로 해명하는 일이었다. 특히 키르케고르는 인간이 일상적으로 회피하려 하는 존재 상

---

25 Th. Adorno, "Der Essay als Form", in: *Noten zur Literatur*, ed. R. Tiedemann, Frankfurt a. M., Suhrkamp, 1981, pp. 9-33 참조.

태들, 즉 권태, 우울, 불안, 절망 등을 정면으로 직시하였고, 이들에 대한 세밀한 철학적-인간학적 분석과 실천적인 진단을 시도하였다. 키르케고르 인간학의 이론적 성취 가운데 크라카우어의 철학적 입장과 문화철학에 가장 큰 영향을 준 것은 '실존의 변증론(Existenzdialektik)'이다. 이것은 실존, 즉 인간으로서 존재함에 관한 치밀하고 변증법적인 분석을 가리킨다.

『죽음에 이르는 병』의 도입부에 등장하는 인간 존재에 관한 규정을 보자. "인간은 정신이다. 그런데 정신은 무엇인가? 정신은 자기이다. 그러면 자기는 자기 자신과 관계하는 관계이며, 또는 그 관계 안에서 자기 자신과 관계하는 관계이다. 자기는 관계가 아니라, 자기 자신과 관계하는 관계이다. 인간은 무한한 것과 유한한 것의, 시간적인 것과 영원한 것의, 자유와 필연의 종합이며, 간단히 말해서 종합이다."(KT 9, 번역본 55)[26] 키르케고르가 말하는 정신은 플라톤에서 데카르트에 이르는 서구의 오랜 이원론적 전통이 생각해 온 비물질적 '실체'가 아니다. 플라톤의 누스나 칸트의 이성처럼, 인간이 지닌 최고의 지성적 능력을 가리키는 말도 아니다. 오히려 그 핵심은, 인용문의 중첩된 표현에서 보듯, '자기(self)'와 '자기(self)의 자기 관계 맺음'이라는 데 있다. "정신은 자기이다." 키르케고르에게 인간은 사물처럼 동일한 상태로 존재하는 정적인 존재자가 아니다. 반대로 인간은 근본적으로 매 순간 자기 자신과 관계를 맺어야 하는 존재이다. 이때 인간은 서로 충돌하고 모순된 두 측면과 동시에 관계를 맺으면서, 모순된 두 측면을 통합시키면서 자기 자신이 되어야 한다. '정신'과 '자기', 이 두 개념은 인간으로서 존재

---

[26] 키르케고르의 저작은 저작의 약어와 쪽수에 따라 인용하면서, 임규정 번역본의 쪽수도 함께 기입한다. 상세한 서지는 참고문헌을 보라.

함이 근본적으로 '동적인 실존함의 과정'이란 사실을 가리키고 있다. 즉 인간은 육체와 영혼, 유한성과 무한성, 시간과 영원성, 자유(가능성)와 필연성이라는 모순된 두 측면과 동시에 관계를 맺으면서, 곧 두 측면을 포괄하고 통합시키면서 '자기 자신이 되어야' 하는 존재인 것이다. 따라서 '정신'과 '종합'에서 가장 중요한 지점은 인간이 그냥 이성적 동물로서 존재하는 것이 아니라, 존재함의 상태를 '스스로 실현해야' 하는 존재라는 데 있다.[27]

그런데 여기서 한 가지 유념해야 할 문제가 있다. 정신과 종합에 대한 이러한 해명이 혹시 개별자를 모든 상황과 맥락으로부터 고립시키는 것은 아닐까? 그러나『불안의 개념』에 나오는 다음 대목은 키르케고르가 개별자의 실존함이 본질적으로 역사적 차원과 사회적 차원을 포괄하고 있음을 분명하게 보여준다. "매 순간마다 개별자는 자기 자신이면서 동시에 인류이다. 이것이 상태로서 보았을 때 인간이 지닌 완전성이다. 동시에 이것은 하나의 모순인데, 모순은 언제나 어떤 과제의 표현이며, 과제는 운동이다. 그런데 과제로서 그러한 것[=자기 자신이면서 동시에 인류임]을 향하고 있는 운동, 그러한 것으로서 부과되었던 운동은 하나의 역사적 운동이다. 따라서 개별자는 역사를 가지며, 개별자가 역사를 갖고 있기에 마찬가지로 인류도 역사를 갖는다."(BA 27, 번역본 133-134)

개별자는 어떤 경우에도 홀로 고립된 채 존재하지 않는다. 반대로 매 순간 '자기 자신이면서 동시에 공동체의 일원'일 수밖에 없으며, 의식적이든 무의식적이든, 이 대립된 두 측면과 동시에 관계를 맺을 수밖에

---

27 E. Tugendhat, *Selbstbewußtsein und Selbstbestimmung*, Frankfurt a. M., Suhrkamp, 1997, pp. 158-168 참조.

없다. 그래야만 키르케고르가 말하듯, 참된 의미에서 '구체적인 자기 자신'이 될 수 있다. "자기 자신이 된다는 것은 구체적이 된다는 것을 뜻한다. 그런데 구체적이 된다는 것은 유한하게 되는 것도 아니고 무한하게 되는 것도 아니다. 왜냐하면 구체적이 되어야 하는 것이 다름 아니라 하나의 종합이기 때문이다. 따라서 [구체적이 되는] 전개과정은 다음 두 과정일 수밖에 없다. 즉 자기 자신을 무한하게 만들면서 무한하게 자신으로부터 떨어져 나오는 것, 그리고 [동시에] 자기 자신을 유한하게 만들면서 무한하게 자신으로 되돌아오는 것, 이 두 과정일 수밖에 없다."(KT 26-27, 번역본 84) 개별자가 '자기 자신이면서 인류'로서 존재한다는 것은 이렇게 이중의 관계맺음의 운동을 자기 자신과의 관계맺음 속에서 실행하는 것으로 이해해야 한다. 즉 그것은 '무한하게 유일무이한 자기로 되돌아오는 운동과 무한하게 자기를 인류 전체와 연관짓는 운동', 이 두 가지 운동을 동시에 실행하면서 자기 자신이 되는 과정을 말한다. 아무튼 키르케고르 인간학의 중심 범주인 '실존'은 고립된 개별자의 '내적 반성이나 독백'이 아니라, 근본적으로 역사적, 사회적 차원과의 관계맺음을 함께 포괄하고 있다. 그것은 자기 삶의 '구체적 현실성'을 향한 자기 자유의, '자기 자신이 되는 자유'의 실현과정으로 봐야 한다.

    키르케고르의 실존의 인간학에서 크라카우어의 철학적 사유와 긴밀하게 연관된 핵심 논점들을 정리해보자. 첫째, 인간은 속성을 지닌 실체로서 존재하는 것이 아니라, 항상 개별자인 '자기'로서 존재한다. 둘째, 이 '자기'로서 존재함, 곧 개별자로서 '실존함'은 매 순간 자기 자신이 되어야 하는 과제를 수행한다는 것을 의미한다. 개별자의 실존함은 정지된 상태나 완결된 정체성이 아니라, 열려 있는 실천적 생성 과정이다.

셋째, 자기 자신이 되는 과정은 자기 자신과의 관계맺음이면서 동시에 이 관계맺음과 다시 관계를 맺는 이중적인 자기 연관의 과정이다. 넷째, 자기 자신과의 관계맺음은 항상 모순된 두 측면들을 동시에 포괄하여 종합하는 과정이다. 때문에 종합의 실행은 언제든 불안정해지거나 심각한 위기에 봉착할 수 있다. 다섯째, 개별자의 실존함은 언제나 유한성과 시간의 차원뿐만 아니라 영원과 무한성에 대한 관계맺음을 포함하는 과정이다. 요컨대 대립된 규정들의 '긴장과 통합'의 과정인 것이다. 이 다섯 가지 논점은 크라카우어가 『탐정소설』에서 주요 모티브와 인물을 분석할 때 암묵적으로, 일종의 '반성적 원리' 역할을 하게 된다.

크라카우어의 문화철학과 관련하여 또 하나 살펴봐야 할 것은 시간성과 역사적 인식에 대한 키르케고르의 관점이다. 여기서는 세 가지 실존방식(곧 심미적/윤리적/종교적 실존방식), 그중에서도 심미적 실존방식에 대한 비판적 분석이 중요하다. 키르케고르가 보기에, 감성적 향락을 목표로 하는 인생관은 온전한 의미의 '시간성'에 도달할 수 없다. 감성적 향락은 처음부터 향락을 '느끼는 순간'에 정향되어 있고, 이러한 순간은 이어지는 다음 순간에 의해 그 존재와 의미가 무화될 수밖에 없기 때문이다. 결국 심미가에게 과거, 현재, 미래라는 시간성의 세 가지 차원은 서로 무관하게 산재해 있는 무차별적인 향락의 순간들로 해체된다.[28] 이렇게 시간성 자체가 붕괴되는 상황을 넘어서려면 심미가는 자신의 삶의 토대를 바꿔야 한다. 즉 윤리가 B를 통해서 키르케고르가 말하듯이, 자기 자신을 진지하고 온전히 받아들이는 '선택함의 선택'을 실행해야 한다. 스스로 심미적 실존에서 윤리적 실존으로 도약해야 하는

---

[28] 이에 대해선, 졸고, 「키에르케고어 철학에 있어 심미적 실존과 예술의 의미에 관한 연구」, 『미학』 76집, 한국미학회, 2013, pp. 21-29 참조.

것이다.[29]

키르케고르의 인간학은 자기 관계의 부재 혹은 실패가 과거-현재-미래라는 시간성의 차원을 근원적으로 결정한다는 점을 보여준다. 시간성의 차원, 그리고 기억과 망각의 가능성은 결코 객관적 경험이나 심리학적 기제로 환원되거나 이를 통해 설명될 수 없다. 오히려 시간성의 차원 및 기억과 망각은 개별자 자신이 매 순간 수행해야 하는 정신의 종합(실천)에 의해 그 가능성과 내용이 결정된다. 그리하여 키르케고르의 인간학은 역사에 대한 인식도 개별자의 자기 관계에, 곧 종합의 실천에 근거하고 있음을 밝혀주고 있다.

이어서 키르케고르의 인간학이 해명하는 '자유'의 의미를 간략하게나마 짚어볼 필요가 있다. 왜냐하면 대중적 주체와 대중매체에 관한 크라카우어의 이론적 성찰이―비록 명시적이 아니라 암묵적인 방식이긴 하지만―키르케고르의 '실존적 자유'를 전제하고 있기 때문이다. 키르케고르는 철저하게 개별자의 실존과정을 바탕으로 자유를 생각한다. 키르케고르가 보기에, 전통 철학이 집중적으로 논의해 온 '자유 의지'와 '자의성의 자유', 혹은 '선택의 자유'는 개별자 자신의 삶의 관점이 아니라, 객관적인 3인칭의 관점을 전제하고 있다. 이와 달리 그가 인간학적으로 논구하고 명확히 드러내려는 자유는 개별자의 자기 관계맺음을 바탕으로 한 '주관적이며 실존적인 자유'이다. 살아 있는 개별자에게 항상 문제가 되고 있는 자유는 주관적이며 실존적인 자유일 수밖에 없으며, 이 자유는 매 순간 개별자가 자기 관계맺음 속에서 획득해야 하는 '실천적 과제'이다. 개별자에게는 언제나 스스로 자기 관계를 맺을 수

---

29 윤리적 실존의 '선택' 개념과 실존적 자유 개념에 대해선, A. Grøn, 『불안과 함께 살아가기』, 하선규 역, 서울, 도서출판 b, 2016, pp. 145-186 볼 것.

있는 가능성, 나아가 구체적인 자기 자신이 될 수 있는 가능성이 주어져 있다. 그 때문에 부자유는 자유의 단순한 부정이 아니다. 반대로 자유와 부자유는 내밀하게 얽혀 있으며 변증법적으로 상호 침투하는 관계에 있다. 부자유는 자유가 자기 자신을 온전히 실현하지 못한 상태, 곧 자유 자신의 부정적인 '현실태'로 봐야 한다.

3. 3. 키르케고르 인간학의 유물론적 전유: 실존적 미학과 신학적 구제의 모티브

크라카우어는 실존과 자유에 관한 키르케고르의 인간학을 수용하여 대중문화와 대중예술에 관한 이론의 철학적 토대로 삼는다. 키르케고르와 마찬가지로 크라카우어는 인간을 근본적으로 내적 모순 속에 놓여 있는 존재로 파악한다. 인간은 이편과 저편, 제약된 차원과 무제약적인 차원에 동시에 속해 있는 존재이다. 이것은 인간이 항상 이 두 차원 사이에서 '긴장하고' 있으며, 두 차원을 종합하며 살아가야 하는 '중간적 존재'임을 뜻한다. "언제나 인간은 공간 속에 있으면서 동시에 초공간적인 무한성의 문턱에 있으며, 흘러가는 시간 속에 있으면서 동시에 영원성의 반영(反影) 안에 존재하고 있다."(OM 44) 인간으로서 존재함 혹은 대중사회의 한 주체로서 존재함이란 "바로 이곳에서 저곳을 향해 있는 긴장"에 다름 아니다.

하지만 크라카우어의 철학적 관점은 세 가지 측면에서 키르케고르와 미묘한 차이를 보여준다. 우선 크라카우어는 키르케고르와 달리 실존적 '종합' 자체에는 관심을 두지 않는다. 크라카우어는 종합의 실행에 내재된 이중적이며 역설적인 운동에 관해서는 전혀 논의하지 않는다.

그 대신 인간이 처해 있는 '모순과 긴장의 상황' 자체에 방점을 둔다.[30] 또한 크라카우어는 유한한 인간이 오직 '신앙의 도약'을[31] 통해서만 불안과 절망을 넘어설 수 있다는 키르케고르의 논점에도 주목하지 않는다. 무엇보다도 크라카우어는 사회학적이며 유물론적인 관점에서 키르케고르보다 훨씬 더 분명하게 실존의 역사적이며 물질적인 상황과 조건을 중시한다. 달리 말해서, 그는 18세기부터 20세기 현대까지 역사적, 사회적, 정치경제적 조건이 급격히 달라지면서 주체가 내적 모순과 긴장을 견뎌내고 해소하는 방식이 어떻게 변화되어 왔는가에 각별히 주목한다.

본고의 논의와 관련하여 또 한 가지 중요한 지점은 크라카우어가 긴장과 대립의 인간학 속에 예술의 본질에 대한 이론을 통합시키고 있다는 점이다. 우리는 이 이론을 '실존적 미학'이라 칭할 수 있는데, 이 미학의 근간은 에세이 「여행과 춤」의 다음 대목에 집약되어 있다. "인간은 시공간적 삶 속에 던져져 있지만, 이 삶에 매몰되어 있지 않고 저편을 지향하고 있다. 그것은 이곳에 있는 모든 것이 그 의미와 결말을 비로소 찾게 될 저편이다. 예술은 이곳이 [바로] 그러한 보충에 의존하고 있다는 사실을 재현하고 있다. 예술은 현상적으로 나타나는 것을 형상화함으로써 어떤 형식을 부가하게 되는데, 이 형식을 통해서 현상적으로 나타나는 것이 스스로 갖고 있지 못한 의미와 만나게 된다. 예술에 의해서 현상적으로 나타나는 것이 시간과 공간을 넘어선 의미와 연관을 맺게 되며, 이 의미가 일시적인 것을 형성물(Gebilde)의 수준으로 끌어올리는 것이다. (…) 인간은 이곳에서 무제약적인 것을 실현하고자 하

---

30 Inka Mülder, *Siegfried Kracauer*, 앞의 책, p. 43.
31 이것은 특히 키르케고르의 저작 『철학적 조각들』(1844)에서 상세히 논의되고 있다.

기에 비극성을 겪게 된다. 현실적 인간이 화해를 경험하는 것은, 그에게 완전한 완성이 가상적으로 나타나기 때문이다. 언제나 인간은 공간 속에 있으면서 동시에 초공간적인 무한성의 문턱에 있으며, 흘러가는 시간 속에 있으면서 동시에 영원성의 반영(反影) 안에 존재하고 있다. 인간 실존의 이러한 이중성은 하나의 단순한 것(Einfaches)인데, 왜냐하면 인간적 존재가 바로 이곳에서 저곳을 향해 있는 긴장이기 때문이다. 인간이 여행하고 춤출 수 있을지라도 인간에게 여행과 춤은 결코 그 자체 안에 의미를 지니고 있는 사건이 될 수 없다. 다른 모든 인간의 일들과 마찬가지로, 여행과 춤은 그 내용과 형식을, 인간이 고개를 향하고 있는 저편의 다른 영역(Reich)으로부터도 함께 받아들이고 있다."(OM 44-45)

이 흥미로운 대목은 세밀하게 음미해 볼 가치가 있다. 이 대목은 대중들이 즐기는 '여행과 춤'에 관한 현상적이며 사회문화적인 설명이 아니라, 매우 독특한 인간학적이며 형이상학적인 해명이다. 이 해명에는 대중문화 내지 예술 일반에 관한 크라카우어의 독자적인 미학적 입장이 전제되어 있다. 크라카우어에게 예술의 본령은 현세적인 시간과 공간 안에(곧 제약된 영역 안에) 존재하는 요소들을 활용하여 고유한 차원의 형성물(가상)을 산출하는 데 있다. 그런데 이 형성물을 산출하는 형상화 과정에 의해서 현세의 요소들은 현세를 뛰어넘은 차원(곧 무제약적 영역)과 연관성을 맺게 된다. 현세의 요소들은 이를 통해서, 현세에서는 찾을 수 없는 새로운 '의미'를 획득하게 된다. 예술작품이 감각적으로 표현하는 '의미'가 일시적인 것, 현세적인 것을 "고유한 차원의 미적 형성물(Gebilde)"의 수준으로 승화시키는 것이다.

그러나 현대 대중사회에서 예술의 형상화 작업은 결코 쉽게 이루어질 수 없다. 왜냐하면 형상화 작업의 내용적 지침이 되는 '의미의 차원'

내지 '신적이며 무제약적인 차원'이 더 이상 소박하게 전제될 수 없기 때문이다. 앞서 살펴본 '현실성 상실과 이념적 공허'의 모티브가 여기서도 유효하다. 이로 인해 현대의 예술가는 근본적으로 해소되기 어려운 착종된 상황에 봉착해 있다. 오늘날 예술가는 "의미를 공표하면서 형상을 통해 의미를 표현해야 하고, 인간을 결합상태로 이끌면서 결합된 삶의 내용을 미적으로 표현해야 하며, (…) 믿음을 부여하면서 믿음의 내용과 미적으로 연관되어야" 하는 상황에 있다.[32] 달리 말해서, 보편적 의미와 신적 차원이 사라진 허무주의적 조건 하에서 예술적 형상화는 '가상 속에서' 가상 너머의 '진리 내지 결합(혹은 화해)'을 보여주어야 하는 딜레마에 처해 있다고 할 수 있다. 그럼에도 예술적 형상화가 '미적 굴절'을 경유하여 수행하는 문화적, 실존적, 인간학적 역할은 여전히 의미심장하고 진지한 철학적 성찰을 요구한다. 크라카우어에게 이러한 성찰은 여행, 춤, 영화, 탐정소설과 같이 대중이 광범위하게 즐기는 대중예술 혹은 대중문화 형식들에 대해서 더더욱 시급하게 필요한 비평적 과제이다.

3. 4. 문화철학적, 역사철학적 비평의 주요 논점들

크라카우어의 실존적 미학은 키르케고르의 인간학을 역사적이며 유물론적인 관점에서 독자적으로 변형시켰다고 할 수 있다. 『탐정소설』은 이 실존적 미학을 가장 명징하게 보여주는 저작이다. 동시에 『탐정소설』은 대중예술과 대중문화에 대한 크라카우어의 문화철학과 역사철학을 집약하고 있는 저작이다. 무엇보다도 『탐정소설』이 도달한 철학적

---

[32] 에세이 「이 시대의 예술가」(1925, W 5.2, 232-242).

성찰의 폭과 깊이는 오늘날 다양한 대중문화 현상들의 미학적 해명이란 학문적 과제와 관련해서도 시사해 주는 바가 매우 크다. 『탐정소설』에 개진된 중심 논점들을 하나씩 짚어보면서, 그 핵심 내용과 이론적 지향점을 환기해보자.

① **탐정소설은 역사적 필연성을 지닌 대중문화 형식이다.**

현대 대중사회에서 탐정소설이 등장한 것은 우연이 아니다. 19세기 후반 이후 폭발적으로 확산된 대도시 자본주의 체제와 대중사회가 탐정소설을 낳았고 또 광범위하게 확산시켰다고 봐야 한다. 이것은 자본주의 체제를 형성한 과학기술 문명과 대중사회가 사진을 만들어내고 유통시킨 것과 유비적이다. 따라서 대도시 대중사회에서 살아가는 주체가 예외 없이 탐정소설 내지 범죄소설 장르에 매혹되는 것은 사회적, 역사적으로 지극히 정당하다.[33] 크라카우어의 말대로, 현대 자본주의 대중사회 전체를 아우르는 '진리'가 있다면, 이 진리는 탐정소설과 같은 '대중문화의 한복판'을 통과해 갈 수밖에 없다. 크라카우어가 『탐정소설』의 서문에서 언급하고 있는 '철저하게 합리적으로 조직된 문명적 사회의 이념'(W I, 107)이 그러한 진리에 해당된다.

② **탐정소설은 현대 자본주의 체제의 '현실성'에 맞닿아 있는 형식이자 매체이다.**

현대 자본주의 체제의 진정한 '현실성'은 어디에 있을까? 헤겔이 지적하듯, 주체가 '자연적 의식', 곧 일반적인 상식의 수준에서 그때그때 경험하는 현실의 모습은 단편적일 뿐 아니라 왜곡과 기만일 가능성이 크다. 크라카우어도 현대 주체가 일상적으로 마주하는 현실은 '의미가

---

[33] 이 점은 특히 에세이 「산만함의 제의」에서 분명하게 강조된다(OM 311-317).

빠져나간 추상적 파편'에 불과하다고 본다. 오늘날 진정한 '현실성'은 직접적으로 눈에 드러나지 않고 어떤 '복합적이며 심층적인 기능연관' 속으로 숨어버렸다. 어떻게 이 은폐되어 있는 현실성에 다가갈 수 있을까? 크라카우어에게 탐정소설과 같은 대중적인 '미적 형성물'은 이 과제를 해결할 수 있는 중요한 단초가 된다. 왜냐하면 이러한 미적 형성물은 대중적 주체의 역사적, 문화적, 기술문명적 조건에 정확히 상응하고 있는 '매체'이기 때문이다.

③ **탐정소설은 대중적 주체의 역사적이며 실존적인 상황에 대한 징후이다.**
탐정소설은 현대 대중사회의 주체가 어떤 역사적 상황에 처해 있는가를 알려주는 일종의 '징후'이다. 그런데 왜 직접적인 증거나 지표가 아니라 징후일 수밖에 없는가? 그것은 탐정소설이 직접적인 '거울'이 아니라 고유한 논리와 형식을 가진 '미적 형성물(ästhetisches Gebilde)'이기 때문이다. 그리고 이 징후의 해독을 위한 기본적인 사유틀은 키르케고르의 인간학이다. 물론 키르케고르의 인간학을 역사적-유물론적 관점에서 재전유한 역사적 실존의 인간학이다. 『탐정소설』에서 현대 대중적 주체의 모순과 긴장은 의미 상실과 의미 (재)획득, 탈-현실화와 현실성, 합법과 초법(탈법) 사이의 충돌과 대립으로 나타난다(1장 「영역들」, W I, 109-117). 이 충돌과 대립의 양상이 탐정소설의 여러 인물과 모티브들 속에서 어떻게 미적으로 '굴절되고 상징화되어' 있는가를 추적하는 일이 크라카우어가 시도한 철학적 비평의 핵심 과제이다.

이러한 철학적 비평은 『탐정소설』의 2장 「심리학」(W 1, 124-129)에서 대중적 주체에 관한 역사철학적 해석으로 나타난다. 이 장에서 크라카우어는 탐정소설에 등장하는 전형적인 인물들의 특징과 성격을 분류하거나 설명하지 않는다. 오히려 그의 관심은 탐정소설이 전제하고 있는 근본적인 인간학적 관점과 이에 대한 역사철학적 해석에 있다. 탐정소설이 전제하는 인간은 전인적이며 자율적인 인간, '실존적이며 인격적인 전체성'을 스스로 의식하고 실천하는 인간이 전혀 아니다. 반대로 그것은 일련의 전형적인 외적 특징들과 행동 방식들로 언제든 해체되고 또 조립될 수 있는 '유형화된 인간 군상'이다. 소설가 무질(R. Musil)의 표현을 쓰자면, 이른바 '본성 없는 인간들'인 것이다. 크라카우어는 탐정소설이 사실상 인간의 내면, 곧 마음, 영혼, 정신조차 자유롭게 해체와 조립이 가능한 것으로 보고 있다는 점을 예리하게 들춰내고, 이러한 인간학적 관점이 자본주의 대중사회를 지배하는 '기계적이며 실증적인 합리성'과 내밀하게 연결되어 있음을 정확히 직시한다.

④ **탐정소설은 근대철학의 '선험적-자율적 주체'의 파산을 보여주는 증거이다.**

탐정소설이란 대중적 '예술형식'을 미학적, 역사철학적으로 해명하는 일은 비판적 지식인의 중요한 과제이다. 크라카우어는 탐정소설이란 예술형식에서 근대 의식철학 전통, 특히 칸트와 피히테의 관념론적 철학이 정립한 선험적 주체(transcendental subject)의 몰락을 읽어낸다. 근대 관념론 철학 전통은 코기토 내지 선험적 통각과 같은 자기의식적 주관성이 근대 세계의 이론적, 실천적, 심미적 차원을 자율적으로 정립한다고 논증하였다. 그런데 19세기라는 '다층적인 운동의 세기'[34]를 지나면서 이러한 논증은 더 이상 정당성과 확실성을 유지될 수 없게 되었다. 크라카우어가 보기에, 선험적 주체의 인식론적 범주들, 도덕적 자유의지와 정언명법, 미적인 '무관심적 만족감' 등이 현대 자본주의 세계의

---

34 졸고, 「대도시의 미학을 위한 프롤레고메나」, 『도시인문학연구』 3권 2호, 서울시립대 도시인문학연구소, 2011, pp. 139-145 참조.

급진적-복합적인 변화 앞에서 근본적으로 추상적이며 무기력한 심급으로 판명되었기 때문이다.

가령 『탐정소설』의 3장 「호텔 로비」를 보자(W 1, 130-139). 이 장에서 크라카우어는 탐정소설에 자주 등장하는 호텔 로비에 대한 신학적이며 역사철학적인 해석을 시도한다. 그는 역사적 실존의 인간학을 바탕으로 '호텔 로비'를 종교 공동체의 '예배당' 공간과 비교, 분석한다. 예배당에 모인 사람들은 현세적인 공간에 있지만, 내적으로는 시공간 너머의 무제약적이며 초월적인 차원과 결속을 맺고 있다. 예배당 사람들은 이 결속을 통해서 현세적인 삶의 의미를 공동으로 규정하고 공감하고 있다. 반면, 호텔 로비에 우연히 함께 모여 있으며, 누군가를 혹은 무언가를 기다리는 대중은 내적으로 각자 다른 세속사에 얽매여 있는 상태이다. "(…) 예배당이라는 장소가 무(Nichts)의 수준으로 가라앉게 된다면, 바로 그 때문에 철두철미하게 합리적으로 구성되고 문명화된 사회가 자신의 비실존성(Nichtexistenz)을 증언해 주는 어떤 특별한 장소들을 갖게 될 수도 있다. 이것은 예배당이 진정으로 서로 결합되어 있는 사람들의 존재를 증명해 주는 것과 유사한 과정이다. 물론 문명화된 사회는 이를 알지 못한다. 이 사회의 시선이 자신의 영역 너머에 미치지 못하기 때문이다. 그리고 오직 미적 형성물만이—미적 형성물은 다양성을 형상화함(Formung)으로써 다양성을 투사할 수 있는 대상으로 만들고 있는데—이러한 상응 관계를 제시하는 일을 가능케 해준다. 탐정소설에 빈번히 등장하는 호텔 로비는 일련의 전형적인 특징들을 갖고 있는데, 이들은 호텔 로비가 바로 예배당의 이면상(裏面像, Kehrbild)을 의미한다는 점을 잘 보여준다. 호텔 로비는 일종의 부정적 교회이다."(W 1, 130-131) '철두철미하게 합리적으로 구성되고 문명화된 사회'는 탐정소설 장르 일반에 암묵적으로 전제되어 있는 '사회의 이념'이며, '미적 형성물'은 탐정소설 장르를 가리킨다. 그리고 "다양성을 형상화함(Formung)으로써 다양성을 투사할 수 있는 대상으로 만들고 있다"는 서술은 앞서 논의한 크라카우어의 실존적 미학을 보여준다. 크라카우어는 탐정소설의 무대 배경 역할을 하는 호텔 로비라는 '독특한 공간'이 이미 자율적 주체와 무관심적 관조가 불가능하다는 점을 함축하고 있다고 논증하고 있다.

⑤ 탐정소설은 '계몽의 변증법'에 대한 이중적이며 중의적인 표현물이다.

탐정소설을 관통하고 있는 이념은 일체의 빈틈없이 완벽하게 '합리적으로 조직화된 사회'의 이념이다. 그것은 근대 합리주의와 실증주의에서 주도적인 힘을 획득했으며, 이후 자본주의 체제의 생산과정과 일상적 의식을 지배하게 된 이념이다. 이런 의미에서 탐정소설은, 후에 아도르노와 호르크하이머가 서구 정신 전체를 겨냥하여 언명할 '계몽의 변증법'의 대중문화적 반영물이라 할 수 있다. 그러나 탐정소설은 단지 자본주의적 합리성을 신화화하는 이데올로기적 산물에 그치지 않는다. 반대로 탐정소설은 합리성의 절대적 위상을 비틀고, 그 효력을 중지시키는 측면 또한 포함하고 있다. 크라카우어에게 이러한 측면은 특히, 합법적 영역과 초법적 영역의 긴장, 탐정이라는 독특한 인물의 특징과 탐정이 이끌어가는 사건의 해명과정, 탐정이 보여주는 아이러니와 유머러스한 태도, 그리고 소설의 '감상적이며 모호한' 결말 부분 등에 잠재되어 있다. 다시 말해서 탐정소설은, 비록 대부분 애매하고 위장된 형태이긴 하지만, 합리성의 신화를 중단시키고 해체하려는 '형이상학적 지향' 또한 품고 있다.

이러한 양면적이며 중의적인 특징을 탐정소설을 수용하는 대중적 주체의 관점에서 이렇게 풀어볼 수 있을 것이다. 주체는 탐정소설을 읽으면서 범죄의 발생, 확정되지 않은 단서들, 탐정과 경찰을 비롯한 등장인물의 특징과 행위 등에 '유희적으로 동일시'한다. 유희적 동일시를 통해 주체는 자신의 감각과 지각, 감정과 욕망, 지성과 상상력을 작동시키게 된다. 또한 주체는 유희적 동일시를 바탕으로 자기 자신으로부터 일정 부분 빠져나와 '특수한 상황 속의 인물들이' 드러내는 감각, 지각, 감정, 욕망과 '공감적으로 교류'하게 된다. 그런데 이러한 공감적 교류의 과정은 결코 어떤 자기 망각의 '도피적 경험 상태'로 귀결되지 않는다. 반대로 그것은 주체가 자기 자신의 내밀한 감정, 욕망, 지성과 우회적으로 만나게 되는 과정이 된다. 무엇보다도 그것은 주체가 탐정소설의 저변에 놓여 있는 저 합리성의 이념, 그리고 이를 넘어서려는 '형이상학적 지향'과 유희적으로 접촉하는 과정이기도 하다. 이런 의미에서 탐정소설은 대중적 주체에게 자기 자신의 '실존 방식'과 대면하고, 현대 자본주의 세계의 논리와 강압을 인지하며, 아울러 이 논리와 강압을 넘어설 수 있는 가능성과 유희할 수 있는 '미적 체험 공간'이 된다고 평가할 수 있다.

⑥ 탐정소설은 전통적인 '미적 예술' 개념이 총체적인 위기와 변화에 처해 있음을 보여준다.

탐정소설은 근본적으로 대도시 대중을 위한 문학 형식이다. 그것은 19세기까지 서구 시민사회가 지향했던 '위로부터의' 예술형식이 아니다. '도덕성의 상징'으로서의 예술 혹은 '전인적 인간의 이상'을 추구하는 예술과는 태생적으로 다르다. 탐정소설은 철저하게 '아래로부터 출발한' 미적 형성물이다. 이때 '아래'는 세 가지 함의를 포함하고 있다. 첫째로 '아래'는 탐정소설이 현대 자본주의 사회의 물질적 토대에―물질적 생산의 환경, 속도, 리듬, 기능, 효율성 등등—밀착되어 있음을 뜻한다. 둘째로 '아래'는 탐정소설이 어떤 보편적이며 초월적인 이념이나 가치를 전제하지도 않고, 지향하지도 않는다는 점을 가리킨다. 셋째로 '아래'는 탐정소설이 인물과 사건을 구성할 때, 대도시 대중적 주체의 감각적 자극과 욕망을 가장 중요한 요소로 받아들이고 있음을 뜻한다. 벤야민의 말을 빌리자면, 탐정소설은 근대적 미적 예술을 떠받치고 있던 일련의 관념들을 철저하게 무력화시키고 있는 예술형식이라 할 수 있다.[35] 탐정소설은 천재적이며 비밀스러운 예술가, 완결된 소우주로서의 예술작품, 정신의 능동적인 집중과 침잠에 의한 감상 태도 등을 거의 완벽하게 청산하고 있는 '탈-아우라적' 대중예술이다.

⑦ **탐정소설은 철학적 사유와 글쓰기에 대한 급진적인 전환을 요구한다.**

크라카우어는 『탐정소설』에서 탐정소설 장르에 대한 미학적이며 인간학적인 분석과 역사철학적 비평을 시도한다. 탐정소설을 결코 단순한 대중적 오락거리로 치부해선 안 되기 때문이다. 우리는 『탐정소설』을 통해서 간접적으로, 철학적 사유와 글쓰기에 대한 크라카우어의 진지한 견해를 확인할 수 있다. 근대적 주체와 정신의 자율성이 불가능해진 상황에서, 특히 물질적 토대의 보이지 않는 속도와 강압이 쉴 틈 없이 주체를 몰아세우는 모더니티 세계에서, 철학적 사유와 글쓰기가 과연 여전히 가능할까? 가능하다면, 구체적으로 어떤 방식으로 이루어져야 할까? 한마디로 크라카우어는 전면적이며 급진적인 전환을 요구한다. 철학적 고전들을 훈고학적으로 해설하는 방식이나 존재론 혹은 인

---

35 이와 관련하여 벤야민이 『일방통행로』에서 탐정소설에 자주 등장하는 부르주아 실내에서 '몰락과 죽음의 함의'를 강조하는 것은 매우 흥미롭다(W. Benjamin, 『일방통행로, 사유이미지』, 최성만, 윤미애 역, 서울, 도서출판 길, 2007, pp. 74-76).

식론의 체계를 추상적으로 제시하는 방식으로는 모더니티 세계의 실상에 적절히 부응할 수 없다. 오히려 철학적 사유와 비평은 현실의 구체적인 현상, 미미하고 일시적인 듯 보이지만 주체와 시대의 심층에 닿아 있는 '표면적 현상들'의 역사철학적 해명과 비판으로 나아가야 한다. 현대 대중매체와 문화현상에 대한 '문화철학적이며 역사철학적인 구제비평'이 반드시 필요한 것이다. 이때 크라카우어가 가장 중시하는 미덕은 현상의 세부에 대한 냉정하고 치밀한 관찰, 현상들 사이에서 비감각적 유사성과 유비 관계를 간파하기, 현상들에 대한 이데올로기 비판적이며 실존적-신학적인 해독과 구제의 시도이다. 이렇게 볼 때 『탐정소설』은 대중예술과 대중문화 형식을 위한 실존적 미학이면서, 동시에 문화철학적 사유와 비평의 새로운 길을 개척하려는 이론적 결실로 평가할 수 있을 것이다.

4. 나오는 말

흔히 영화학자 내지 사회학자로 일컬어지는 크라카우어는 학창 시절부터 새로운 철학적 사유 방법과 비평적 글쓰기의 길을 모색하였다. 프리스비가 저서 『근대성의 단편들』(1986)[36]에서 크라카우어를 짐멜과 벤야민에 버금가는 사상가로서 비중 있게 소개한 것은 매우 타당한 시도였다. 그런데 크라카우어를 독자적인 철학자로서 적절히 이해하려면, 반드시 그의 사유를 지속적으로 움직여 온 두 가지 모티브에 주목해야 한다. 그것은 현대 자본주의 세계를 현실성 상실과 이념적 공허의 시대로

---

36 D. Frisby, *Fragments of Modernity*, Cambridge, MIT Press, 1986, pp. 109-186.

진단하는 모티브와 일상적인 '표면적' 문화현상들을 실존적이며 신학적으로 구제하려는 모티브이다. 본고는 이를 확인하고 분석하기 위해, 초기의 몇몇 인상적인 에세이들과 그가 남긴 문화철학적 주저『탐정소설』을 집중적으로 논의해 보았다.

본고가 초기 에세이들과『탐정소설』의 철학적 토대로서 각별히 밝히고자 한 것은 키르케고르 인간학의 독자적인 수용이다. 크라카우어는 키르케고르의 실존적 자유의 인간학을 역사적 유물론과 신학적 구제의 관점에서 '역사적 실존의 인간학'으로 새롭게 재전유한다. 여기서 그는 키르케고르와 달리, 이중적 자기 연관의 대립적 운동이 아니라 이편과 저편, 세속적 세계와 초월적 영역 사이에서 긴장하고 있는 대중적 주체의 존재 상황, 그리고 이 긴장을 일시적으로나마 해소하기 위해 다양한 문화적, 예술적 형식을 찾아나서는 주체의 경험 자체를 중시한다. 그의 독특한 실존적 미학 내지 예술철학도 이러한 인간학적 구상에 근거하고 있다. 예술은 인간 존재의 근원적인 긴장과 이 긴장을 해소하기 위한 노력에서 생성된 미적 형상물이다. 예술을 추동하는 본원적인 에너지가 저편(무한, 영원)을 향한 실존적 긴장에서 비롯한 것이므로, 예술에 대한 이론적 성찰도 예술작품의 내용과 형식에 관한 내재적 분석에 머물러선 안 된다. 오히려 그것은 예술작품의 근저에 놓여 있는 주체의 실존적 긴장을 파악하는 일, 좀 더 정확히 말해서 이 긴장의 역사적, 사회문화적, 사상적 조건을 밝히고, 예술작품에서 긴장이 해소되는 방식이 지닌 인간학적이며 사회정치적 의미와 한계를 해명하는 역사철학적 구제비평을 시도해야 한다. 이 시도를 대중문학 장르에 적용한 저작이 바로『탐정소설』이다.

『탐정소설』은 크라카우어의 사유 방법론과 미학적 성찰의 도정에서 대단히 의미심장한 저작이다. 이 책에서 적용되고 있는 비평적 사유의 방법론과 모티브들은 이후 출간된 텍스트들에서도 지속적으로 등장한다. 탐정소설과 같은 대중문화 현상을 분석하여 자본주의 체제를 견인하는 합리성의 정체와 위험성을 추적하는 일, 이러한 비판적 추적을 통해 현대 대중적 주체의 역사적, 사회적, 사상적 상황을 엄밀하게 진단하는 일, 이 두 가지 문화철학적 연구 방향은 이후 그가 집필한 문예비평과 영화비평의 방법론적 근간을 이루게 된다. 또한 대중문화 현상들 속에서 유한과 무한 사이의 근원적인 긴장의 흔적을 찾아내는 일, 이 현상들 속에 잠재되어 있는 주체의 유토피아적인 지향을 찾아내는 일, 이 현상들 속에서 현상과 본질, 외부와 내부의 구별이 사라지는 경향을 읽어내려는 시도, 대중적 주체의 '멜랑콜리적' 시선에 주목하고 그 역사적 의미와 정당성을 밝히는 일, 대중적 주체를 암암리에 억압하고 있는 사회경제적, 정치적, 사상적 강압을 드러내고 비판하는 일 등의 이론적, 미학적 논점들은 바이마르 시기의 비평은 물론, 미국에서 쓴 영화이론 저술들에서도 지속적으로 중추적인 역할을 하게 된다. 그리고 이 논점들은 대중문화 현상에 대한 오늘날의 미학적 성찰을 위해서도 시사해 주는 바가 대단히 크다. 매체이론가 코흐의 지적처럼, 크라카우어는 '이제 발견해야 할' 사상가가 아니라 '끊임없이 재발견되어야 할' 사상가임에 틀림없다.[37]

---

[37] G. Koch, *Siegfried Kracauer*, 위의 책, p. 9.

참고문헌

1) 크라카우어 전집

Siegfried Kracauer, *Werke*, 9 Bde. mit 16 Teil Bde., ed. Inka Mülder-Bach & Ingrid Belke, Frankfurt a. M. & Berlin, Suhrkamp, 2004-2012 (약호 W, 권수, 쪽수로 인용)

Bd. 1: Soziologie als Wissenschaft. Der Detektivroman. Die Angestellten, 2006.

Bd. 2,1: Von Caligari zu Hitler, 2012.

Bd. 2,2: Studien zu Massenmedien und Propaganda, 2012.

Bd. 3: Theorie des Films. Die Errettung der äußeren Wirklichkeit, 2008.

Bd. 4: Geschichte - Vor den letzten Dingen, 2009.

Bd. 5: Essays, Feuilletons, Rezensionen (4 Teilbände), 2011/14

Bd. 6: Kleine Schriften zum Film (3 Teilbände), 2004.

Bd. 7: Romane und Erzählungen, 2007.

Bd. 8: Jacques Offenbach und das Paris seiner Zeit, 2008.

Bd. 9: Frühe Schriften aus dem Nachlaß (2 Teilbände), 2004.

2) 크라카우어 저작 단행본

Siegfried Kracauer, *Das Ornament der Masse. Essays*, Frankfurt a. M., Suhrkamp, 1963 (OM)

Siegfried Kracauer, *Theorie des Films. Die Errettung der äußeren Wirklichkeit*, trans. Fr. Walter & R. Zellschan, ed. K. Witte, Frankfurt a. M., Suhrkamp, 1985 (TF)

3) 키르케고르 원전 및 번역본

Søren Kierkegaard, *Der Begriff Angst*(1844), ed. H. Rochol, Hamburg, Meiner, 1984 (BA)

Søren Kierkegaard, *Philosophische Bissen*(1844), ed. H. Rochol, Hamburg, Meiner, 1989 (PB)

Søren Kierkegaard, *Die Krankheit zum Tode*(1849), ed. H. Rochol, Hamburg, Meiner, 1995 (KT)

- 국역본:

『불안의 개념』, 임규정 역, 파주: 한길사, 1999.

『죽음에 이르는 병』, 임규정 역, 파주: 한길사, 2007.

4) 2차 문헌

김덕영, 『게오르그 짐멜의 모더니티 풍경 11가지』, 도서출판 길: 서울, 2007.

게오르그 짐멜, 『근대 세계관의 역사』, 김덕영 역, 도서출판 길: 서울, 2007.
게오르그 짐멜, 『렘브란트』, 김덕영 역, 도서출판 길: 서울, 2016.
게오르그 짐멜, 『짐멜의 모더니티 읽기』, 김덕영, 윤미애 역, 새물결: 서울, 2005.
권금이, 「크라카우어의 유물론적 영화미학에서 관객 경험의 의미」, 서울대 미학과 석사학위논문, 2017.
발터 벤야민, 『일방통행로』, 최성만, 윤미애 역, 도서출판 길: 서울, 2007.
아르네 그뢴, 『불안과 함께 살아가기』, 하선규 역, 도서출판 b: 서울, 2016.
윤미애, 「보이지 않는 도시의 서술 가능성. - 크라카우어와 모던 도시」, 『뷔히너와 현대문학』 31권, 한국뷔히너학회, 2007.
임홍배, 「물질적 구체성과 직관적 구성의 변증법 - 크라카우어의 비판적 문화이론」, 『독일어문화권연구』 23집, 서울대 독일어문화권연구소, 2014.
하선규, 「대도시의 미학을 위한 프롤레고메나」, 『도시인문학연구』 3권 2호, 서울시립대 도시인문학연구소, 2011, pp. 139-145.
하선규, 「사진 혹은 '탈-인간적 이미지'에 함축된 역사철학적 의미 - 크라카우어의 문화철학과 사진이론에 대하여」, 『철학 · 사상 · 문화』 17집, 동국대 동서사상연구소, 2014.
하선규, 「소외와 구제의 이미지 - 크라카우어의 영상철학에 대한 시론」, 『미학』 53집, 한국미학회, 2008.
하선규, 「키에르케고어 철학에 있어 심미적 실존과 예술의 의미에 관한 연구」, 『미학』 76집, 한국미학회, 2013, pp. 21-29.
하선규, 『지그프리드 크라카우어』, 컴북스: 서울, 2017.
Adorno, Theodore W., *Noten zur Literatur*, Frankfurt a. M.: Suhrkamp, 1981.
Brodersen, Momme, *Siegfried Kracauer*, Reinbek bei Hamburg: Rowohlt-Taschenbuch-Verlag, 2001.
Frisby, David, *Fragmente der Moderne: Georg Simmel, Siegfried Kracauer und Walter Benjamin*, Rheda-Wiedenbrück: Daedalus, 1989.
Gilloch, Graeme, *Siegfried Kracauer*, Poliy Press Cambridge, 2015.
Kessler, Michael/Levin, Thomas Y., *Siegfried Kracauer. Neue Interpretationen; Akten des internationalen, interdisziplinären Kracauer-Symposions Weingarten, 2-4.3.1989*, Tübingen: Stauffenburg Verl, cop., 1990.
Köhnke, Klaus Ch., *Entstehung und Aufstieg des Neukantianismus*, Frankfurt a. M.: Suhrkamp, 1989.
Makropoulos, Michael, *Modernität und Kontingenz*, München: Wilhelm Fink, 1997.
Mülder-Bach, Inka, *Siegfried Kracauer - Grenzgänger zwischen Theorie und Literatur: Seine frühen Schriften 1913-1933*, Stuttgart: J.B.Metzler, 1985.
Schlüpmann, Heide, *Ein Detektiv des Kinos: Studien zu Siegfried Kracauers Filmtheorie*,

Basel: Stroemfeld, 1998.

Stalder, Helmut, *Siegfried Kracauer: Das journalistische Werk in der Frankfurter Zeitung 1921-1933*, Würzburg: Königshausen & Neumann, 2003.

Steiner, Uwe, *Walter Benjamin*, Stuttgart: Metzler, 2004.

Tugendhat, Ernst, *Selbstbewußtsein und Selbstbestimmung*, Frankfurt a. M.: Suhrkamp, 1997.

베를린 직장인의 문화적 유목:
크라카우어의 1920-1930년대 에세이들을 중심으로[*]

이 창 남

I. 서론

크라카우어는 1920-30년대 전형적인 문화적 산책자였다. 그는 프랑크푸르트 신문의 고정칼럼리스트로 활동하면서 도시와 문화에 관한 상당수의 에세이들을 발표했다. 이 초기 산문들 가운데 본고에서 주로 검토할 베를린에 체재하던 시절의 글들은 특히 오늘날에도 주목할 만한 도시와 대중의 문화적 유목화의 양상에 대해 두드러진 인식을 드러내고 있다.

흔히 '바이마르의 크라카우어'와 '미국의 크라카우어'가 변별적으로 다루어진다. 바이마르 공화국 시절 크라카우어는 도시들에 관한『화려한 프랑크푸르트(Das bunte Frankfurt)』,『베를린에서 나란히(Berliner Nebeneinander)』(축약 BN),『베를린의 거리와 또 다른 곳(Strassen in Berlin und

---

[*] 이 글은 2017년『독어독문학』58권 4호에 게재한 필자의 논문을 부분 수정하고 가필한 것이다.

anderswo)』(축약 SB)과 같은 책으로 묶인 주요 단편모음들을 저술하였다. 그리고『직장인(*Die Angestellten*)』(축약 A),『대중의 장식(*Ornament der Masse*)』(축약 OM) 등으로 엮어진, 바이마르 공화국 시대의 직장인 계급과 도시대중의 문화에 대한 다수의 에세이들을 남기고 있다.

  이 에세이들을 관통하여 합리적 사회체계에서 벗어나는 영역이자 동시에 그에 포섭되는 양가적 영역으로서 문화에 대한 인식이 나타난다. 그리고 도시대중은 문화의 영역에서 일과 조직에서 벗어나 자유를 만끽하며 유목적 양상을 보이는 것으로 서술된다. 이러한 대중에 대한 크라카우어의 인식은 한편 다분히 비판적인 톤을 깔고 있기도 하다. 그런 측면에서 크라카우어는 아도르노에 선행해서 그의『계몽의 변증법』등에 나타나는 비판적 인식과 공유하는 지점들이 없지 않다. 잘 알려져 있듯이 1차 대전 때부터 실제로 칸트를 함께 읽으며 그와 지적으로 긴밀한 교류를 맺어오기도 했다.

  그러나 그가 이후 프랑크푸르트 사회연구소와 잘 화합하지 못한 것도 체계적 학문 경향을 선호한 아도르노와의 차이에 기인하기도 한다. 그러나 근래에 특히 사회의 외면성을 투시하는 크라카우어의 모자이크적인 산문들이 "경험적 연구과 지적 비판의 연계"(Neckel 2014, 208)로 평가되면서 사회학적으로 새로이 조명받을 뿐만 아니라, 일부 아도르노와 공유하고 있는 것으로 간주되어온 문화산업에 대한 비판적 입론에서의 차이도 부각되고 있다(Vgl. Mülder 1985).

  이 글에서는 크라카우어의 저서『직장인』과『대중의 장식』을 중심으로 도시대중의 일과 여가의 문화에 대한 그의 인식을 살펴볼 것이다. 이 주제에 대해 바이마르 시절 크라카우어는 많은 르포르타주들을 남겼고, 거기서 그는 문화의 영역에서 새로이 형성되고 있던 노마드적 대중의 양상을 포착하고 있다. 특히 1920-30년대 베를린과 그 안에서 새로이 형성되는 대중문화에 대한 크라카우어의 독특한 해석은 주목할 만하다.

그의 『직장인』에 묘파되는 당대 베를린은 막스 베버적인 '관리되는 사회'의 베를린적 버전의 면모를 보이는가 하면 동시에 그러한 사회로부터 벗어나는 도시대중의 정신적-육체적 유목을 당대 도시대중 문화의 표면들을 통해서 포착되고 있다. 이는 오늘날 가상이 사실을, 외면이 내면을 대체하는 독특한 포스트모던적 전도에 대한 현대 사상가들의 인식을 선취하고 있다고 해도 과언이 아니다. 동시에 그러한 변화를 전통적 관점에서 비판하기보다는, 외면성의 대중문화와 대중들의 정신적 유목에서 긍정적이고 유토피아적 비전을 도출하는 데에까지 이른다.

이 글에서는 이러한 양상에 주목하면서 '지배'와 '자유' 사이의 길항관계 속에 있었던 당대 도시대중과 그 대중문화의 사회적 함의를 도출하고자 한다. 특히 가속화되어가던 글로벌화의 과정 속에서 국가와 계급에 종속적이지 않은 독자적인 문화의 메커니즘을 크라카우어가 묘파하는 '직장인의 문화적 유목'을 매개로 고찰하고자 한다.

II. 직장인

직장인은 크라카우어에게 "대도시 대중의 사회학적 핵심(soziologischer Kern des großstädtischen Publikums)"이며 동시에 "혁명적 에너지의 담지자"(Mülder 1985, 70)이다. 이 직장인 대중은 당대 대도시 베를린과 긴밀하게 관련되어 있다. 그리고 직장인이라는 그룹은 큰 사회적 변화의 징표이기도 했다. 요컨대 계층적으로 아직 특정하기 어려운 애매한 직장인 계층은 의식은 부르주아이지만, 그 현존은 프롤레타리아적인 모순적 정체성을 가지고 있었다. 이는 당대 부르주아 전통문화가 급격하게 대중문화로 재편되는 문화적 변화와도 긴밀히 관련된다.

무엇보다도 크라카우어가 그의 저서 『직장인』에서 초점을 두는 것은 막스 베버적인 일종의 '관리되는 사회'의 모습이지만 동시에 특정한 이론적 테두리에로 귀결되는 것을 원하지 않는 크라카우어의 개별 사례에 대한 천착은 그러한 모습 속에서도 변이와 창발의 가능성을 시사하고 있다. 이러한 점은 아도르노의 관리되는 사회의 총체성에 기반한 대중문화와 문화산업 비판과는 다소 다른 노선을 따르게 되는 계기가 된다. 사실상 크라카우어가 묘파하고 있는 베를린 직장인 사회는 바우만이 제시한 '무거운 근대'의 "포드주의적 공장"(바우만 2010, 44)과 유사하다.

"이곳에서 인간의 행동은 정신적 능력을 발휘하지 못하고 미리 정해진 절차에 따라 그저 묵묵히 기계적으로 따라 움직이는 것으로 격하되었으며, 자발성과 개인의 주도력은 금기시되었다"(바우만 2010, 44). 그리고 이 시스템은 "노동자를 붙박이로 만드는 시스템"(바우만 2010, 95)이다. 그러나 크라카우어가 포착하고 있는바, 그로부터 벗어나는 문화 영역에 나타나는 직장인의 문화적 유목은 이미 탈포드주의적인 '유동적 근대'로 이행하는 양상을 드러내고 있다고 할 수 있다.

당대 형성되던 유목적 대중도 이러한 직장인 대중이 보여주던 포섭과 저항의 길항과 무관하지 않다. 이러한 직장인들이 사무실과 그 바깥에서 수행했던 여가적 활동은 크라카우어에게 동전의 양면과도 같은 것이었다. 한편 그것은 지배를 강고하게 하는 완충지대였지만, 다른 한편 그 지배로부터 끊임없이 벗어나는 일탈이었던 것이다.

1. 베를린과 직장인

당시 베를린에 급격히 늘어나기 시작했던 사회적 그룹으로서 직장인은 노동자도 기업가도 아니다. 이들을 노동자와 구분하는 것은 자칫 "분할의 정치(Politik der Teilung)"(A 90)로 일정한 통치를 위한 책략으로 작동하기도 한다. 그렇다고 해서 직장인을 하나의 계층범주로 다루기도 어려운 점이 없지 않다. 크라카우어는 이러한 분할의 정치를 지적하면서도 이들을 다소 문화적인 방식으로 구분하고 있는데, 그에 따르면 직장인은 "정신적으로 정주지가 없는(geistig obdachlos)"(A 91) 존재들이다.

이는 당대 프롤레타리아에게 일정한 계급의식과 목적지향적 과제가 부여되던 사회적 움직임을 고려하면, 직장인들에게는 그러한 특정한 삶의 목적과 계급적 과제를 부여하기 어려운 무정형적 현실에 착목한 것이라고 할 수 있다. 이는 크라카우어가 1920년대 독일 베를린의 직장인들에 대한 르포르타주를 작성하게 된 하나의 계기를 이룬다. 말하자면 직장인들은 그 자체로 훈육과 조직의 대상이자 동시에 무정형적인 사회그룹이었던 것이다. 『직장인』이라는 르포르타주 모음집을 "알려지지 않은 영역(Unbekanntes Gebiet)"이라는 제목으로 시작하는 것도 우연한 일은 아니다.

그에 따르면 당시 베를린의 직장인은 급격히 증가하고 있다. "전체 독일의 직장인 수는 350만에 달했는데, 그 가운데 여성이 120만이었다. 같은 기간 동안 노동자의 수가 아직 두 배가 되지 않았지만, 직장인의 수는 점점 5배에 근접하고 있었다. 노동자 5인당 직장인 1인에 가까운 비율에 육박했고, 공무원도 아주 크게 증가했다"(Vgl. A 11). 이러한 직장인 계층의 급격한 등장은 사회의 변동과도 직접적으로 관련된다. 특히 그것은 과거에 비해 국가와 자본이 비대화되는 양상을 반영하는 것이기도 했다.

크라카우어 역시 이러한 점을 지적하고 있다. 그는 "경제의 구조변화 (Die Strukturwandlung der Wirtschaft)"(A 12)를 우선 직장인의 증가와 연계된 것으로 들고 있다. 이 변화의 요체는 현대적인 대형기업들의 등장과 그에 따른 조직형식의 변화이다. 이러한 양적인 확장과 동시에 질적인 변화도 수반되었는데, "합리화"는 바로 그러한 질적 측면을 설명하는 모델이다. 합리화는 자본주의 초창기부터 이루어져 왔으나, 크라카우어에 따르면 1925년에서 1929년 사이의 합리화는 특히 중요한 국면을 형성한다. 그것은 사무실에 "기계의 틈입(Eindringen der Maschine)"과 "테일러 시스템(fliessenden Band)"(A 12)의 도입이다. 이러한 구조를 통칭해서 "사무실 기계(Büromaschine)"라는 말이 등장한다.

유목적인 것에 대타적인 것으로 자본과 권력의 지배를 통칭하면서 사용하는 "기계"라는 표현은 이미 막스 베버가 관료조직을 비판하면서 사용하고 있다.

> 생명력을 잃은 기계는 물이 점점 새듯이 그 속이 비어가는 정신, 다른 것이 아닌 바로 이러한 정신이다. 생명력을 잃은 기계가 정신이 되고 말았다는 사실, 바로 이것이 인간을 이 기계의 종이 되도록 속박하며, 일상적인 인간의 노동을 실제 공장에서처럼 지배하도록 규율하는 권력을 관료 조직에게 부여한다.[1]

---

[1] 막스 베버 (1991). 과거 베버가 묘사했던 사무실 기계를 대체하는 오늘날의 유연한 네트워크 사회에 대해서는 존 어리(John Urry, 2003)의 *Global Complexity*, p. 10; 바우만 (2010)의 『액체근대』, 44쪽 참조.

막스 베버의 이러한 인식은 이후 프랑크푸르트학파의 비판이론에서 관리되는 사회에 대한 비판적 인식으로 이어진다. 여기서 기계는 개인의 자유의지를 넘어서는 자동화된 기제로서의 의미를 갖는데, 크라카우어에게서도 그러한 문맥에서 이해될 수 있다. 사무실 기계는 사무실 노동의 합리화와 계량화를 위한 자본의 통치전략을 수행하는 도구로 도입되었고, 직장인 그룹은 이러한 사무실에서 활동하는 노동자 아닌 노동자로서의 역할을 수행하는 일단의 새로운 사회적 집단적 그룹으로 경제적, 사회적 중간 계층에 자리매김된다. 그리고 당시 베를린은 크라카우어가 인용하고 있는 좀바르트(Sombart)의 표현에 따르면 "직장인과 관료의 도시(Angestellten- und Beamtenstadt)"(A 15)였다.

2. 선발과 훈육

이러한 직장인 그룹의 자의식 속에는 이미 노동자들과는 다르다는 변별적인 의식이 존재하고 있었다. 그리고 자동화된 의식의 메커니즘 속에서 그 관리체계가 유지되는 점이 지적되고 있다.

> 친위대는 죽어버렸지만, 명령에 반하는 의식이 생긴 것은 아니다. ― 그렇게 체계는 우연에 대항하여 그 자체를 온전히 유지하는 것이다.(A 19)

이러한 체계 속에 직장인들은 서로 의존적이면서도 특출날 것을 의도한다. 이러한 계층의식은 직장인의 선발과 훈육에 직접적으로 개입하는 "국가"와 "자본"에 의해 더욱 강화된다. 여기서 지배는 이미 채용을 위한 선발의 과정에서부터 시작된다. "적합한 사람을 적합한 자리에

(Der richtige Mensch an die richtige Stelle!)"(A 19)는 당시 베를린 직장인의 선발의 모토가 되고 있었다. 개성은 그 생산과 분배의 과정에 위치하는 '자리'와 부합하는 것은 아니었다. 선발을 위한 적합함의 평가는 "사람"보다는 "기업적 관심"(A 20)에 의해 좌우되었다.

노동자가 상대적으로 기능적인 부분에서 단순한 방식으로 평가된다면, 직장인은 담당하는 계산, 예약, 전화 등의 실무를 시험하면서 직업심리적인 차원에서 다면적 평가가 필요한 것으로 인식되고 있다. 큰 기업일수록 이러한 평가에는 공백이 생긴다. 최상급자가 하급자들의 업무실태를 제대로 파악하기 어려운 것이다. 따라서 이들의 평가는 중간 간부들에게 달려 있게 된다. 크라카우어는 두 명의 여직원에 대한 적성 테스트와 관련한 인터뷰에서, 외모가 중요한 요인이 되고 있음을 드러내고 있다. 그에 따르면 늘 아프로디테에게 유리한 것은 아니지만, 또한 아테네에게만 유리한 것도 아니다. 또한 헤라와 같은 유형은 직장인들 사이에는 존재하지 않는다.

외모, 필체, 예의, 심리 등이 주요한 적성검사의 요인들로 작동한다. 크라카우어가 드는 예들 가운데 특히 필체감정사는 자질을 갖춘 인력이 필요할 때 동원되는데, 그는 이 감정사를 "적국에 잠입한 당국의 스파이(ein Regierungsspion in feindliche Länder)"(A 23)에 비유하고 있다. 말하자면 이들의 행위는 비밀스러운 정보를 수집하기 위한 통치행위와 유비적인 것이다. 인간의 심성적 유형과 태도에 대한 직업심리학적 관찰이 관리를 위한 도구적 전문지식으로 동원되는데, 이는 일종의 선발과정이자 동시에 훈육의 기제이자 통치의 방식이기도 한 것이다.

인상학, 심리학 등이 20세기 초 직장인 선발과 운용에 주요하게 작동하고 있다는 점을 크라카우어의 르포르타주에서 확인할 수 있다. 또 직장인의 외모와 태도에서 특히 '미국인'과 같은 친절성이 강조되었다. 그 모토는 "도덕적으로 붉은 피부색(Eine moralisch-rosa Hautfarbe)" 즉 도덕은 장밋빛으로 채색되어야 하고, 장미는 도덕적으로 윤색되어야 한다는 것이다. 내면성은 외면적으로 평가되고, 외면성은 내면성을 대변하는 것으로 이해되는 표면적인 것에 대한 사회적 강박에 대한 사례가 여기서 나타난다.

이를 크라카우어는 당시 유행하던 속류 다윈주의의 용어를 동원해서 일종의 "자연도태(Zuchtwahl)"(A 25)와 비견될 수 있는 것으로 본다. 직장인들은 "실존에 대한 염려(Existenzsorgen)"(A 25)에서 뷰티살롱을 찾고 날씬해 보이기 위해서 스포츠로 몸을 단련한다. 적합한 자리에 대한 기업의 고려 이면에 가려진 기업적 이해에 따른 개인성의 훈육이 자리하고 있는 것이다. 크라카우어는 이와 같이 선발의 합리화 속에서 경쟁사회의 적자생존과 같은 기제가 동시에 작동하고 있음을 통찰하고 있다.

3. 합리적 구조 속의 비합리적 관계

이미 "노동과정의 작업은 전적으로 세부에 이르기까지 합리화되었다"(A 26)고 크라카우어의 르포르타주 속의 한 기업가는 자랑스럽게 말한다. 그룹의 여직원들은 일률적으로 일자리에 배치되고, 상부의 관리자는 붉은색, 노란색, 초록색 전등을 통해서 일의 진행과정을 한 번에 통괄한다. 바깥에서는 전쟁과 같은 기계적 노동이 진행되는 가운데, 지휘부 사무실은 수도승의 방과 같은 적요 속에 자리하고, 그 방의 전등을 신호로 방문자들이 들어와야 하는지, 기다려야 하는지 알 수 있다. 그의 사무실 방에는 칠판 같은 것에 구슬이 길게 늘어져 서로 다른 일의 과정을 표시하면서 늘어져 있는데, 매번 일의 진행에 따라 이 구슬의 위치가 바뀌고, 최고위층의 자리에서 일목요연하게 모든 진행과정을 통괄한다(A 26).

오늘날 전자적 직장 관리 시스템을 상기시키는 이러한 작업장의 시스템과 달리 최상층과 일반 직장인 사이의 소통적 연계는 쉽지 않은 것으로 지적되고 있다. 여기에 중간보스가 그 사이의 매개 역할을 하지만 실제로 그들 사이는 상당히 불투명하다. 카프카의 『소송』이나 『성』에서와 같이 전체를 통괄할 수 없는 미로와 같은 거대한 사회와 기업의 구조에서 하위직에 있는 직장인과 최상층과의 연계는 거의 불가능하게 나타나는 것과 같다. 카프카가 드러내는 "최상 심급의 도달 불가능성"(A 36)에서 거대조직의 합리화된 구조의 비합리적 상황이 발생한다.

크라카우어는 그러한 사례를 해고당한 직장인의 예로 들고 있는데, 그가 법정에 제출한 진술서에 따르면 "감독하는 상부의 간부는 사실에 맞게 보고받지 않았다."(A 35)는 것이다. 이 하급 직장인과 상급 간부 사이에는 중간보스가 있다. 고소인의 직속상관은 사실을 왜곡해서 보고했을 뿐만 아니라 끊임없이 그를 "모욕하고 트집 잡았다"(A 35)는 것이다. 이 직장인의 동료들도 자신의 사정에 공감했지만 두려움으로 인해 침묵했다.

중간보스가 매개자의 역할을 하고, 책임이 있는 최상층의 관리자는 존재하면서도 존재하지 않는 역설적 상황이 나타난다. 상부관리들조차도 자신들을 직장인이라고 말하고, 그 위로는 기관의 감독 위원회나 대표들이 있지만, 크라카우어의 지적대로 이러한 구조적 "위계의 최상층은 금융자본의 어두운 하늘 속에서 사라지고 만다"(A 37). 말하자면 아무도 책임이 없는 구조 속에서 직장인들은 호소할 길이 없는 것이다. 사실상 전문화된 기업 구조 속에서 "기구가 계획적으로 잘 조직될수록

서로 관계할 일이 없는"(A 36) 역설이 나타난다. 이는 곧 합리화의 역설이다. 말하자면 업무영역들 사이의 관계가 "합리화"를 통해 "추상화"되어가면서 사람들 사이의 공동체적 상호관계 자체는 망실되는 것이다.

이러한 기업의 추상화된 구조와 중간보스에 의해 지배되는 상하관계를 그는 '군대조직과 유사한 것'(A 36f.)으로 파악하고 있다. 또한 크라카우어는 '직장인 그룹의 특수화로 인한 시야의 협소화'(A 39)를 지적하고 있다. 기업의 목적 지향적 구조에 맞추어 형성되어가는 젊은 직장인의 성격과 자질이 점차 타자와의 관계성의 측면에서는 오히려 부정적인 측면을 드러낸다. 이러한 문제는 특히 당시 전후 어려운 독일의 경제적 상황 속에서 고용불안과 더불어 심각한 사회문제로 부각되고 있다.

4. 직장인의 불안과 자살충동

『직장인』의 "아 벌써(Ach, wie bald)"라는 장에서 크라카우어는 당시 베를린 직장인들의 상당히 불안정한 고용 상황을 드러낸다. 그는 베를린 중심가에 서 있는 "기억의 교회" 앞에 실직하고 노동을 팔기 위해 몸의 앞뒤에 자신의 이력을 광고판처럼 써붙인 20대 "샌드위치맨"을 예시한다. 배회하는 자로 사회적 유휴인력인 '산책자가 샌드위치맨으로 진화'한다는 벤야민의 테제는 전통적 산책자가 산업화된 사회의 유휴인력으로 전락해가는 양상을 진단한다.

이는 물론 걸시, 부랑아, 배회자 등 정주하지 못하는 '산책자(Flaneur)' 일반의 보편적 의미론을 드러내는 것이라기보다는 1차 세계대전 이후 심각한 인플레이션과 노동시장의 변동을 겪고 있던 당대 독일의 특수한 상황을 반영한다고 하겠다. 특히 크라카우어는 일할 능력이 있는데도 불구하고 실직하는, 사회적으로 급속히 소모되는 노동력에 주목하고 있다. 그는 노동 연령의 경계가 "크게 하향조정되고, 40세면 이미 경제적으로 죽은"(A 44) 것으로 인식되던 직장인 세계의 단면을 지적한다. 크라카우어가 인용하고 있는 1929년 독일의 "직업조합(Gewerkschaftsbund)"에서 실직자를 대상으로 실시한 설문의 일부를 소개하자면 이렇다.

1. 이전에 400마르크 월급을 받던 경영관리자. (해고 후 생계를 위해) (C.L.) 가구와 모피를 팔아야 했고, 방을 세내주었음. 40세. 기혼. 두 아이 (아들 세살 반, 딸 6개월)의 아빠. 25년 4월 1일부터 실직.
2. 39세. 기혼. 세 아이(14, 13, 9세)를 둠. 3년간 수입 없음. 미래? 일, 정신병원 아니면 가스틀기.
3. 군법관이 고용되어 해고됨. (해고 후 생계를 위해)(C.L.) 가구들을 팔았음. 전쟁 전에 자신의 사업을 함. 전쟁 중에 일과 직업을 상실함. 집으로 돌아왔을 때 와이프가 사망했음. 검약하게 모아둔 전 재산은 인플레이션으로 날아감. 현재 51세. 도처에서 이런 이야기를 들음. "그렇게 나이 많은 사람을 우리는 고용하지 않아요." "마지막 방법은 자살이다. 독일은 우리의 살해자이다."
4. 나는 정신적으로 이상증을 앓고 있고, 가끔 자살에 대한 생각에 몰두한다. 그 밖에 나는 모든 사람들에 대한 신뢰를 상실했다. 38세. 이혼. 4자녀 둠.
5. 미래? 암담함. 아직 일할 능력이 있는 우리 나이 많은 사람들이 어떻게든 활동하도록 뭔가 시행되지 않는다면. 44세. 기혼. (A 49-50)

독일은 1차 세계 대전 후 급격한 인플레이션을 겪었고 근대적 경제체제에 진입하면서 재정상황이 궤멸되는 지경에 이른다. 바이마르 공화국은 이를 관리할 능력을 결여하고 있었고, 자유주의적 기업들은 고용 안정보다는 이윤확보에 주력했다. 직장인들을 보호할 수 있는 제도적 장치가 아직 제대로 마련되지 못했던 것이다.

이러한 극적인 독일의 특수한 경제적 사정으로 바이마르 공화국 시절 직장인 도시대중의 "프롤레타리아화"(Band 1999, 139)가 급속히 진행되었다. 당시 노동자 연대 그룹들은 이러한 직장인을 노동자 계급운동에 포섭하고자 했고, 다른 한편 시민주의적 연대 그룹들은 교양문화와 국민국가의 통합적 이념으로 이러한 직장인 대중의 위기를 봉합하려고 시도했다. 직장인 대중이 사회주의적 측면에서는 "노동자"로, 시민주의적 측면에서는 "신중산층"으로 서로 달리 규정되었던 이유도 여기에 있다(Vgl. Band 1999, 139). 실제로 직장인은 그 개인과 업종에 따라 다양성을 띠었다.

1920년대 독일 직장인 수의 반 이상이 가입하고 있었던 "직장인 연대(AFA-Bund)"[2]는 이러한 다양한 직장인 그룹의 복합성을 대변하는데, 이들의 우선적 과제도 "프롤레타리아화에 대한 공포를 극복"(Band 1999, 139)하는 것이었다. 여기서 프롤레타리아화는 계급적 문맥의 용어가 아니라 경제적 빈곤화를 지칭한다. 벤야민이 "최후의 산책자를 구현하는 것은" 일자리를 구하기 위해 광고판을 둘러쓴 "샌드위치맨"(Benjamin, 1982, 562)이라고 적시한 것은 우연이 아니다. 요컨대 더 이상 산책이 불가능한 시대에 거리에서 구직하는 '배회자'는 그러한 산책의 끝과 산책자 최후의 모습을 드러낸다는 것이다.

---

2 Allgemeiner freier Angestelltenbund.

물론 이는 일정한 사회적 문제영역을 지칭하는 것으로 바이마르 공화국 직장인 그룹의 전반적인 모습이라고 보기는 어렵다. 직장인 그룹 내부에서도 상당한 정도로 경제적 계층화가 나타났다. 한편 경제적 빈곤화의 문제가 심각한 사회적 문제로 부상하면서 저소득층 직장인들을 타격하였다면, 다른 한편 근대도시의 이질성과 뿌리 없음은 베를린의 직장인 도시대중 전반에 불안을 가중시키고 있었던 것이다.

"정주할 곳이 없는 자"라는 메타포가 루카치, 벤야민, 아도르노, 크라카우어 등에게서 공유되며 당대 직장인 대중의 경제적 빈곤과 정신적 공허를 동시에 지칭하는 다의적인 의미로 사용되고 있었던 것도 여기서 기인한다고 하겠다. 정신적 의미에서 집이 없고, 도피할 곳이 없는 이들의 피난이 유목적 외유로 이어졌으며, 그 피난처가 대중문화였다. 이 문화를 향유하기 위해서는 일정한 경제적 능력이 뒷받침되어야 했는데, 크라카우어의 르포르타주에서 나타나듯 사무실 문화의 확장과 더불어 대중들의 문화적 소비도 동시에 증대되고, 다변화되는 양상이 나타난다.

이와 같이 크라카우어에게서 '직장인'으로 명명되는 도시대중들은 사무실로 대변되는 합리적 체계의 강박으로부터 문화적 유목을 통해 벗어나고자 하며, 개체화와 원자화로 인해 실종된 도시 공동체의 유대를 대중문화를 통해 회복하고자 했다. 그러나 그러한 복구와 회복은 크라카우어의 문화 관련 에세이 모음집 제목인 『대중의 장식』이 시사하듯 흔히 부르주아적 교양의 '깊이'가 아니라 대중문화의 '표면', 즉 외면성을 통해서이다. 그런 역설적 의미에서 문화적 유목과 대중의 문화적 거처들은 소위 "정주할 곳 없는 자들의 피난처(Asyl für Obdachlose)"(A 91)가 된다.

III. 집 없는 자들의 헤테로토피아들

1. 교회와 호텔

이러한 피난처로 크라카우어는 영화관, 카지노, 호텔 등을 거론한다. 여기서 호텔은 크라카우어에게 근대적인 국제적 대도시의 장소성을 대변한다고 해도 과언이 아니다. 호텔 안의 사람들 사이의 익명의 관계, 블르바르를 닮은 복도들, 수영장과 댄스홀을 비롯한 각종 유흥시설과 방문자와 투숙객을 관리하는 역할을 하는 입구의 카운터 등이 전형적인 "대도시의 축도"(Katz 1999, 138)인 것이다. 동시에 그것은 여행자의 처소로서의 유목적인 근대의 전형적인 장소이기도 했다. 기능적으로도 그것은 당대 호텔들이 지향했던 바대로 "여행하는 사람들을 위한 집을 벗어난 집(Home away from home for those who travel)"(Katz 1999, 147)으로 선전되곤 했다.

당시 장대한 호텔을 짓는 것이 유행이었고, 파리, 베를린, 뉴욕 등 유럽과 미국의 대도시들에 많은 호텔이 경쟁적으로 지어졌다. 이러한 대도시 호텔은 크라카우어에게 전면에 "등장하고 있는 글로벌 문화의 지역적 범례"(Katz 1999, 136)라고도 할 수 있다.

호텔과 교회를 대비적으로 고찰하고 있는 크라카우어의 또 다른 저서 『탐정소설(*Der Detektiv-Roman*)』(1925)에서 보듯이, 교회가 신앙의 공동체를 구성하고 있는 반면, 호텔은 익명의 사람들이 합리적인 계약관계 속에서 기계적으로 모여 있는 현대 사회의 추상화된 공동체를 상징적으로 드러내는 장소이다. 그런 점에서 "긴장이 없는 호텔 홀의 사람들이 전체 사회를 대변한다"(OM 169). 즉 호텔이 일종의 익명화와 합리화가 가속화된 사회의 축도인 것이다. 그가 호텔을 자주 거론하는 이유도 여기에 있으며, 〈호텔 속의 사람〉, 〈죽음이 호텔로 돌아온다〉 등 당시 호텔을 소재로 한 영화와 소설들은 그가 주목한 현대 문화의 양상을 단적으로 드러낸다. 교회와 같은 전통적 공동체와는 다른 호텔은 공동체의 측면에서 볼 때는 "무관계성의 공간"(OM 163)이며, 일종의 "부정적 교회"(OM 159)이다.

그 관계성의 내부는 균열과 무(無)가 있을 따름이다. 말하자면 그것은 마르크 오제(Marc Augé)의 표현을 빌리자면 일종의 '비장소(Non-Places)'(Augé 2008, 63)이다. 그럼에도 불구하고 호텔 로비가 직장인들을 끌어들이는 매력적인 장소로서의 장소성을 확보하게 되는 것은 크라카우어가 지적하고 있듯이 그 의미론적인 "내실(Gehalt)"이 아니라 "광휘(Glanz)" 때문이다. 크라카우어는 당시 베를린의 호텔 조국(Hotel Vaterland)을 이렇게 평가한다. "조국 호텔은 전 지구를 포괄한다"(A 97).

사람들은 세계의 중심에 있고자 하고, 세계를 호흡하고자 한다. 포츠담 광장에 자리하고 있었던 것으로 알려진 호텔 조국은 카츠에 따르면 8,000명을 수용할 수 있는 홀과 영화관이 있었는데, "한 지붕 아래에 세계"(Katz 1999, 144)를 지향했다. 이곳에서는 고객들에게 "바바리안, 헝가리안 라운지, 재즈와 니그로 댄서들이 있는 와일드 웨스트바"와 같이 이국적인 지역성으로 코드화된 룸을 제공했다. 이러한 호텔 로비의 전 지구적 광휘는 직장인들의 일의 날들의 단조로움에 대비된다. 크라카우어에 따르면 그러한 "화려한 세계는 곧 사무실 기계에 대한 반격이다"(A 97).

호텔과 레스토랑 등은 장식적이고 이국적인 외관으로 직장인들을 끌어들인다. 호텔 입구의 융단, '계층 상승을 구현하는 원형계단', 동방의 '이슬람 규방의 격자'들은 환상을 창출하고, 이는 크라카우어의 표현에 따르면 직장인들에게 일종의 "환상궁전(Phantasiepalast)"(A 98)으로의 "사회적 여행(Gesellschaftsreise)"(A 97)이다. "사람들은 그 위에 앉아 있는 것이 아니라 여행하고 있는 것이다(Man sitzt hier oben nicht, man reist)" (A 98). 이는 일종의 "장소에서의 여행"(Katz 1999, 144)이라고 할 수 있는 것이다.

그 과정에서 양이 질로 바뀌듯이 직장인들에게 '의상'은 '육체'가 되고, '외적 광휘'는 이들의 내적 '열광'으로 자리를 바꾸는 역설이 이루어진다. 크라카우어가 포착하고 있는 이러한 내면과 외면의 자리바꿈은 문화적 환등상을 따라 이동하는 직장인의 의식적 유목, 요컨대 지리적인 현실적 공간이동보다는 의식적 환상의 여로를 따라 이동하는 유목과 불가분하다.

이러한 정신적이고 문화적인 유목은 물리적 장소와 거의 무관하기까지 하다. 그럴 것이 정주하는 장소의 공간이 이국적 광휘로 채워지고 있기 때문이다. 이는 상징적 의미의 여행인데, 크라카우어는 『대중의 장식』에서 다소 아이러니컬한 논조로 이러한 여행을 "정신부재의 지속적 상태를 유지하는 사회의 가능성"(OM 288)이라고 말하고 있다. 그에게 직장인의 "정신"은 끊임없는 외적인 환등상으로 환치되면서 더 이상 자신의 정신이 아니며, "자기 자신"과의 자기 동일성은 무한히 유예된다.

이러한 정신과 자아의 빈자리가 공허와 권태의 자리이다. 그리고 그 자리는 끊임없이 무엇인가 다른 것으로 채워질 것을 요구받는다. 교회가 형이상학적 진실에 대한 욕구를 해소하는 장소였다면, 근대인들의 형이상학적 욕구는 세속적 외면성의 문화에 대한 욕구로 채워지고 있었다는 사실을 크라카우어는 일찍 간파하고 있다. 그런 점에서 크라카우어가 말하는 외면적 '광휘'는 세속화된 형태의 형이상학적 위안에 다름 아니다. 그것은 근대인의 공허의 자리를 채우는 (포괄적인 의미의) "대중의 장식"이 되어가는 것이다.

2. 영화관

영화관은 직장인들의 헤테로피아로서 빠질 수 없는 근대적 장소에 속한다. 잘 알려져 있다시피 크라카우어는 평생 영화에 천착했다. 『칼리가리에서 히틀러까지』, 『영화의 이론』 등은 파리와 미국 망명기간에 쓰인 후기의 저작에 속하고, 1920-30년대 초까지 영화에 대한 그의 많은 단편들이 남아 있다. 영화는 크라카우어에게 무엇보다도 사실주의를 대변하는 장르이다. 그의 에세이들은 보편적이고 추상적인 체계를 지향하지도 않고, 그렇다고 개별적인 세부적 사실에 통찰 없이 매몰되지도 않는다. 『직장인』의 서술 기법이 영화적인 면모를 띠는 것도 그의 문화사회학적 연구를 수행하는 독특한 방법을 잘 보여준다.

당시 베를린에는 많은 영화관들이 들어섰던 것으로 알려져 있다. 그것들은 "유희의 궁전"(OM 311)으로 불렸는데, 크라카우어가 거론하는 대표적인 것은 동물원 역(Zoo) 주변에 "우파관(Ufa-Paläste)"과 "글로리아 관(Gloria Paläste)"(OM 311) 등이다. 영화사 '우파(Ufa-Universum Film AG)'[3]와 직장인 연대 '아파(Afa- Allgemeiner freier Angestelltenbund)'는 여가와 노동을 위한 기관으로 쌍생적인 구조를 가졌고, 실제 직장인들은 영화에 상당히 심취했다.

크라카우어에게 영화는 '시대의 혼돈'을 보여주는 사실주의적 장

---

3 1917년 베를린에 설립된 독일의 영화제작 및 배급 회사.

르로 기능하고, 말 그대로 '덩어리' 혹은 '군집'이라는 의미의 '대중(Masse)'의 여흥에 복무한다. "오락은 그들의 문화가 되기에 이르렀다. 그것은 대중에게 통하는 것이다."(OM 312). 이러한 대중문화를 전통 예술의 기준으로 비판하는 것은 적절하지 않다. 대중에 대비되는 당대 교양 시민계층은 '함께 즐기거나 잘난 체하며 거리를 취한다'(Vgl. OM 313). 그러나 크라카우어는 분명히 대중과 대중 문화로서 영화의 부상을 인지하고 있다. 그는 그러한 영화들을 시대의 "즉흥성(Improvisation)"과 세계의 "통제되지 않는 혼돈의 모사(Abbild des unbeherrschten Durcheinander)"(OM 316)로서 긍정한다. 그리고 영화에 대해 더 이상 존재하지 않는 통일성 혹은 단일성을 강요하는 부르주아적 예술적 태도에 대해서는 부정적이다(Vgl. OM 316).

다른 한편 프랑크푸르트 신문의 고정 문화비평가였던 크라카우어는 「점원 아가씨들이 극장에 간다」라는 글을 비롯한 여러 에세이들을 통하여 직장인 대중과 영화 사이의 이데올로기적 관계를 비판적으로 묘파하고 있기도 하다. 그에 따르면 '롤스로이스 소유자와 결혼하는' 영화 속의 여자 이야기처럼 영화는 일종의 "사회의 백일몽"(OM 280)이다. 채플린의 〈황금광〉조차 주인공이 백만장자가 되는 것으로 끝이 난다(Vgl. OM 279). 벤야민이 "사물에 덧씌워진 잿빛 코팅"이라고 명명한 "키치"적 요소들처럼 닳아빠진 구원과 성공의 통속적 영화 내러티브 속에서 크라카우어는 일종의 유사 종교적인 가상을 읽어내고 있는 것이다.

영화에 대한 이러한 이데올로기 비판에도 불구하고 크라카우어는 당대 이미 영화를 폄하하던 비평가들도 사라지고, 영화 관객은 모든 계층으로 확대되는 양상을 인지하고 있다. 특히 경제구조의 합리화로 증대된 소시민 직장인들이 다수의 관객층을 형성했다(Vgl. OM 295). 이러한 변화는 그가 영화의 잠재력에 주목하는 이유가 된다. 그에게 전통 부르주아 이상주의 문화는 일종의 "환영(Spuk)"(OM 316)으로 변모해가고 있었다. 물론 그는 동시에 도시대중이 경도되는 영화의 이데올로기가 '현존하는 것을 미화하고 묵인하도록 함으로써 그들이 '비판적 질문을 제기하기 않도록 하는'(A 99) "탈정치화의 주요 기제"(A 100)가 되는 양상을 간과하지 않는다.

그럼에도 불구하고 1920-30년대 크라카우어에게 영화는 세계의 파편성과 즉흥성을 구현하면서도 정주할 곳이 없이 "바닥없이 가라앉는"(OM 314) 도시대중을 묶어주는 사회적 기능을 수행하는 것으로 이해된다. 말하자면 영화는 사회적 공동체 유지를 위한 문화적 기제인 것이다.[4] 크라카우어는 당시 도시에서 사회 혹은 공동체의 위기를 목도하고 있으며, 그러한 위기를 극복하는 기제로서 대중문화의 역할에 주목하고 있는 것이다.

당시 베를린의 영화관들은 화려함의 극에 달한다. 그리고 상당히 신화적인 외관을 갖춘다. 그에 따르면 영화관들은 "바로크 극장"들과 유사하다. 이러한 영화관들이 시대의 우상을 등장시키며, 형이상학적 초월과 신성을 대체하기 시작한다. 도시대중을 묶어주는 것은 더 이상 신이나 이념이 아니라 스타, 영화, 레뷰등과 같은 대중문화의 계기이다. 베를린의 밤거리를 산책하다가 크라카우어는 동물원 역에 있는 기억의 교회를 중심으로 우파(Ufa) 극장과 전기 광고판 불빛들이 어두움을 밝히고 있는 모습을 본다. 그는 이러한 것들을 단순히 소비문화와 외면성

---

[4] 물론 당시 많이 유행했던 영화들의 내러티브들처럼 "가난한 사람은 복이 있나니 하늘나라가 그들의 것이다."(OM 297)라는 성서의 구절과 같은 내용으로 사회적 갈등을 봉합하는 이념적 문제를 크라카우어가 간과하고 있지는 않다.

의 문화로만 치부하지는 않는다. 오히려 "밤의 공포를 내쫓는" 그 불빛들은 "우리 현존의 어두움에 대항한 불타는 항변"이며, "생의 욕구의 항변"(SB 49)이다.

3. 여행과 춤

『대중의 장식』의 "여행과 춤"이라는 단편에서 크라카우어는 여행에 대한 당대인들의 특별한 관심을 포착하고 있다. 그리고 이들에게 특정한 목적지가 중요하기보다는 여행 자체가 목적이라는 사실을 지적하고 있다. "진정한 방랑자에게는 방랑 자체가 목적"(OM 40)인 것이다. 여행에 대한 현대인의 이러한 독특한 취향은 단순히 교통수단의 발달과 목적지에 대한 관심으로 환원될 수 없다.

크라카우어가 말하는 독특한 현대적 여행의 의미와 형식은 여행의 목적이 여행 자체가 되고, 목적지는 새로운 곳이면 어디든 상관없는 것이다. 여기서는 특히 공간의 확장으로서 사무실 공간과 같이 제한된 공간으로부터 벗어나고자 하는 욕구와 그러한 욕구가 무한성의 공간 속에서의 삶으로서 유한과 무한의 이중적 세계 속에 존재하는 도시대중의 실존적 모습을 드러낸다. 그리고 "거리의 삶"을 "삶의 거리"(OM 313)로 바꾸는 당시 400만 베를린 대중들의 유목적 순환은 여행을 통해 더욱 확장된다. 베를린 안할트 정거장(Anhalter Bahnhof)에서 유럽의 철도 지도를 바라보며 떠올리는 크라카우어의 상념은 여행지로서의 유럽 도시들의 심상지리를 잘 드러낸다.

순차적으로 끊임없이 베를린으로부터 멀리 나아가는 서로 다른 철도 구간들이 번쩍인다. 엷은 불빛의 선들이 고독하게 유리 같은 밤을 관통하여 나아가는 동안, 오른쪽으로 혹은 왼쪽으로 (…) 수도의 이름들이 행복의 약속처럼 빛난다. 바르셀로나, 니스, 콘스탄티노플. 파리까지는 여기서 16시간밖에 걸리지 않는다(BN 89).

여행에서 더 이상 장소가 아니라 "장소가 바뀐다는 사실(Faktum des Ortswechsels)"(OM 47)이 관건이다. 이러한 여행의 자기목적적 구조에 대한 크라카우어의 지적은 현대 여가의 형식과 의미의 변화를 드러낸다. 의미보다는 의미 없음, 내용보다는 외면적 형식에 몰입하는 양상이 나타나는 것이다. 이는 오늘날의 포스트모던한 시대의 특징으로 지적되기도 한다. 따라서 목적 지향적인 모던적 사회는 이미 그 자체에 포스트모던한 양상들을 내재적으로 형성해가고 있었다고 해도 과언이 아닐 것이다. 요컨대 여행에서 목적은 무목적적이 되고, 무목적적인 것이 목적이 된다. 결국 여행이 일종의 자기목적적인 양상을 보이게 되는 것이다.

여행이 공간적 측면에서 도시대중의 이중적 삶을 공간적 차원에서 구현한다면, 춤은 시간적 측면에서 그러한 양상을 보인다. 크라카우어에 따르면 "춤"은 "시간에 대한 반격(Skandierung der Zeit)"(OM 41)이다. 여기서 춤 역시 특정한 외부적 사태나 의미를 지시하지 않는 것이 특징이다. 크라카우어에 따르면 현대적 춤은 운동 자체를 위한 운동, '리듬 자체를 위한 리듬의 표현'이 된다(Vgl. OM 41). 그것은 특정한 지향성과 의도로 수렴되는 시간에 대한 반격이다. 이러한 현대 문화의 자기 목적적 구조와 자기 지시적 실체에 대한 인식은 현대 여가 문화의 양상을 지적하는 것을 넘어서서 보다 본질적인 사회의 구조변화를 시사하고 있다.[5]

시공간적으로 유한성의 영역에 머무르는 현대인들은 그 유한하고 합목적적인 시공을 벗어나는 여행과 춤을 통해서 무한성에 참여한다. 여행과 춤은 그런 점에서 "신학적 의미"(OM 46)를 갖는다. 대중은 유한한 세계와 무한한 세계에 동시에 귀속되는 "두 세계의 시민"(OM 44)이 되는데, 이 동시 귀속성은 현대인의 존재를 특징짓는 일종의 "긴장"(OM 44)을 이룬다.

우리는 여기서 칸트적 의미의 이원적 세계가 크라카우어를 통해 일상적 직장과 문화의 영역으로 전이적으로 적용되고 있는 것을 확인할 수 있다. 직장인의 합목적적으로 제한된 세계와 이를 벗어나는 대중의 문화적 유목이 이러한 시공간적인 두 개의 세계의 사례라고 하겠다. 여기서 문화적 유목은 전통적 초월성과 신성성을 지극히 세속적인 방식으로 대체하는 계기이다. 그 초월성의 시간적 국면인 '춤'과 공간적 국면인 '여행'에서 사람들이 기대하는 것은 크라카우어의 표현에 따르면 "중력으로부터 자유로워지는 것(Befreiung von Erdenschwere)"(OM 48) 이다. 그리고 그 이상형은 상징적 의미에서 "방랑(die Vagabondage)"(OM 43)이다.

베를린의 현실, 구체적으로 그 직장 시스템의 제약에서 벗어나는 것은 이러한 자유로운 유목을 의미한다. 크라카우어는 재즈에 관한 한 단편에서 춤에 대한 사유를 전개하고 있는데, 여기서 춤은 엄밀한 의미에서 "다리가 비로소 다시 다리인 것으로 느끼게끔 하기 위한"(SB 223) 것이다. 요컨대 춤은 인간의 다리가 기능적으로 도로를 따라가는 기계가 아니라 다시금 인간의 다리가 되게 하는 일종의 일탈이자 자기화의 과

---

5 특히 기술 자체를 위한 기술들 그리고 그 기술들이 왜 모든 것을 기술적으로 만들어야 하는지 알지 못하는 구조는 여행과 춤이 단순히 문화적 대상물을 넘어서서 근대적 시공간의 체험과 대중의 의식의 이원적 분절들을 주제화한다고 할 수 있다.

정인 것이다. 그런 점에서 이와 같은 춤은 크라카우어가 주목한 바 있는 틸러걸들의 집체적 춤[6]과는 다소 구분되는 것으로 보인다. 그러나 크라카우어는 틸러걸들의 집체적 춤과 마찬가지로 여행도 지극히 대중적인 현상으로 이해하고 있다. 심지어 그는 그것을 특정한 휴일에 불가피한 "대중의 소환"(BN 89)이라고 지칭하면서, 여행을 군대의 소집과 유비적인 면을 강조하고 있기도 하다(BN 90).

이러한 여행과 춤은 크라카우어에게서 부르주아의 사적인 여가와는 다소 다른 방식의 도시대중의 집체적 활동과 연계되고 있다. 동시에 그에게 여행과 춤은 체계화된 길들을 넘어 자기 방식의 길을 가는 산책을 원형으로 하고 있다. 크라카우어는 "아마도 거리가 그 춤꾼을 잉태했을 것이다."(SB 162)고 말한다. 당시 유행했던 채플린의 독특한 걸음걸이도 이와 같은 산책의 변주적 희화화라고도 할 수 있을 것이다.

베를린의 대중들은 거리에서 영화관과 댄스홀로 나아가고 다시금 영화관과 댄스홀에서 거리로 나아간다. 그리하여 파노라마적 거리산책은 영화와 춤의 모태가 된다. 그리고 다시금 거리의 산책자 대중들은 영화와 춤의 관객들이 된다. 이와 같이 안과 밖이 교차하고 표면과 내면이 자리를 바꾸며, 내용과 형식이 위계 없이 넘나드는 운동이 보행이며 동시에 대중문화를 구성하고 있었다.

---

[6] 크라카우어에게 틸러걸들은 "그 자체로는 아무런 고유한 가치를 가지고 있지 않은 여자, 그리고 남자 원자들(Girl- und Boy- Atome, die aber für sich keinen Eigenwert haben)"(BN 32)은 "대중과 유비적 관계(ein Gleichnis der Masse)"(BN 32)이다. 틸러걸들은 영국의 안무가 존 틸러(John Tiller)의 이름을 따서 지은 것으로(Eksteins 1997, 611) 영국에서 유래한 것으로 알려져 있다(Vgl. Gilloch 2015). 하지만 그것이 본격적으로 유행한 것은 미국에서이며, 크라카우어 역시 유럽에 수입된 미국의 문화적 산물로 이해하고 있다(Vgl. SB 203). 또한 틸러걸의 춤은 근대적 기업문화와 밀접히 관련된 것으로 이해된다. 그런 점에서 그것은 일종의 근대적 경제의 낙관적 전망을 담은 "환영"(SB 203)으로 비판되기도 한다.

4. 놀이공원: 뉴욕 키치와 회전목마

대중의 소망은 현실을 초월하는 것이다. 그런 점에서 대중은 종종 어린 아이와 그 소망 이미지를 드러내고 있다. 뉴욕의 모습을 딴 한 놀이공원에서 공중부양기를 타고 있는 대중들에 대해 그는 이렇게 말한다.

> 노동자, 소시민, 직장인들은 평일에 도시에 눌려 지내다가 이제 베를린을 초월한 뉴욕을 정복한다. 그들은 마법적으로 그려진 궁전들을 그들의 발아래 두고 있는 승리자들이다(SB 47).

그리고 덧붙여서 공중부양기에서 이들이 외치는 소리에 대해 이렇게 말한다.

> 그것은 뉴욕을 관통하는 행복에서 비롯되는 외침이다. (…) 이들은 마치 그들 모두가 구원되었다고 생각해서 외치는 것 같다. 이는 모두가 다음과 같이 승리를 외치는 것과 같다. 말하자면 우리는 거기에 존재하고, 행복의 한가운데에서 부유한다. 우리는 더욱더 멀리 돌진해 갈 것이다. 그 돌진은 죽음을 의미할 수 있다. 동시에 그것은 일종의 충족이다(SB 47).

글로벌한 뉴욕에 대한 선망과 동화에의 의지는 이미 1920년대 베를린의 도시대중들에게 폭넓게 자리하고 있다. 크라카우어에게도 미국, 특히 뉴욕은 키치와 가상으로 존재한다. 그것은 (충족의 역설적 표현인) 죽음의 경지에 이르는 대중의 열정 혹은 꿈의 현상과 맞물리고 있다.
여기서 뉴욕은 물론 탈장소화된 뉴욕의 키치이다. 낯선 중심에 대한 동경과 그것의 자기화의 과정은 장소성의 키치를 통해 나타난다. 키치는 흔히 예술의 실패로 간주되지만, 예술이나 공예에 국한되는 것이 아니라 도시경관과 대중문화 일반에 폭넓게 내재하고 있다. 이국적인 것, 글로벌한 도시의 중심성의 환영이 키치로 일상에 편재한다. 이러한 도시경관의 페티시즘은 영화, 공원, 거리 등에서 키치적 모습으로 자리하는 것이다. 그것이 주는 대중적 만족은 제한된 것, 로컬적인 것, 주변적인 것으로부터 벗어나는 환상이다.

근대적 사무실 문화가 확장되던 1920년대 크라카우어에게서 당대 (탈)장소성의 역동적 메커니즘이 놀이공원의 "회전목마" 모티프를 통해서 포착되고 있는 것은 주목할 만하다.

수많은 회전목마들이 슝슝 소리 내며 사방으로 내달린다. 그것이 행복의 바퀴인 것처럼 원환을 그리고 도는 것은 시각적 기만이다. 어떤 비행기도 멀리 있는 것을 그처럼 먹어치우지 않고, 어떤 영화의 장면도 그것이 달려드는 자연처럼 야생적이지 않다. 아이는 이미 기관차와 염소에 태워 다른 나라로 보내진 것이다. 그들은 더 이상 엄마 아빠를 보지 않는다. 마비되고, 두려움에 빠져 그들은 멀어진다. 나중 한번 두려움의 모호한 빛 속에서 그들을 둘러싼 지역들이 솟아오른다. 그들은 언제 그곳을 다녔는지 알지 못한다. 그가 원래 있었던 장소가 어디인지는 어른들 가운데 누구도 말할 수 없다. 하지만 그 목표는 유혹적이어야만 한다. 왜냐하면 그들은 두려운 심정으로 살고 있던 장소들을 떠나서, 모든 동원할 수 있는 교통수단에 의지해 거기로 돌진한다. 그들은 뚱뚱한 엄마 돼지를 타거나 오래된 벨로치페트 자전거에 앉아서 간다. 그 옆에 여행 수화물처럼 오케스트리온이 있는데, 그 음향을 기계적인 수석무용수(Primaballerina)가 춤 스텝으로 동반하고 있다(SB 135-136).

크라카우어의 회전목마 이미지가 다소 공간적인 이동을 내재화하고 있다면, 비슷한 시기에 쓰인 벤야민의 회전목마 이미지는 시간적인 이동을 내재화하고 있다(Vgl. Benjamin 1972, 114f.). 크라카우어와 벤야민에게 공통적으로 자주 등장하는 어린이 이미지는 미지의 새로운 것과 낯선 타자성을 경험하는 대중을 상징하는 메타포로 읽을 수 있다.

크라카우어에 따르면 "우리는 여행할 때 어린아이들이다. 새로운 속도, 해방된 일탈, 이전에는 불가능했던 지리적 복합성을 한꺼번에 조망하는 시선들로 우리는 즐거워진다"(OM 49). 회전목마는 이동을 모티프로 그러한 미지의 것에 대한 경험과 유년적 소망의 이미지를 드러내고 있다. 이는 곧 탈영토화된 도시대중 일반의 소망과 그 충족에 대한 열망과 연관된다.

이러한 회전목마 이미지는 일종의 글로벌화의 알레고리로 간주될 수 있다. 도시대중의 공허를 채우는 그러한 꿈들은 그 밖에 야자수 경관이나 여타의 지역들에 대한 페티시즘이 도시대중의 휴식처에 자리한다. 그것은 낯선 동경의 표현이면서 실재와는 다른 '사물의 먼지가 덧씌워진'(벤야민) 제2의 사물이고, 미지의 장소들이 자기화된 형태로 나타나는 경관을 이룬다.

이와 같은 방식으로 대중은 자기 자신의 계급적, 직업적, 현실적 위치로부터 멀어지고자 한다. 물론 이러한 자유는 크라카우어가 의심하고 있듯이 개인에 대한 사회체계의 지배를 더욱 공고히 하는 자유의 가상일 수 있다(Vgl. OM 322). 그러나 이러한 대중문화의 문제에 대한 크라카우어의 사상적 해법은 지성적 이데올로기 비판들과 일정한 유사성을 보이면서도 동시에 그와는 상이하게도 문화적 유목을 더욱 강하게 추동하는 경향성을 드러낸다.

IV. 결론: 전치와 죽음의 문화정치

크라카우어는 유한한 것의 협소함을 벗어나 무한한 것으로 벗어나고자 하는 대중의 열망과 일탈을 춤, 여행, 놀이공원 등을 매개로 설정하고 있다. 무한한 것에의 동참은 전통적으로 자유의 영역이자 삶이라는 유한한 범주를 초월하는 죽음의 영역이기도 하다. 그런 점에서 유한한 삶과 무한한 자유(죽음)의 변증법으로 그의 문화론을 요약할 수 있다.

그에게 특징적으로 이 무한한 자유의 영역 혹은 초월의 영역이 문화와 신화의 영역이며, 개인들이 모이는 사회의 이합집산이 이루어지는 공동체의 영역이다. 그럼에도 불구하고 그것은 특정 계급의 이해와 목적을 지향하지 않으며, 오히려 대중문화와 도시의 키치 이미지들(가상의 육체들)이 자체적으로 형성하는 비전을 내장하고 있다.

크라카우어의 대중문화론이 특정 계급이나 계층의 목적이나 이해를 지향하지 않는 것은 물론 도시대중이라는 다소 비균질적인 집단 속에서 직장인과 노동자를 명확히 구분하기 어렵기 때문이기도 할 것이다. 하지만 보다 근본적인 이유는 문화를 정치적 사유의 2차적 매개물로 보기보다는, 자체 탈인격적이고 독자적인 범주로 보는 데 기인한다고 하겠다. 요컨대 사물이 인격적 주체와 같이 자기 독립적으로 작동하는 것으로 인식하는 벤야민과 크라카우어의 역사적 유물론 혹은 물질적 현상학의 독특함이라고 할 수 있다.

여기서 사물들은 노동자들과 마찬가지로 상품사회의 논리와 유행에 내맡겨져 있다. 또한 그것은 노동자들과 마찬가지로 그 자체의 상품성을 초월하는 비전을 내포하기도 한다. 하지만 이는 웨인에 따르면 특정 계급의 매개물로서가 아니라 대중문화 그 자체 속에 내재하는 역학 속에서 작동한다.

프롤레타리아가 상품이자 동시에 잠재적 상품 사회의 파괴자인 것처럼 대중문화는 상품 의식을 생산하고 동시에 상품화된 의식이 이 사물화를 응시하고 그에 대항하여 작동하는 장소이다(Wayne 2003, 76).

요컨대 대중문화의 메커니즘은 마치 '유행'이 그러하듯이 '전치(Displacement)'와 '죽음'을 통해서 구현되는데, 유행이 지난 상품(죽은 상품)은 새로운 구성을 위한 질료가 된다.[7] 이는 자본주의의 현실세계의 자기 부정을 포함하는 긍정의 메커니즘이다.

이 과정은 이 글에서 살펴본 바와 같이 산책자의 보행처럼 일종의 전치의 과정이며, 놀이공원에서의 질주처럼 일종의 엑스터시(Ekstase)로서 죽음과 열락을 내포하고 있다. 이와 같은 전치를 통해 변화를 도모하고, 죽음을 통해 유한한 신체와 지역의 제약을 벗어나 초월적이며, 초지역적인 '충족'에 이르는 것이 크라카우어에게 유목하는 대중이 일탈적 회복을 이루는 과정이다.

---

[7] 유행이 지난 사물들을 수집가가 재구성하는 벤야민의 잔해와 폐허에 대한 인식도 이러한 측면에서 이해할 수 있다(Vgl. Wayne 2003, 75). 벤야민이 크라카우어에 대한 서평에서 그를 "넝마주의"라고 칭한 것은 죽은 사물들을 모으는 크라카우어의 작업이 갖는 함의를 시사하고 있다.

특징적이게도 크라카우어에게 도시대중의 문화적 유목과 일탈은 글로벌화의 알레고리들을 다수 내장하고 있다. 그러나 그것은 어떤 세계 공동체를 지향하는 것도 아니고, 당대 활발히 제기되던 특정 계급적 주체의 사회주의적 전망에 부응하는 것도 아니며, 시민사회의 전통적 문화적 위상의 틀을 확장하는 것도 아니다. 따라서 그의 대중의 문화적 유목이 갖는 비전은 비사회적이거나, 단순한 여흥과 일상의 궤적으로부터 일탈로 보이곤 한다.

그럼에도 불구하고 그것은 합리적 체계의 강박에 사로잡힌 사회와 대립하는 방향에서 상당히 사회적으로 이해될 수 있다. 크라카우어에 따르면 그와 같은 문화적 유목은 토대 없이 가라앉는 근대 사회를 복구하는 계기인 것이다. 하지만 그것은 우리에게 익숙한 민족이나 계급적 사회성과는 다소 다른 의미에서 사회적이다. 특히 1차 세계 대전 이후 민족과 국가 공동체 자체에 대한 깊은 회의가 지배했고, 크라카우어가 자신의 소설 『긴스터(Ginster)』에서 말하듯 "영웅주의는 키치가 되고, 악은 평범해졌다"(Kracauer, Z.n. Eksteins 1997, 612f.).

이와 같이 전통적 사회적 공동체의 유대가 사라진 자리에 새로운 형태의 공동체는 사무실로 대변되는 '고체근대'의 틀을 벗어나는 도시대중의 유목을 통해서 예비되고 있었다. 그것이 바우만이 주로 1960년대 이후를 모델로 예시하는 '액체근대'의 양상들을 선취하고 있다고 해도 과언이 아닐 것이다.

여기서 대중문화는 그 합리화를 통해 소거된 사람들 상호 간의 유대를 복구하는 느슨한 거멀못이다. 신앙과 민족의 자리에 들어선 것은 그러한 전통적 범주들로부터 독립적인 문화적 매개물들이었던 것이다. 이는 전통적으로 사회를 구성해온 강고한 틀을 구성하는 것이 아니라,

느슨하고, 무정형적인 유목적인 유대를 형성하면서, 전통적 공동체의 붕괴와 동시에 진행된 사회의 합리화가 불러온 위기에 대응하는 당대 대중문화의 독특한 양상이자 그 사회적 함의로 볼 수 있다.

참고문헌

베버, 막스(1991): 『막스 베버 선집』(임영일, 차명수, 이상률 편역), 까치.
바우만, 지그문트(2010): 『액체근대』(이일수 옮김), 강출판사.
Augé, Marc(2008): Non-Places - An Introduction to Supermodernity, translated by John Howe, London, New York.
Band, Henri(1999): Mittelschichten und Massenkultur - Sigfried Kracauers publizistische Auseinandersetzung mit der populären Kultur und der Kultur der Mittelschichten in der Weimarer Republik, Berlin.
Bauman, Zygmunt(2007): Flaneure, Spieler und Touristen - Essay zu postmodernen Lebensformen, Hamburger.
Benjamin, Walter(1972): Einbahnstraße, In: Ders.: Gesammelte Schriften IV-1, Frankfurt am Main, 83-148.
Ders.(1982): Walter Benjamin Gesammelte Schriften V-1, Frankfurt am Main.
Gilloch, Graeme(2015): Siegfried Kracauer - Our Companion in Misfortune, Cambridge.
Eksteins, Moris(1997): Rag-Picker: Siegfried Kracauer und the Mass Ornament, In: International Journal of Politics, Culture and Society, Vol.10, No. 4, 609-613.
Featherstone, Mike(1995): Undoing Culture - Globalization, Postmodernism and Identity, London.
Katz, Marc(1999): The Hotel Kracauer, In: Differences: A Journal of Feminisist Cultural Studies 11.2, 134-152.
Kracauer, Siegfried(2009): Strassen in Berlin und anderswo, Erweiterte Ausgabe mit einem Nachwort von Reimar Klein, Frankfurt am Main (축약: SB).
Ders.(1977): Das Ornament der Masse, Frankfurt am Main (축약:OM).
Ders.(1971): Die Angestellten: aus dem neuesten Deutschland , Frankfurt am Main (축약: A).
Ders.(1996): Berliner Nebeneinander - Ausgewählte Feuilletons 1930-33, hrsg. v. Andres Volk, Zürich (축약: BN).
Mülder, Inka(1985): Siegfried Kracauer - Grenzgänger zwischen Theorie und Literatur, Seine frühen Schriften 1913-1933, Stuttgart.
Neckel, Sighard(2014): Emblematische Soziologie als Kritik: Siegfried Kracauer, In: Ronald Hitzler (Hrsg.): Hermeneutik als Lebenspraxis. Festschrift für Hans-Georg Soeffner, Weinheim und Basel, 207-213.
Urry, John(2003): Global Complexity, Cambridge.

Wayne, Mike(2013): Transcoding Kant: Kracauer's Weimar Marxism und After, In: Historical Materialism 21.3. 57-85.

베스텐트 독일판 WestEnd 2023-2 차례

Inhalt

Studien

Alexandra Schauer   Vom Schwinden des Möglichkeitssinns. Eine Kritik des überwertigen Realismus

Simon Schleusener   Spielarten der Kritik. Der Text und sein Außen

Friedrich Lenger   Dialektik der Teilhabe. Fluchtpunkte einer Globalgeschichte des Kapitalismus

Stichwort: Hundert Jahre Institut für Sozialforschung

Sidonia Blättler, Stephan Lessenich und Greta Wagner
         Einleitung

Wolfgang Voigt   Kubisch und festungsartig. Das erste Gebäude des Instituts für Sozialforschung

Stephan Voswinkel   ›Dialektische Durchdringung‹? Gesellschaftstheorie und empirische Forschung am IfS

Manuela Bojadžijev, Christel Eckart und Sarah Speck
         Auch eine Geschichte des IfS. Ein Gespräch über feministische und rassismuskritische Forschung am Institut

Günter Frankenberg   Die demokratische Frage – revisited

Frieder Vogelmann   Situiert, nicht verortet. Das Institut für Sozialforschung als unmöglicher Ort kritischer Theorie

저·역자 소개

:: 지도니아 블레틀러 Sidonia Blättler
취리히 대학에서 철학, 독문학, 음악학을 공부했으며, 같은 대학에서 철학 박사학위를 받았다. 이후 취리히 대학, 다름슈타트 공과대학, 베를린 자유대학에서 연구와 강의를 이어갔고, 훔볼트 대학에서도 강의와 조교를 맡았다. 2006년부터 2022년까지 프랑크푸르트 사회연구소의 학술총괄 책임자로 재직하며 연구소의 주요 방향을 이끌었다. 현재『베스텐트』편집위원을 맡고 있다. 주요 연구 분야는 정치철학, 인권·여성권 담론, 국민국가의 역사, 포괄과 배제의 정당화 문제다.

:: 슈테판 레세니히 Stephan Lessenich
마르부르크 대학에서 정치학, 사회학, 역사학을 공부했으며 브레멘 대학에서 사회학 박사학위를 받았다. 이후 괴팅겐 대학에서 사회학 교수자격을 취득했고, 예나 대학에서는 비교사회학 교수로 재직했다. 2014년에는 울리히 벡의 뒤를 이어 뮌헨 대학 사회학과 교수로 임명되었다. 2021년부터 프랑크푸르트 사회연구소 소장과 프랑크푸르트 대학 사회학 교수로 활동하며, 독일 사회학계의 주요 이론가로 꼽힌다. 연구 분야는 정치사회학, 사회적 불평등, 복지국가 연구, 자본주의 이론 등이다. 주요 저서로『사회적인 것의 재발명』『우리 곁의 대홍수』『민주주의의 한계』『더 이상 정상적이지 않은』등이 있다.

:: 그레타 바그너 Greta Wagner
베를린 자유대학과 프랑크푸르트 대학에서 사회학을 공부했으며 프랑크푸르트 대학에서 신경 향상에 관한 비판적 연구로 사회학 박사학위를 받았다. 다름슈타트 공과대학 사회학과를 거쳐 프랑크푸르트 대학 사회학과에서 문화사회학 교수로 재직 중이다. 프랑크푸르트 사회연구소의 주요 일원이며, 현재『베스텐트』편집위원을 맡고 있다. 최근에는 "다중 위기 상황에서의 원조의 한계"에 관한 연구 프로젝트를 진행 중이다. 주요 저서로『자기 최적화: 신경 향상의 실천과 비판』『번아웃, 피로, 탈진: 현대인의 고통에 대한 학제적 관점』(공저)『비판에 직면한 위기』(공저) 등이 있다.

:: 볼프강 포이크트 Wolfgang Voigt
하노버 대학에서 건축을 전공했으며 같은 대학에서 19~20세기 대량주택 건설과 도시정책에 관한 연구로 건축학 박사학위를 받았다. 함부르크 미술대학에서 강의를 맡았고, 파리와 뉴욕의 연구자들과 함께 건축 근대성 연구를 수행했다. 점령지 계획·건축에 관한 연구로 교수자격을 취득했다. 1997년부터 2015년까지 프랑크푸르트 독일건축박물관 부관장으로 재직하며 주요 전시와 연구 프로젝트를 기획했다. 2016년부터는 프랑크푸르트에서 독립 건축사학자로 활동하고 있다. 주요 저서로『브레멘 하우스: 브레멘의 주택개혁과 도시계획 1880-1940』등이 있다.

:: 슈테판 포스빙켈 Stephan Voswinkel
마르부르크 대학과 괴팅겐 대학에서 사회과학을 공부하고 괴팅겐 대학에서 사회과학 박사학위를, 뒤스부르크-에센 대학에서 사회학 교수자격을 취득했다. 2001년부터 프랑크푸르트 사회연구소 연구원으로 활동 중이다. 노동사회학, 경제사회학, 인정의 사회학에 중점을 두고 현대 사회에서 노동의 규범에 관한 폭넓은 연구를 전개하고 있다. 주요 저서로『인정과 평판』『어떤 고객지향인가?: 서비스 노동에서의 인정』(공저)『비정상적 정상성?』(공저) 등이 있다.

:: 마누엘라 보야트치예프 Manuela Bojadžijev
다름슈타트 공과대학과 프랑크푸르트 대학에서 정치학, 사회학, 철학을 공부했으며, 프랑크푸르트 사회연구소 박사연구원을 거쳐 프랑크푸르트 대학에서 정치학 박사학위를 받았다. 런던 대학, 베를린 자유대학, 훔볼트 대학에서 연구와 교육을 이어왔다. 현재 훔볼트 대학 유럽민속학과 및 베를린 이주연구소 교수로 재직하고 있다. 연구 관심사는 세계적 관점에서의 이주, 인종주의와 배제의 재현, 플랫폼 자본주의와 물류체계가 노동과 이동성에 미치는 변화다. 플랫폼 자본주의와 인종주의 연구 분야에서 중요한 기여를 해오고 있다. 주요 저서로『유동하는 인터내셔널: 인종주의와 이주 투쟁』등이 있다.

:: 크리스텔 에카르트 Christel Eckart
1972년부터 프랑크푸르트 사회연구소 연구원으로 활동하며 프랑크푸르트 대학에서 강의를 시작한 뒤, 1993년부터 2011년까지 카셀 대학에서 여성 연구를 중심으로 한 사회학 교수로 재직했다. 연구 관심사는 노동사회 변화와 젠더 관계, 돌봄 정치, 실천적 자기돌봄의 문제이며, 독일 여성·젠더 연구의 제도화를 이끈 주요 연구자 중 한 명으로 평가된다. 주요 저서로『가족과 공장에서의 여성 노동』(공저)『시간의 가격』『돌봄의 시간』등이 있다.

:: 자라 슈페크 Sarah Speck
라파나 대학에서 문화학을 전공하고 베를린 대학에서 돌봄 노동을 분석한 연구로 사회학 박사학위를 받았다. 이후 다름슈타트 공과대학과 프랑크푸르트 사회연구소에서 가족·젠더 관계의 변화와 평등의 역설을 탐구하는 여러 연구 프로젝트에 참여했다. 2020년부터 프랑크푸르트 대학에서 여성·젠더 연구를 중심으로 한 사회학 교수로 재직하며, 프랑크푸르트 사회연구소의 부소장으로 활동하고 있다. 주요 연구 분야는 젠더 질서의 변화, 돌봄·재생산 노동, 가족·친밀성의 사회학, 새로운 남성성 등이다. 주요 저서로『규범적 역설들』(공저)『국경 없는 어머니들』등이 있다.

:: 귄터 프랑켄베르크 Günter Frankenberg
뮌헨 공과대학 사회과학연구소와 브레멘 대학 법학부에서 각각 박사학위를 취득했다. 막스플랑크연구소에서 연구원으로 활동한 후 프랑크푸르트 응용과학대학에서 공법·사회법 교수로 재직했으며, 1993년부터 프랑크푸르트 대학에서 공법, 법철학, 비교법학 교수로 활동하고 있다. 헌법이론, 예외상태의 법리, 권위주의와 국가구조, 그리고 국제적 맥락의 이민·타자성 문제를 중심으로 연구를 전개해왔다. 주요 저서로『공화국의 헌법』『권위와 통합』『권위주의』등이 있다.

:: 프리더 포겔만 Frieder Vogelmann
프라이부르크 대학에서 철학, 수학, 인지과학을 전공했으며, 프랑크푸르트 대학에서 철학 박사학위와 교수자격을 취득했다. 프라이부르크 대학에서 인식론 및 과학이론 교수로 재직하고 있다. 주요 관심 분야는 정치적 인식론, 비판이론, 사회·정치철학, 푸코 연구, 책임 개념사, 현대 프랑스 철학 등이다. 대안적 통치성, 비판 개념, 책임 이론, 그리고 미셸 푸코의 철학적 방법론을 주로 연구했으며, 최근에는 초기 비판이론의 통찰을 현대적 맥락에서 재작동시키는 방안을 탐구하고 있다. 주요 저서로『지식의 효력: 정치적 인식론』『논쟁적 과학들』등이 있다.

:: 고지현
독일 브레멘 대학 철학과에서 발터 벤야민의 모더니티, 비평, 역사 개념에 대한 연구로 박사학위를 받았다. 프랑크푸르트 비판이론, 포스트모던 등으로 시각을 확장해 벤야민 사상을 철학적 시대 비판론으로 심화·발전시키는 데 주력해왔다. 가천대 아시아문화연구소에서 학술연구교수로 재직 중이다. 저서로『꿈과 깨어나기: 발터 벤야민 파사주 프로젝트의 역사이론』, 공저서로『프랑크푸르트학파의 테제들』『포스트모던의 테제들』『현대 페미니즘의 테제들』『근대 사회정치철학의 테제들』 등이 있으며, 역서로『라디오와 매체』 등이 있다.

:: 곽영윤
경희대 조경학과와 고려대 국어국문학과를 졸업했다. 홍익대 미학과에서 벤야민 미학 연구로 석사학위를 받았고, 독일 본 대학 철학과에서 아도르노 미학 연구로 박사학위를 받았다. 현재 고려대 철학연구소 연구교수로 재직 중이다. 공저서로『현대철학 매뉴얼』이 있다.

:: 김광식
서울대 철학과를 졸업하고 독일 베를린 공과대학 과학·기술·철학과에서 인지문화철학 전공으로 박사학위를 받았다. 서울대 철학사상연구소 연구원을 거쳐 서울대 학부대학에서 교양교육을 담당하고 있다. 저서로『행동지식』『BTS와 철학하기』『김광석과 철학하기』『다시 민주주의다』(공저)『세상의 붕괴에 대처하는 우리들의 자세』(공저)『근대 사회정치철학의 테제들』(공저) 등이 있으며, 논문으로「인지문화철학으로 되짚어 본 언어폭력」「인지문화철학으로 되짚어 본 동성애혐오」 등이 있다.

:: 김주호
독일 프랑크푸르트 대학에서 사회학 박사학위를 받았다. 현재 경상국립대 사회학과에서 부교수로 재직 중이다. 세부전공은 정치사회학이며 특히 포퓰리즘과 로컬민주주의에 관심을 두고 있다. 최근 저서로는『비판사회이론: 경제학 비판』(공저) 등이 있으며, 논문으로「포스트민주주의와 포퓰리즘」「독점화된 지방정치에서 벗어나기」 등이 있다.

:: 문성훈

연세대 철학과를 졸업하고 서울대 대학원을 거쳐 독일 프랑크푸르트 대학 철학과에서 악셀 호네트 교수의 지도로 박사학위를 받았다. 서울여대 교양대학 현대철학 담당 교수로 재직 중이며 『베스텐트』 한국판 책임편집자를 맡고 있다. 저서로 『미셸 푸코의 비판적 존재론』『인정의 시대』『새로운 사회적 자유주의』『니힐리스트로 사는 법』『나를 돌보는 철학』, 공저서로 『프랑크푸르트학파의 테제들』『포스트모던의 테제들』『현대 정치철학의 테제들』『현대 페미니즘의 테제들』『근대 사회정치철학의 테제들』 등이 있으며, 역서로 『정의의 타자』『인정투쟁』『분배냐, 인정이냐?』(이상 공역) 『사회주의 재발명』 등이 있다.

:: 이창남

경북대 독어독문학과 교수. 베를린 자유대학 비교문학과에서 독일 현대 비평이론을 연구하고 박사학위를 받았다. 영국 랭커스터 대학과 미국 텍사스 오스틴 대학 방문교수를 역임했다. 주로 비교문학과 도시문화에 관심을 두고 연구하고 교육한다. 지은 책으로는 *Poesiebegriff der Athenäumszeit*, 『도시와 산책자』가 있고, 공동저서로는 *The Detective of Modernity*, *The Transnational Flaneur*가 있다. 그 밖에 『이중언어작가』『폭력과 소통』『벤야민과 21세기 도시문화』 등을 책임편집했다. 번역서로는 『꽃가루방』『폴 드 만과 탈구성적 텍스트』『독서의 알레고리』『나?』 등이 있다.

:: 장제형

서울대 사회학과를 졸업하고 베를린 자유대학에서 비교문학 전공으로 박사학위를 받았다. 현재 인천대 독어독문학과 교수로 재직 중이다. 공저서로 『호모 에코노미쿠스, 인간의 재구성』『브레히트 연극 사전』『대학의 이념과 교양교육』 등이 있으며, 역서로 루트비히 티크의 『장화 신은 고양이』 등이 있다.

:: 정대성

연세대 철학과를 졸업하고 독일 보훔 대학에서 독일 관념론과 사회정치철학 전공으로 박사학위를 받았다. 현재 연세대 미래캠퍼스 철학과 교수로 재직 중이다. 공저서로 『이성의 다양한 목소리』『세상을 바꾼 철학자들』『교육독립선언』『철학, 중독을 이야기하다』 등이 있으며, 역서로 찰스 테일러의 『헤겔』, 클라우스 피베크의 『자유란 무엇인가: 헤겔 법철학과 현대』, 게오르크 루카치의 『사회적 존재의 존재론 2, 3, 4』(공역)를 비롯하여 『청년 헤겔의 신학론집』『비판, 규범, 유토피아』『언어, 의미 그리고 철학』『정치철학사』(공역) 등이 있다.

:: 정대훈

서울대 철학과를 졸업하고 동대학원에서 데카르트 연구로 석사학위를 받았다. 독일 프랑크푸르트 대학에서 크리스토프 멘케 교수의 지도 아래 철학 박사학위를 받았다. 현재 부산대 철학과 교수로 재직 중이다. 공저서로『근대 사회정치철학의 테제들』『푸코와 철학자들』이 있으며, 역서로『데카르트』『뉴레프트리뷰 3』(공역)『현대 영미 철학에서 헤겔로의 귀환』(공역) 등이 있다.

:: 하선규

서울대 중어중문학과를 졸업하고, 독일 쾰른 대학과 베를린 자유대학에서 서양철학과 영화학을 전공하여 석사학위와 박사학위를 받았다. 현재 홍익대 예술학과에 재직하고 있으며, 동 대학원 미학과 학과장을 맡고 있다. 저서로『이성과 완전성』(독일어)『지그프리트 크라카우어』『서양 미학사의 거장들』『문화산업과 이미지』(공저)『발터 벤야민: 모더니티와 도시』(공저) 등이 있으며, 역서로『프리드리히 실러의 미적 교육론』(공역)『불안과 함께 살아가기』『사랑의 현상학』이 있다. 칸트, 바움가르텐, 레싱, 헤르더, 하만, 실러, 벤야민, 크라카우어, 키르케고르, 슈미츠에 대한 여러 편의 논문을 발표했다. 중심 연구 분야는 18~20세기 서양미학사, 철학적 인간학, 매체미학, 영상미학이다.

:: 홍찬숙

서울대 여성연구소 객원연구원이다. 전공영역은 울리히 벡, 니클라스 루만, 신유물론 등 현대 사회학 이론과 젠더 사회학이다. 벡의 개인화 이론을 한국 사회에 맞게 재해석하여『젠더 갈라치기 정치』『한국 사회의 압축적 개인화와 문화변동』(세종도서 학술부문)『개인화: 해방과 위험의 양면성』(대한민국학술원 우수학술도서)을 저술했다.『자기만의 신』등 울리히 벡의 여러 저서를 번역하였고,『울리히 벡 읽기』등의 해설서를 출판했다. 그 외에도 여러 공동저서가 있다.

이론의 집
프랑크푸르트 사회연구소 100년의 역사
베스텐트 한국판 12호

1판 1쇄 발행 2025년 12월 1일

편저자 연구모임 사회 비판과 대안
지은이 지도니아 블레틀러 외
옮긴이 고지현 외
펴낸이 안희곤
펴낸곳 사월의책

편집 박동수
표지 디자인 김현진

등록번호 2009년 8월 20일 제2012-118호
주소 경기도 고양시 일산서구 중앙로 1388 동관 B113호
전화 031)912-9491 | **팩스** 031)913-9491
이메일 aprilbooks@aprilbooks.net
홈페이지 www.aprilbooks.net
블로그 blog.naver.com/aprilbooks

ISBN 979-11-92092-61-4 94100
ISBN 978-89-97186-10-5 (세트)

* 책값은 뒤표지에 있습니다.